汽车动力与驱动系统综合维修技术

主　编　高丽林
副主编　于　强　蔡今敏

西南交通大学出版社
·成　都·

图书在版编目（CIP）数据

汽车动力与驱动系统综合维修技术 / 高丽林主编
. 一成都：西南交通大学出版社，2023.4
ISBN 978-7-5643-9243-7

Ⅰ. ①汽… Ⅱ. ①高… Ⅲ. ①汽车 – 动力系统 – 驱动
机构 – 车辆检修 Ⅳ. ①U463

中国国家版本馆 CIP 数据核字（2023）第 058740 号

Qiche Dongli yu Qudong Xitong Zonghe Weixiu Jishu

汽车动力与驱动系统综合维修技术

主编 高丽林

责任编辑	何明飞
封面设计	GT 工作室

出版发行	西南交通大学出版社
	（四川省成都市金牛区二环路北一段 111 号
	西南交通大学创新大厦 21 楼）
邮政编码	610031
发行部电话	028-87600564　028-87600533
网址	http://www.xnjdcbs.com
印刷	四川森林印务有限责任公司

成品尺寸	185 mm × 260 mm
印张	20.25
字数	491 千
版次	2023 年 4 月第 1 版
印次	2023 年 4 月第 1 次
定价	49.00 元
书号	ISBN 978-7-5643-9243-7

课件咨询电话：028-81435775

《汽车动力与驱动系统综合维修技术》

编 委 会

　　汽车动力与驱动系统综合维修技术是汽车维修类各专业必修的一门专业课程。根据《国务院关于大力推进职业教育改革与发展的决定》和教育部《关于全面提高中等职业教育教学质量的若干意见》等一系列教学改革精神，在多年教学改革经验总结的基础上，结合当下新技术，我们组织相关教师编写了本书。

　　本书根据中职职业针对性强，实践技能要求高的特点，以应用为主线，以典型轿车为案例，系统地介绍了工作安全与作业准备、动力系统检查与综合保养、手动变速器的检查保养、自动变速器的检查保养、传动与分动功能检查保养及动力与驱动功能检查保养等内容。

　　本书主要特色如下：

　　1. 落实立德树人根本任务

　　本书将汽车动力与驱动系统综合维修技术的专业知识和价值引领相统一，书中有效融入家国情怀，法治意识、责任意识、社会主义核心价值观等要素。

　　2. 深化"岗课赛证"融合

　　本书对接中职汽车运用与维修职业技能等级证书标准，吸收汽车行业新技术，新规范和新工艺，"岗、课、赛、证"深度融合，以提高专业人才培养质量，更好地服务国家战略性新兴产业。

3. 有效服务线上线下混合式教学

本书"巩固练习"后放置了线上测试练习，学生既可在线下学习后线下完成练习，也可以选择在线下学习后，在线上测试，此方式也方便教师掌握学生的学习情况。本书注重培养学生的自主学习能力，引导学生主动参与、独立思考，并且全面增强了课堂的互动性。

本书由保定市徐水区职业技术教育中心高丽林担任主编，于强、蔡今敏担任副主编，参加编写的还是有赵蕊、王安娜、邢东东、吴志鹏、田亚楠、王伟露、王美玉、丁薇、马淑义、林强（内江市高级技工学校），具体分工如下：高丽林负责全书统稿和部分教材内容编写，于强、蔡今敏负责协助主编把握教材定位、方向、任务分配以及部分教材内容编写，丁薇、王美玉、赵蕊、王安娜参与编写项目一和项目二，田亚楠、吴志鹏、林强参与编写了项目三和项目四，王伟露、邢东东、马淑义参与编写了项目五和项目六。上海景格科技股份有限公司为本书的数字资源建设提供了专业指导和技术支持。

由于编者水平有限，书中疏漏之处在所难免，诚恳地希望得到同行专家和广大读者的批评指正。

编　者

2023 年 3 月

序号	项目	二维码名称	资源类型	页码
1	项目一 工作安全与作业准备	项目一任务一巩固提升答案	文档	015
2		游标卡尺测量操作示范	视频	022
3		外径千分尺的使用方法	视频	023
4		内径百分表测量孔径	视频	026
5		举升机操作流程	视频	030
6		项目一任务二巩固提升答案	文档	032
7		汽车发动机维护概述	视频	033
8		项目一任务三巩固提升答案	文档	041
9	项目二 汽车动力系统检查保养	发动机结构	视频	045
10		曲轴拆装与检测	视频	045
11		认识发动机点火系统	视频	047
12		认识冷却系统	视频	047
13		认识润滑系统	视频	048
14		发动机工作原理（四行程）	视频	053
15		项目二任务一巩固提升答案	文档	061
16		认识气缸盖以及气缸盖的常见损伤	视频	062
17		气门结构	视频	065
18		气缸盖和气缸垫拆装与检测	视频	071
19		气门组件常见损伤	视频	074
20		气门间隙示意图	视频	074
21		气门组拆装与检测	视频	074
22		气门间隙对发动机性能的影响	视频	076
23		项目二任务二巩固提升答案	文档	078
24		润滑系统的功用	视频	079
25		润滑系统工作原理	视频	081
26		冷却系统的组成	视频	086
27		冷却系统工作原理	视频	086
28		更换发动机机油及机油滤清器	视频	091
29		冷却系统密封性测试及冷却液的更换	视频	094
30		项目二任务三巩固提升答案	文档	101
31		火花塞的结构	视频	103
32		检查与更换火花塞	视频	115
33		项目二任务四巩固提升答案	文档	119
34		认识发动机电控系统	视频	120

续表

序号	项目	二维码名称	资源类型	页码
35		汽车故障诊断仪的基本使用	视频	123
36		项目二任务五巩固提升答案	文档	138
37		发动机供给系统工作原理	视频	139
38		电动燃油泵原理	视频	140
39		项目二任务六巩固提升答案	文档	159
40		认识汽车手动变速器	视频	163
41		三轴式变速器动力传递路线	视频	165
42		项目三任务一巩固提升答案	文档	175
43	项目三 手动变速箱的检查保养	手动变速器齿轮传动机构检修	视频	178
44		检查和更换手动变速器油	视频	180
45		项目三任务二巩固提升答案	文档	181
46		手动变速器的分解与装配	视频	184
47		项目三任务三巩固提升答案	文档	192
48		自动变速器组成	视频	195
49		液力变矩器工作原理	视频	199
50		行星齿轮组认知	视频	202
51		项目四任务一巩固提升答案	文档	213
52	项目四 自动变速箱的检查保养	自动变速器油的性能	视频	215
53		变速器油液及滤清器更换	视频	219
54		项目四任务二巩固提升答案	文档	221
55		自动变速器基本检查	视频	223
56		自动变速器车下检测维修	视频	224
57		项目四任务三巩固提升答案	文档	229
58		项目五任务一巩固提升答案	文档	240
59		主减速器	视频	242
60		项目五任务二巩固提升答案	文档	250
61		项目五任务三巩固提升答案	文档	257
62	项目五 传动与分动功能检查保养	万向节	视频	259
63		传动轴	视频	259
64		项目五任务四巩固提升答案	文档	266
65		驱动桥的结构	视频	268
66		差速器的结构	视频	271
67		差速器的工作原理	视频	272
68		项目五任务五巩固提升答案	文档	280
69		项目六任务一巩固提升答案	文档	291
70	项目六 动力与驱动功能检查保养	正时系统拆检	视频	297
71		项目六任务二巩固提升答案	文档	302
72		项目六任务三巩固提升答案	文档	312

C目录
ONTENTS

项目一 工作安全与作业准备 ································· 001

　任务一　汽车维修安全注意事项 ····················· 003

　任务二　汽车维修工具和设备的使用 ················· 016

　任务三　汽车维修前准备事项 ······················· 033

项目二 汽车动力系统检查保养 ····················· 042

　任务一　一般维修 ································· 044

　任务二　气缸盖及气门机构检查保养 ················· 062

　任务三　润滑及冷却系统检查保养 ··················· 079

　任务四　点火系统一般维修 ························· 102

　任务五　发动机电控系统一般维修 ··················· 120

　任务六　燃油和进排气系统检查保养 ················· 139

项目三 手动变速器的检查保养 ····················· 160

　任务一　认识汽车手动变速器 ······················· 162

　任务二　手动变速器检查保养 ······················· 176

　任务三　手动变速器总成的拆装 ····················· 182

项目四 自动变速器的检查保养 ····················· 193

　任务一　认识汽车自动变速器 ······················· 195

　任务二　自动变速器液压系统检查保养 ··············· 214

　任务三　自动变速器换挡机构检查保养 ··············· 222

项目五 传动与分动功能检查保养 ·· 230

　　任务一　分动箱检查保养 ·· 232

　　任务二　齿圈和主动小齿轮检查保养 ······················· 241

　　任务三　半轴检查保养 ·· 251

　　任务四　传动轴万向节检查保养 ······························ 258

　　任务五　差速器检查保养 ·· 267

项目六 动力与驱动功能检查保养 ·· 281

　　任务一　动力电控系统诊断测试 ······························ 283

　　任务二　驱动皮带系统正时功能检查 ······················ 292

　　任务三　动力系统密封功能检查 ······························ 303

参考文献 ··· 313

项目一

工作安全与作业准备

随着汽车对于人类生活的重要性日益提高，汽车已成为现代人生活的一部分，汽车维修更是整个汽车行业中不可或缺的部分。在汽车维修过程中，维修人员会频繁接触电和火，也不可避免地接触对人体有害的维修材料；同时维修过程也会产生大量污染物，如果处理不当，极易引发危险。维修车间也会存有大量的易燃、易爆等危险品，以及大量有害化学、化工材料，如果随意堆放，不严格管理，也会给企业带来极大的安全隐患。

安全是一切工作的前提和基础，对于汽车维修企业来讲，维修作业（见图 1-0-1）中的工作安全不仅是指在维修过程中维修人员的人身安全要得到全方位的保护，尤其要能预见可能的伤害，而且也包含维修车辆不得存在任何安全隐患这一要求。

通过严格的安全制度、规范的操作规程、完善的劳动纪律以及作业前的充分准备，不但能对顾客的车辆形成保护，更重要的是保障维修人员的人身、财产安全，进而提升整个维修作业的安全性，保障企业生产安全。

图 1-0-1　汽车维修作业示意

学习目标

◎ 知识目标

1. 能够陈述汽车维修工个人安全防护的要点。
2. 能够叙述汽车维修车间应急救援措施。
3. 能够陈述汽车维修常用工、量具及设备的基本原理。

◎ 技能目标

1. 能够正确使用灭火设备。
2. 能够正确使用千斤顶举升和降下车辆。
3. 能正确安装尾气抽排设备。
4. 能够正确填写维修工单。

◎ 思政目标

1. 培养良好的职业道德和工匠精神。
2. 培养安全意识和团队协作精神。
3. 培养自我管理和自主学习能力。

任务 1　汽车维修安全注意事项

 情景导入

新晋汽车维修员小张跟随维修师傅李工第一次来到企业的维修车间。干净、整洁的车间环境让小张对即将面对的工作任务充满期待，迫不及待地操作起来。李工见状，立刻制止了小张进一步的动作，同时告诉小张在没有做好安全措施和准备工作之前，不得擅自操作。李工委托作为汽车维修技师的你，带领小张熟悉工作环境并为其介绍汽车维修车间安全注意事项。

 理论要点

一、汽车维修工作安全基础知识

（一）汽车维修车间的不安全因素

汽车维修企业承担着车辆售后的一系列服务工作，其必须根据相关法律法规制定相应的安全管理制度，并采取相应的安全防护措施。作为汽车维修人员，应了解车间潜在的危险源、车间安全的防护、车间危险品处理等方面的内容，并严格执行车间安全制度，避免出现事故。常见的汽车维修车间不安全因素包括以下几个方面。

1. 车间设备

汽车维修设备一般可分为：汽车诊断设备、检测分析设备、养护清洗设备、钣金烤漆设备、保养用品、维修工具、轮胎设备、机械设备等。其中，很多大型、较重的机械设备，如举升机（见图 1-1-1）、扒胎机（见图 1-1-2）等，在搬运和使用过程都可能会有危险性，操作不规范或者人员防护不到位都可能会引发事故，对车辆和人员造成伤害，甚至出现严重后果。

图 1-1-1　举升机　　　　　图 1-1-2　扒胎机

2. 车间危险品

汽车维修车间里有毒、易燃、易爆物品的存储和使用都与其他物品有着不同的使用要求和规范，如汽油、燃料添加剂、机油、变速器油、制动液、蓄电池、安全气囊等物品，若存储和使用不当，会使物品发生变质、引发火灾或爆炸，进而酿成各类事故。

3. 车间环境卫生

汽车维修车间的环境卫生也有可能引发事故，如地板上的机油、润滑脂、水或零件清洗液、有油污的抹布都可能使脚打滑或摔倒，甚至严重摔伤。车间要及时、正确清理作业现场，营造/维护整洁有序的车间环境，避免危险事故的发生，如图 1-1-3 所示。

图 1-1-3　干净、整洁的维修车间

4. 车间消防安全

汽车维修车间作业常会使用到电气与明火，如图 1-1-4 所示，在焊接作业时，溅起的火星若与可燃物接触，极易形成火苗，如果消防保护措施不到位，不能及时将明火扑灭，有可能引发火灾等事故，造成重大损失。

图 1-1-4　焊接作业

（二）汽车维修工作的安全要求

1. 工作场所的安全

整洁的工作场所和有条理的生产组织对安全很重要。可以想象油水和零件满地，电缆软管交错混乱，光线不足，空气不流通的场所必然隐藏着许多不安全的因素，一旦发生意外就会造成巨大损失。

2. 运转件操作的安全

在运转零件旁边工作时，要注意手和身体与运转件的安全工作距离，特别是在电动冷却风扇旁边操作时要格外当心，以防风扇突然转动。修理用的抹布、工具等物体不能放在运转件旁边，以防物件滑落到运转件中发生危险。

3. 在车下工作的安全

维修人员在车下工作时，须确保汽车支承可靠，严禁用硬滑、易碎物垫承汽车。若车上、车下的人同时工作，上下人员应相互照应，以防车上掉落物体或操作时伤及他人。在车辆举升或下降前，应确保车下无人。拆装笨重总成部件时应使用托架托稳，操作中决不能用手指拭探螺孔、销孔，以防发生意外轧断手指。

4. 起动发动机的安全

首先要检查发动机机油、自动变速器油是否足够，散热器冷却液是否加满，检查挡杆是否处于空挡或驻车挡位置，驻车制动器是否处于制动状态。在室内还要将汽车排出的废气接到车间的通风系统上，才可起动发动机。

5. 拆卸零部件的安全

在拆卸高温、高压状态下的零部件时，一般应先进行降温降压，以防高温烫伤和高压喷射伤人。操作时带有易燃、化学有毒等危险物品，如汽油、电解液、防冻液、制动液、空调制冷剂、安全气囊等，应特别小心，严格遵守相关操作规程。

6. 汽车危险性废料的处理

汽车维修时有一些带有毒性、腐蚀性、易燃品和污染环境的物料，这些物料称为危险性废料。所有危险性废料都应按有关规定进行集中销毁，决不能使用下列方法处理。

（1）将危险性废料倒入杂草丛中进行销毁。

（2）将危险性废料倒至砂石路面用来防止起尘。

（3）将危险性废料扔进垃圾箱。

（4）在指定的处理地点以外，随地处理危险性废料。

（5）将危险性废料倒进下水道、厕所、阴沟。

7. 安全用电常识

现代汽车修理广泛使用电动工具和电气设备，如果没有安全用电知识，不遵守安全用电规定就很容易发生触电事故，严重时可导致人员伤亡，任何人都不可忽视。除遵守企业规定外，还应注意以下几点：

（1）修理场所的供电线路应由持证专业电工架设安装，经验收合格后方可使用电源。

（2）使用电动工具设备前要核对电动工具设备的额定电压与电源电压是否相符。

（3）使用电动工具设备前应检查开关、电缆、插头、插座是否完好，如发现有损坏必须立即更换修理。

（4）使用电动工具设备发现有异常，应由专业电工检修，切不可擅自修理或勉强使用。

（5）汽车维修的局部近距离照明和可移动照明只能采用电源为 36 V 以下的安全电压。

（6）电器设备运行时必须有人看管，做到人离机停。

8. 防火安全

火灾具有很大的破坏作用，一旦起火，它会在很短的时间内烧毁大量的物质和建筑物，还会造成人员伤亡。为了防患于未然，汽车维修人员应该掌握必要的防火安全知识。

（三）车间各类危险警告/警示标志

维修车间由于空间小、环境复杂、人员多等多种因素，很容易出现一些安全事故。下面讲述维修车间各类危险警告/警示标志的相关知识。

1. 危险标志

全球化学品统一分类和标签制度，使用可在容器上找到的象形图来增强对其所含成分的认识，这些图通常称之为危险标识。此类标志无背景色，图案颜色为黑色，采用红色菱形轮廓。图 1-1-5 至图 1-1-10 所示为汽车维修车间常见危险标志。

图 1-1-5 腐蚀性物质

图 1-1-6 高压气体

图 1-1-7 爆炸物

图 1-1-8 易燃物

图 1-1-9 有毒物质

图 1-1-10 健康危害

2. 警告标志

2011 年，国际标准化组织规定了用于事故预防、消防、健康危害信息和紧急疏散的安全标识。此类标志背景为黄色，图案为黑色，采用三角形轮廓。图 1-1-11 至图 1-1-14 所示为汽车维修车间常见警告标志。

图 1-1-11　当心障碍物

图 1-1-12　当心滑倒

图 1-1-13　当心触电

图 1-1-14　当心高压气罐

3. 安全状况和急救标识

安全状况和急救标识主要用于指示诸如逃生路线、紧急出口、急救设备和应急喷淋装置之类的信息。此类标识底色为绿色，图案为白色，采用正方形轮廓。图 1-1-15、图 1-1-16 所示为汽车维修车间常见安全状况和急救标识。

图 1-1-15　紧急出口

图 1-1-16　应急电话

4. 禁止标识

禁止标识应该用于传达"禁止"型指令，如用于指示禁止吸烟等。此类标志无底色，图案为黑色，采用暗红色圆形轮廓。图 1-1-17 至图 1-1-20 所示为汽车维修车间常见禁止标识。

图 1-1-17　禁止用水灭火

图 1-1-18　禁止明火或明火点火源

图 1-1-19　禁止吸烟

图 1-1-20　禁止通行

5. 强制标识

强制标识用于指示为了遵守法定要求和确保安全而必须采取的行动。此类标志为蓝色背景，白色图案，采用圆形轮廓。图 1-1-21 至图 1-1-24 所示为车身维修车间常见强制标识。

图 1-1-21　必须参考说明书

图 1-1-22　必须戴护耳器

图 1-1-23　必须佩戴防护眼镜

图 1-1-24　必须戴防护手套

6. 消防安全标识

消防安全标识用于标记灭火设备和火灾报警激活点的位置等。此标志背景为红色，图案为白色，采用正方形轮廓。图 1-1-25 至图 1-1-28 所示为汽车维修车间常见消防安全标识。

图 1-1-25　灭火器

图 1-1-26　火灾报警按钮

图 1-1-27　消防龙头

图 1-1-28　消防应急电话

二、汽车维修工个人安全防护

个人安全防护用品是指防止一种或多种有害因素对自身的直接危害所穿用或佩戴的器具的总称。汽车维修人员应正确使用个人安全防护用品，这样可以有效避免操作过程中对身体造成直接危害。

（一）工作服

汽车维修人员一般穿着棉质工作服。棉质工作服具有隔热、易弹掉飞溅火星及熔融物、耐磨、扯断强度大、透气等特点。工作服不能使用金属纽扣或金属拉链，不能破损。穿着时应完全拉上塑料拉链或扣上塑料纽扣，并且完全扣上外侧防护带。袖管不能松脱，应扣紧，防止衣服剐蹭车体漆面而损坏车辆。图 1-1-29 所示为汽车维修工作服。

图 1-1-29　汽车维修工作服

（二）工作帽

如图 1-1-30 所示，棉质工作帽用于保护头部，可以防止头发过长或掉落对操作产生影响。硬质的工作帽可以消除或减轻坠落物、硬质物件的撞击和挤压伤害，工作帽是广泛使用的个人安全用品。

图 1-1-30　棉质工作帽

（三）眼部、面部防护

眼部、面部防护用品是指用于防止辐射、烟雾、化学物质、金属火花、飞屑和尘粒等伤害眼、面、颈的可观察外界的防护工具。

1. 防护眼镜

防护眼镜用来防止飞屑、尘粒、化学物质等伤害眼部。防护眼镜的质量一定要好，否则眼镜受到冲击损坏，会对眼睛造成更为严重的二次伤害。图 1-1-31 所示为护目镜。

图 1-1-31　护目镜

2. 防护口罩

防护口罩通常可分为防尘口罩和防毒面具。在粉尘严重的环境佩戴防尘口罩，有溶剂挥发的环境佩戴防毒面具。正确佩戴防护口罩可防止将烟雾、化学物质、有毒气体吸入肺部。图 1-1-32 所示为防尘口罩。

图 1-1-32　防尘口罩

3. 防护面罩

防护面罩可用来保护面部，防止辐射、火花等对面部和颈部的伤害。如果进行焊接操作，必须佩戴防护面罩。图 1-1-33 所示为防护面罩。

图 1-1-33 防尘面罩

（四）手、足部防护

手、足部的防护用品是指根据作业环境中的有害因素，为防止各种事故对手、足部造成伤害而特制的手套和鞋。

1. 防护手套

防护手套可防止手部遭受割伤、划伤，常用的防护手套有皮手套、线手套、防水手套、耐溶剂手套等。

2. 安全鞋

安全鞋有防滑、绝缘、防砸、耐溶剂、防水、抗高压等性能。在选择安全鞋时，要根据工作环境的不同仔细辨认是否包含所需性能。图 1-1-34 所示为劳保鞋。

图 1-1-34 劳保鞋

（五）耳部防护

在噪声较大的工作环境下使用耳塞、耳罩，可以有效保护听力。

三、汽车维修车间应急救援

（一）灭火器的使用

着火燃烧要具备 3 个条件：可燃物、氧气以及一定的温度。当 3 个条件具备，一经点燃（自燃）就会燃烧，燃烧失控而酿成火灾。防火就是根据这个原理，排除着火的条件。只要我们加强对易燃易爆物品和各种火源的管理，严格遵守有关防火的规章制度和操作规程就能有效防止火灾的发生。当火灾不幸发生时，应迅速进行扑灭。若无法迅速扑灭火灾要及时报告消防部门。

1. 灭火器材的使用范围

（1）泡沫灭火器适用于扑救油脂类、石油类产品及一般固体物质的初起火灾。

（2）二氧化碳灭火器主要适用于扑救贵重设备、档案资料、仪器仪表、600 V 以下的电器及油脂等的火灾，但不适用于扑灭某些化工产品（如金属钾、钠等）的火灾。

（3）干粉灭火器主要适用于扑救石油及其产品、可燃气体和电器设备的初起火灾。

（4）1211、1301 灭火器主要适用于扑救油类、精密机械设备、仪表、电子仪器设备及文物、图书、档案等贵重物品的初起火灾。

（5）喷雾水枪喷出的雾状水流，适用于扑救油类火灾及油浸式变压器、多油式断路器等电气设备火灾。

（6）开花水枪是用来喷射密集充实水流的水枪，可以根据灭火的需要喷射开花水，用来冷却容器外壁、阻隔辐射热、掩护灭火人员靠近着火点。

2. 灭火器的使用方法

汽车维修车间常备的灭火器有手提泡沫灭火筒、鸭嘴或开关灭火器、干粉灭火器等，其使用方法如图 1-1-35 所示。灭火时不能距离火源太近，应对准火焰根部进行灭火。如果有风的话，应站在上风口进行灭火。

图 1-1-35　灭火器的使用方法

（二）应急救援

1. 触电救援

触电事故具有行业性、季节性、高死亡率等特点。据不完全统计，我国每年有近万人死于触电事故。对触电者进行迅速、准确的急救，可以极大降低触电事故的伤亡率。触电急救的要领是抢救迅速和救护得法。

当发现有人触电时，首先应该使触电者脱离电源，再对触电者的状态进行判定实施现场救护。

人触电以后，可能由于痉挛或失去知觉等原因而紧抓带电体不能自行摆脱电源。这时，使触电者尽快脱离电源是救活触电者的首要因素。低压触电事故采用下列方法使触电者脱离电源：① 触电地点附近有电源开关或插头，可立即断开开关或拔掉电源插头，切断电源；② 电源开关远离触电地点，可用有绝缘柄的电工钳或干燥木柄的斧头分相切断电线，断开电源，或用干木板等绝缘物插入触电者身下，以隔断电流；③ 电线搭落在触电者身上或被压在身下时，可用干燥的衣服、手套、绳索、木板、木棒等绝缘物作为工具，拉开触电者或挑开电线，使触电者脱离电源。对于高压触电事故采用下列方法使触电者脱离电源：① 立即通知有关部门停电；② 戴上绝缘手套，穿上绝缘靴，用相应电压等级的绝缘工具断开开关。

在脱离电源时要注意以下事项：① 救护人员不可直接用手或其他金属及潮湿的物件作为救护工具，而必须采用适当的绝缘工具且单手操作，以防止自身触电；② 防止触电者脱离电源后可能造成的摔伤；③ 如果触电事故发生在夜间，应当迅速解决临时照明问题，以利于抢救，并避免事故扩大。

当触电者脱离电源后，应当根据触电者的具体情况，迅速地对症进行救护。现场应用的主要救护方法是人工呼吸法和胸外心脏按压法。

当触电者脱离电源后，应对触电者的状态进行判断。通过看、试、听的方法对触电者的状况进行判断。看，是指看触电者胸口是否有起伏；试，是用两手指试颈动脉有无脉搏；听，是用耳贴近触电者的口鼻处，听触电者口鼻处有无呼吸声。图 1-1-36 所示为对触电者生命状态的判断，大体上急救方式按照以下三种情况分别处理。

（1）如果触电者伤势不重，神志清醒，但是有些心慌、四肢发麻、全身无力，或者触电者在触电的过程中曾经一度昏迷，但已经恢复清醒。在这种情况下，应当使触电者安静休息，不要走动，严密观察，并请医生前来诊治或送往医院。

（2）如果触电者伤势比较严重，已经失去知觉，但仍有心跳和呼吸，这时应当使触电者舒适、安静地平卧，保持空气流通。同时，揭开其衣服，以利于呼吸，如果天气寒冷，要注意保温，并要立即请医生诊治或送往医院。

（3）如果触电者伤势严重，呼吸停止或心脏停止跳动或两者都已停止时，则应立即实行人工呼吸和胸外按压，并迅速请医生诊治或送往医院。应当注意，急救要尽快进行，不能等候医生的到来，在送往医院的途中，也不能中止急救。

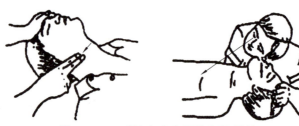

图 1-1-36　对触电者生命状态的判断

2. 眼睛溅入有害物的清洗

如果眼睛不慎溅入有害物，应采取以下方法进行清洗。

（1）将受害者引到眼睛清洗站或水槽边，使其伏在水槽上。

（2）将眼睛冲洗器喷嘴对准伤患者进入有害物的眼睛，轻轻地持续按压喷射按钮，使清洗液连续冲洗眼睛。注意，应从鼻子向太阳穴冲洗，以避免有害物质进入另一只眼睛。其间要求伤者保持眼睛微睁，必要时用两个手指小心地将眼睑分开。

（3）连续冲洗直到患者感觉眼睛内没有异物为止。

（4）根据事故情况咨询医生。

3. 皮肤接触有害物

皮肤接触有害物后，应立即清除有害物并以大量清水及肥皂水清洗。

4. 误服有害物

如果误服有害物，应立即呼叫中毒控制中心或就医。注意不要催吐或诱使呕吐，注意保温，保持安静并尽快送医救治。

 ## 巩固提升

一、选择题

1. 汽车维修车间不安全因素有（　　　）。

　A. 车间设备　　　　　　　　　　　B. 车间危险品

　C. 车间卫生环境　　　　　　　　　D. 车间消防安全

2. （　　　）标志无背景色，图案颜色为黑色，采用红色菱形轮廓。

　A. 危险　　　　　B. 警告　　　　　C. 急救　　　　　D. 禁止

3. 在进行汽车维修作业时，应穿（　　　）。

　A. 凉鞋　　　　　B. 劳保鞋　　　　C. 运动鞋　　　　D. 以上都可以

4. 下列属于着火燃烧需要具备的条件是（　　　）。

　A. 可燃物　　　　　　　　　　　　B. 氧气

　C. 达到可燃物的燃点　　　　　　　D. 以上都是

5. 触电救援时，应首先（　　）。

　　A. 使触电者断开电源　　　　　　　B. 呼救

　　C. 判断触电者生命体征　　　　　　D. 进行心肺复苏

二、判断题

1. 在运转零件旁边工作时，要始终注意手和身体与运转件的安全工作距离。（　　）

2. 起动车辆前应检查挡杆是否处于空挡或驻车挡位置。（　　）

3. 使用灭火器灭火时，应站在下风口对准火焰的根部进行灭火。（　　）

4. 安全鞋的性能有防滑、绝缘、防砸、耐溶剂、防水、抗高压等。（　　）

5. 强制标识用于指示为了遵守法定要求和确保安全而必须采取的行动。此类标志为蓝色背景，白色图案，采用圆形轮廓。（　　）

项目一任务一
巩固提升答案

任务二　汽车维修工具和设备的使用

情景导入

在带小张熟悉工作环境的过程中，小张表示，虽然在学校课堂和书本上都学过维修工具和设备，也进行过相关实训操作，但是看到真实工作场景，还是感觉很陌生。他不太自信自己是否能尽快融入工作，因此希望你能为他再详细介绍一下汽车维修工具和设备的使用。

理论要点

一、汽车维修常用工具

（一）扳　手

扳手的种类繁多，汽车维修常用扳手主要有开口扳手、梅花扳手、套筒扳手、活动扳手、扭矩扳手等。

1. 开口扳手

开口扳手（又称呆扳手）是最为常见的一种扳手，其开口中心平面和本体中心平面成 15°角，这样既能适应人手的操作方向，又可降低对操作空间的要求，如图 1-2-1 所示。

图 1-2-1　开口扳手

2. 梅花扳手

梅花扳手的两端是环状的，环的内孔由两个正六边形互相同心错转 30°而成，如图 1-2-2所示。使用时，扳动 30°后，即可换位再套，因而适用于狭窄场合下的操作。与开口扳手相比，梅花扳手强度高，使用时不易滑脱，但套上取下不方便。

图 1-2-2　梅花扳手

3. 套筒扳手

套筒扳手由一套尺寸不等的梅花筒组成，其材料、环孔形状与梅花扳手相同，如图 1-2-3 所示。使用时，用弓形的手柄连续转动，工作效率较高。它适用于拆装位置狭窄或需要一定扭矩的螺栓或螺母，螺母的棱角不易被损坏，特别适合在空间较小的地方使用。

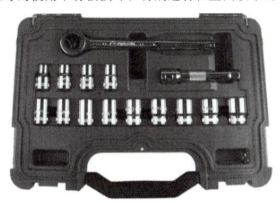

图 1-2-3　套筒扳手

使用套筒扳手时应根据螺栓螺母的尺寸选好套筒，套在快速摇柄的方形端头上，再将套筒套住螺栓螺母，转动快速摇柄进行拆装。用棘轮手柄扳转时，不准拆装过紧的螺栓螺母，以免损坏棘轮手柄。拆装时，握快速摇柄的手切勿摇晃，以免套筒滑出或损坏螺栓螺母的六角；禁止用锤子将套筒击入变形的螺栓螺母的六角进行拆装，以免损坏套筒；禁止使用内孔磨损过大的套筒。工具用毕，应清洗油污，妥善放置。

4. 扭矩扳手

扭矩扳手有一根长的弹性杆，其一端装着手柄，另一端装有方头或六角头，在方头或六角头套装一个可换的套筒用钢珠卡住，如图 1-2-4 所示。扭矩扳手可读出所施扭矩大小，当要求一定数值的旋紧力或几个螺母（或螺钉）需要相同的旋紧力时，则需使用扭矩扳手。除用来控制螺纹件旋紧力矩外，它还可以用来测量旋转件的起动转矩，以检查配合、装配情况。

图 1-2-4　扭矩扳手

扭矩扳手在使用时应注意以下几点：

（1）拆装时用左手把住套筒，右手握紧扭矩扳手手柄往身边拉转。禁止往外推，以免滑脱而损伤身体。

（2）对要求拧紧力矩较大，且工件较大、螺栓数较多的螺栓螺母时，应分次按一定顺序拧紧。

（3）拧紧螺栓螺母时，不能用力过猛，以免损坏螺纹。

（4）禁止使用无刻度盘或刻度线不清的扭矩扳手。

（5）拆装时，禁止在扭矩扳手的手柄上再加套管或用锤子锤击。

（6）扭矩扳手使用后应擦净油污，妥善放置。

（7）预调式扭矩扳手使用前应做好调校工作，用后应将预紧力矩调到零位。

5. 活动扳手

活动扳手的开口尺寸能在一定范围内任意调整，可以适应不同尺寸的螺母或螺栓，如图 1-2-5 所示为活动扳手。

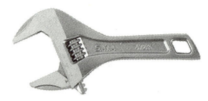

图 1-2-5　活动扳手

使用活动扳手时，夹爪开口必须与螺母或螺栓紧密配合，如果夹得太松会磨损螺栓或螺母，而且还不能扳动螺栓或螺母。转动活动扳手时，应使用固定爪端，切不可反过来使用。

各类扳手的选用原则：优先选用套筒扳手，其次为梅花扳手，再次为开口扳手，最后选活动扳手。

（二）螺丝刀

螺丝刀又叫"起子"，常见的螺丝刀分为"一"字和"十"字两种，用来松动或拧紧螺钉。

1. "一"字螺丝刀

"一"字螺丝刀主要用于旋紧或松开头部开一字槽的螺钉，由刀柄、刀体和刃口组成，如图 1-2-6 所示。其工作部分用碳素工具钢制成，并经淬火处理，其规格以刀体部分的长度来表示。

图 1-2-6　一字螺丝刀

2. "十"字螺丝刀

"十"字螺丝刀用于旋紧或松开头部带十字沟槽的螺钉，如图 1-2-7 所示。

图 1-2-7　十字螺丝刀

使用螺丝刀时，螺丝刀头部一定要确实嵌入螺钉的槽中，扭动螺丝刀时，螺丝刀中心线一定要与螺栓的中心线在一条轴线上。使用时,除施加扭力外,还应施加适当的轴向力,以防滑脱损坏零件。螺丝刀型号规格的选择应以沟槽的宽度为准。

(三)锤 子

锤子用于敲击或锤打物体的手工工具。锤子由锤头和握持手柄两部分组成。常见的有圆头锤、羊角锤、橡胶锤等。图 1-2-8 所示为橡胶锤。

图 1-2-8   橡胶锤

使用锤子前,应仔细检查锤头和锤柄连接是否牢固,握锤时应握住锤柄后端。挥锤的方法有腕挥、肘挥和臂挥三种。腕挥仅用手腕的动作进行锤击运动,锤击力小,但准、快、省力;臂挥是用手腕、肘和全臂一起挥动,锤击力最大;肘挥是手腕与肘部一起挥动,做锤击运动,锤击力介于腕挥和臂挥之间。

(四)钳 子

钳子用于弯曲小的金属材料,夹持扁形或圆形零件,切断软的金属丝等。在汽车维修中,常用类型有老虎钳、尖嘴钳、斜口钳、鲤鱼钳、大力钳等。

1. 老虎钳

老虎钳是最常见的一种钳子,可用来切断金属丝或夹持零件,如图 1-2-9 所示。

图 1-2-9   老虎钳

2. 尖嘴钳

尖嘴钳的结构如图 1-2-10 所示,钳口长而细,适合在狭窄的空间里使用。

图 1-2-10   尖嘴钳

3. 斜口钳

斜口钳也称为剪钳,主要用于切割细导线。斜口钳的钳口有刃口,且尖部为圆形,所以不具备夹持零件的作用,只能用于切割金属丝或导线,如图 1-2-11 所示。

图 1-2-11　斜口钳

4. 鲤鱼钳

鲤鱼钳也称为鱼嘴钳,主要用于夹持和扭转工件,如图 1-2-12 所示。鲤鱼钳的手柄一般较长,可通过改变上槽孔的位置来调节钳口张开的程度。

图 1-2-12　鲤鱼钳

5. 大力钳

大力钳有双杠杆作用,能通过钳爪给工件施加一个较大的夹紧力。钳爪的开口尺寸可通过手柄末端的滚花螺钉来调节,如图 1-2-13 所示。向外旋松调整螺钉时,钳口张开的尺寸增大;向内旋拧调整螺钉时,钳口张开的尺寸将减小。

当大力夹紧物体时,如果想释放夹持的物体,扳压一下释放手柄,在杠杆的作用下,钳口会释放工件。

图 1-2-13　大力钳

(五)专用工具

1. 活塞环拆装钳

活塞环拆装钳专门用于活塞环的拆装,以防止不当操作而导致活塞环折断,如图 1-2-14 所示。

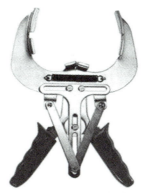

图 1-2-14 活塞环拆装钳

使用活塞环拆装钳时，应将拆装钳上的环卡卡住活塞环开口，握住手把稍稍均匀用力，使拆装钳手把慢慢收缩，环卡将活塞环徐徐地张开，使活塞环能从活塞环槽中取出或装入。

使用活塞环拆装钳时，用力必须均匀，避免用力过猛而导致活塞环折断，同时能避免发生伤手事故。

2. 活塞环压缩器

活塞环压缩器是安装发动机活塞环时必须使用的工具，通常选用厚度为 0.75 ~ 1.00 mm 的铁皮卷制并带有手钳加紧的耳边，如图 1-2-15 所示。

图 1-2-15 活塞环压缩器

使用活塞环压缩器时，首先将各道活塞环安装在活塞环槽之中，并按要求把活塞环开口位置错开。把活塞环压缩器套装在活塞和活塞环之外，手摇手柄使压缩器压缩（将活塞环压缩至活塞环槽之中），将活塞和活塞环从气缸体上部插入气缸孔，再用木质或橡胶锤将活塞向下推，直至活塞和活塞环进入气缸孔之中。

3. 拉拔器

拉拔器是用于拆卸过盈配合安装在轴上（孔中）的齿轮或轴承等零件的专用工具。常用拉拔器为手动式，在一杆式弓形叉上装有压力螺杆和拉爪，如图 1-2-16 所示。

使用拉拔器时，在轴端与压力螺杆之间垫一块垫板，用拉拔器的拉爪拉住齿轮或轴承，然后拧紧压力螺杆，即可从轴上拉下齿轮等过盈配合的安装零件。

图 1-2-16　拉拔器

二、汽车维修常用量具

（一）钢直尺

钢直尺是最简单的长度量具，它有 150 mm、300 mm、500 mm 和 1 000 mm 四种规格。图 1-2-17 所示为常用的 150 mm 钢直尺。

图 1-2-17　150 mm 钢直尺

（二）游标卡尺

常用游标卡尺规格：0～150 mm、0～200 mm、0～300 mm、0～500 mm、0～700 mm、0～1 000 mm、0～1 500 mm。精度分为 ±0.02 mm、±0.05 mm、±0.10 mm。

游标卡尺是一种常用的量具，具有结构简单、使用方便、精度中等和测量尺寸范围大等特点，可以用它来测量零件的外径、内径、长度、宽度、厚度、深度和孔距等，应用范围很广。

图 1-2-18 所示为测量范围为 0～125 mm 的游标卡尺，常制成带有刀口形的上下量爪和带有深度尺的形式。

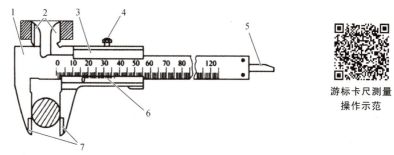

游标卡尺测量
操作示范

1—尺身；2—上量爪；3—尺框；4—紧固螺钉；5—深度尺；6—游标；7—下量爪。

图 1-2-18　游标卡尺的结构

游标卡尺使用注意事项：

（1）检查零线。使用前应先擦净卡尺，合拢卡爪，检查主尺和游标的零线是否对齐。

（2）放正卡尺。测量内外圆时，卡尺应垂直于工件轴线，两卡爪应处于直径处。

（3）用力适当。当卡爪与工件被测量面接触时，用力不能过大，否则会使卡爪变形，加速卡爪的磨损，使测量精度下降。

（4）读数时视线要对准所读刻数并垂直尺面，否则读数不准。

（5）防止松动。未读出读数之前游标卡尺离开工件表面，必须先将止动螺钉拧紧。

（6）不得用游标卡尺测量毛坯表面和正在运动的工件。

（三）千分尺

千分尺又称螺旋测微器，是利用螺旋副的螺纹升降原理制成的量具。千分尺的种类很多，按用途可分为外径千分尺、内径千分尺、深度千分尺、螺纹千分尺、公法线千分尺和板厚千分尺等。外径千分尺主要用于外径和长度尺寸的测量，本节主要介绍外径千分尺。0~25 mm外径千分尺的结构如图 1-2-19 所示。

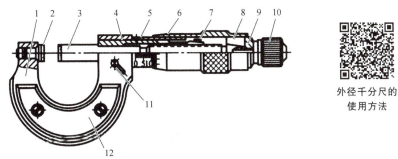

外径千分尺的
使用方法

1—尺架；2—固定测砧；3—测微螺杆；4—螺纹轴套；5—固定套筒；6—微分筒；
7—调节螺母；8—接头；9—垫片；10—测力装置；
11—锁紧螺钉；12—绝热板。

图 1-2-19　0~25 mm 外径千分尺的结构

千分尺的刻线原理：如外径千分尺的工作原理就是应用螺旋读数机构，它包括一对精密的螺纹——测微螺杆与螺纹轴套，如图 1-2-19 中的 3 和 4，和一对读数套筒——固定套筒与微分筒，如图 1-2-19 中的 5 和 6。千分尺的读数方法：在千分尺的固定套筒上刻有轴向中线，作为微分筒读数的基准线。另外，为了计算测微螺杆旋转的整数转，在固定套筒中线的两侧，刻有两排刻线，刻线间距均为 1 mm，上下两排相互错开 0.5 mm。

千分尺的具体读数方法可分为三步：

（1）读出固定套筒上露出的刻线尺寸，一定要注意不能遗漏 0.5 mm 的刻线值。

（2）读出微分筒上的尺寸，要看清微分筒圆周上哪一格与固定套筒的中线基准对齐，将格数乘以 0.01 mm 即得微分筒上的尺寸。

（3）将上面两个数相加，即为千分尺上测得尺寸。

如图 1-2-20（a）所示，在固定套筒上读出的尺寸为 8 mm，微分筒上读出的尺寸为

27（格）× 0.01 mm = 0.27 mm，两数相加再估读一位，即得被测零件的尺寸为 8.270 mm；如图 1-2-20（b）所示，在固定套筒上读出的尺寸为 8.5 mm，在微分筒上读出的尺寸为 27（格）× 0.01 mm = 0.27 mm，两数相加再估读一位，即得被测零件的尺寸为 8.770 mm。

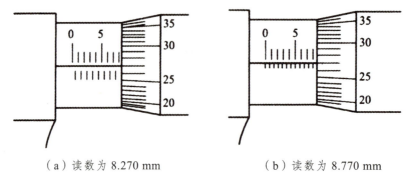

（a）读数为 8.270 mm　　　　　　（b）读数为 8.770 mm

图 1-2-20　千分尺的读数

（四）塞尺

塞尺又称厚薄规或间隙片，主要用来检验机床特别紧固面和紧固面、活塞与气缸、活塞环槽和活塞环、十字头滑板和导板、进排气阀顶端和摇臂、齿轮啮合间隙等两个结合面之间的间隙大小。塞尺由许多层厚薄不一的薄钢片组成，如图 1-2-21 所示，钢片的厚度为 0.03 ~ 0.3 mm，印在每片钢片上。

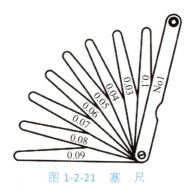

图 1-2-21　塞　尺

测量间隙时，应将待测工件的表面清理干净，不能有油污或其他杂质。测量间隙时，形成间隙的两工件必须相对固定，以免因松动导致间隙变化而影响测量效果。

使用时根据被测间隙的大小选择厚度接近的钢片插入被测间隙，如图 1-2-22 所示。能塞入钢片的最大厚度即为被测间隙值。如用 0.04 mm 能塞入，而用 0.05 mm 不能塞入，说明所测量的间隙值在 0.04 mm 与 0.05 mm 之间。

当间隙较大并希望测量出更小的尺寸误差范围时，单片塞尺已无法满足测量要求，可以将数片叠加在一起插入间隙中（在塞尺的最大规格满足使用间隙要求时，尽量避免多片叠加，以免造成累计误差）。如间隙片最大规格为 0.5 mm，间隙尺寸大约在 0.55 mm 时，就需要使用 0.5 mm 与 0.05 mm 间隙片叠加测量。

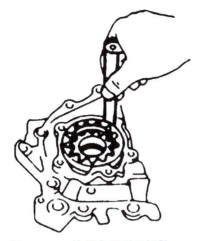

图 1-2-22　使用塞尺测量间隙

（五）百分表

　　百分表的作用是校正零件或夹具的安装位置，检验零件的形状精度或相互位置精度。百分表的读数精度为 0.01 mm。

　　百分表的外形如图 1-2-23 所示，8 为测量杆，6 为指针，表盘 3 上刻有 100 个等分格，其刻度值（即读数值）为 0.01 mm。当指针转一圈时，小指针即转动一小格，转数指示盘 5 的刻度值为 1 mm。用手转动表圈 4 时，表盘 3 也跟着转动，可使指针对准任一刻线。测量杆 8 是沿着套筒 7 上下移动的，套筒可用于安装百分表。9 是测量头，2 是手提测量杆用的圆头。测量杆直线移动 1 mm 时，百分表内指针正好回转一圈。

　　目前，国产百分表的测量范围（即测量杆的最大移动量）有 0～3 mm、0～5 mm、0～10 mm 三种。读数值为 0.01 mm 的百分表，测量范围为 0～1 mm。测量杆直线移动 1mm 时，百分表内指针正好回转一圈。

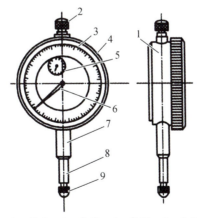

1—表壳；2—圆头；3—表盘；4—表圈；5—转数指示盘；
6—指针；7—套筒；8—测量杆；9—测量头。

图 1-2-23　百分表

（六）内径量表

内径量表是内量杠杆式测量架和百分表的组合，用以测量或检验零件的内孔、深孔直径及其形状精度。内径量表测量架的内部结构如图 1-2-24 所示，在三通管 3 的一端装着活动测量头 1，另一端装着可换测量头 2，垂直管口一端，通过连杆 4 装有百分表 5。活动测量头 1 的移动，使传动杠杆 7 回转，通过活动杆 6，推动百分表的测量杆，使百分表指针产生回转。由于杠杆 7 的两侧触点是等距离的，当活动测头移动 1 mm 时，活动杆也移动 1 mm，推动百分表指针回转一圈。所以，活动测头的移动量，可以在百分表上读出来。

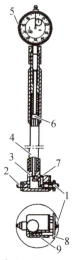

内径百分表
测量孔径

1—活动测量头；2—可换测量头；3—三通管；4—连杆；5—百分表；
6—活动杆；7—传动杠杆；8—定心护桥；9—弹簧。

图 1-2-24　内径量表

两触点量具在测量内径时，不容易找正孔的直径方向，定心护桥 8 和弹簧 9 就起到帮助找正直径位置的作用，使内径量表的两个测量头正好在内孔直径的两端。活动测头的测量压力由活动杆 6 上的弹簧控制，以保证测量压力一致。

内径量表活动测头的移动量，小尺寸的只有 0 ~ 1 mm，大尺寸的可达 0 ~ 3 mm，它的测量范围是由更换或调整可换测头的长度来达到的。因此，每个内径量表都附有成套的可换测头。国产内径量表的读数值为 0.01 mm，测量范围有 10 ~ 18 mm、18 ~ 35 mm、35 ~ 50 mm、50 ~ 100 mm、100 ~ 160 mm、160 ~ 250 mm、250 ~ 450 mm。

用内径量表测量内径是一种比较量法，测量前应根据被测孔径的大小，在专用的环规或外径千分尺上调整好尺寸后才能使用。调整内径量尺的尺寸时，选用可换测头的长度及其伸出的距离（大尺寸内径量表的可换测头，是用螺纹旋上去的，故可调整伸出的距离，小尺寸的不能调整），应使被测尺寸在活动测头总移动量的中间位置。

三、千斤顶及千斤顶支架

（一）千斤顶的种类

千斤顶的种类较多，用得比较多的是液压千斤顶。根据千斤顶形状的不同，分为立式千斤顶、卧式千斤顶、剪式千斤顶等，如图 1-2-25 所示。

（a）立式千斤顶　　　　　　　　　　　　　　（b）剪式千斤顶

（c）卧式千斤顶

图 1-2-25　千斤顶

（二）卧式千斤顶

卧式千斤顶主要用于单个轮胎的拆装、检测维修工作、外出事故救援等，其具有体积小、重量轻、可移动等特点，如图 1-2-25（c）所示为卧式千斤顶。千斤顶支架主要用于轮胎拆卸后，保护底部维修人员的安全。当使用卧式千斤顶举升汽车时，必须确保千斤顶支架已经放入就位后方可进行维修。

1. 卧式千斤顶的特点

卧式千斤顶的特点主要包括：

（1）结构紧凑，能平稳顶升重物，但顶升距离较短（1.2 m，1.5 m）。

（2）具有 2 t、3 t、5 t、10 t 和 20 t 举升质量等规格。

（3）易漏油，不宜长期支持重物。

（4）通过旋转支撑杆则可实现锁定功能。

（5）传动效率较高，应用较广。

使用卧式千斤顶顶起车辆时，注意车辆应挂入 P 挡（自动变速箱），关闭发动机，使用正确的支撑点，汽车内无人员，千斤顶支架已辅助支撑等。

卧式千斤顶的使用注意事项：

（1）使用前检查各部分是否正常。

（2）严格按照参数的规定，切忌超高、超载。

（3）当油量不足时，需添加液压油至标准液位。

（4）合理选择千斤顶的着力点，底面平整，切勿倾斜。

（5）将油泵的放油螺钉旋紧并放置千斤顶支架后，方可进行维修工作。

（6）不适宜在有酸碱、腐蚀性气体的工作场所使用。

（7）使用后，及时清洁、维护和保养千斤顶；检查外观，及时发现安全隐患；根据使用情况进行定期检查和保养。

2. 千斤顶支架

千斤顶支架如图 1-2-26 所示，主要用于支撑物体，一般与卧式千斤顶配合使用；当卧式千斤顶将汽车顶升后，将千斤顶支架放入适当位置进行长时间支撑。

图 1-2-26　千斤顶支架

千斤顶支架使用注意事项：

（1）根据顶升汽车高度，可手动调节千斤顶支架的支撑高度（275 ~ 705 mm）。

（2）根据对顶升汽车单轴质量的预估，可选择最大支撑能力的千斤顶支架，如 2 t、3 t、6 t 和 12 t 支撑质量等。

（3）使用后，及时清洁，检查千斤顶支架支座支架是否损坏，及时消除安全隐患；并定期进行安全检查和保养。

四、举升机

（一）举升机的种类

举升机按照形状来分，主要可分为双柱式举升机、四柱式举升机和剪式举升机三大类。

1. 双柱式举升机

双柱式举升机有机械传动式和液压传动式两种传动形式，常见的为液压传动形式；双柱式举升机通常包括普通式和龙门式两种，图 1-2-27 所示为普通双柱式举升机，图 1-2-28 所示为龙门式双柱举升机。由于解锁方式不同，龙门式举升机又分为单边解锁式和双边解锁式两种。

图 1-2-27　普通双柱式举升机

图 1-2-28　龙门式双柱式举升机

2. 四柱式举升机

四柱式举升机基本是液压传动式，通常有平板型和四轮定位型（分别加装两块后侧滑板和转角盘）两种形式，常见的为平板型。图 1-2-29 所示为平板型四柱式举升机。

图 1-2-29　平板型四柱式举升机

3. 剪式举升机

剪式举升机按照占用的空间不同可分为地上超薄式和地藏式两种；按照外形和功能可分为小剪式（含小剪 SUV 专用型）、大剪式（子母式）以及安装在地沟两侧的跑道式举升机，其中大剪式以及跑道式举升机通常用于车辆的四轮定位作业。图 1-2-30 所示为剪式举升机。

图 1-2-30 剪式举升机

随着环保要求的提高，一些 4S 店要求不允许有油和污水漏到地面上，为此一些厂家生产出地藏式举升机。它的整个机身埋在地下，只有托臂露出地面，这也使得车间显得整齐干净，维修技师在车下的维修空间大，但是价格昂贵。

举升机操作流程

（二）举升机的使用

下面以双柱式举升机为例，介绍举升机的使用方法。

1. 举升前的准备

（1）将举升臂向外张开，使车辆驾驶侧靠近举升机非操作位置一侧驶入举升机内，要求停靠端正。

（2）清除举升机附近妨碍举升作业的障碍物。

（3）移动举升臂使举升托盘移至各个举升点的正下方。

2. 升降操作

（1）操纵举升机上升，使举升托盘与车辆举升点接触，停止举升，确认举升点是否处于举升托盘的中心，若不是中心，则重复此操作。

（2）继续举升，在车辆上升至车轮离地高度约 300 mm 时，停止举升，按压前后保险杠，检查确认车辆的支撑稳定情况，同时检查汽车是否保持水平状态。

（3）继续举升车辆至需要的高度，停止举升。

（4）操纵下降手柄，使举升机处于安全锁止状态，至此车辆举升操作完毕。

（5）待完成汽车保养或检修作业后，操纵举升机上升按钮，待车辆稍稍升举后，停止举升。

（6）松开举升机的安全锁止装置，按压举升机的下降手柄，使车辆下降。

3. 结　束

（1）待车辆完全降下后，移开举升臂，驶出车辆。

（2）关闭举升机的电源，做好清洁整理。

（三）举升机使用的注意事项

为了规范安全地完成车辆的升降，在使用举升机时需熟知以下注意事项。

（1）举升机使用前要检查各地脚螺栓有无松动，检查各举升托盘高度是否一致，安装是否到位，托盘上的脚垫是否完整；空载试举升操作，确认各举升臂是否处于同一高度，目测检查所有的液压油管路有无磨损。

（2）举升机启用3个月后更换一次液压油，以后每年更换一次液压油。同时，要定期（每月一次）涂抹润滑脂润滑活动架的滑块、导轨面，用喷雾润滑剂润滑链条、缆索。每次使用前，均需检查安全锁止机构工作是否正常。

（3）举升机上标注有最大安全载荷，使用时严禁超过安全工作载荷。

（4）举升机升降过程中，不允许任何人停留在举升机举升臂及举升重物下方或上方，在装拆重型零部件总成时，应注意车辆重心位置的改变，以防止事故的发生。

（5）当举升车辆到合适高度后，务必进行安全落锁操作，确保安全。对于二次举升也必须使用安全锁止装置。

（6）下降举升机时，需要先将其操纵上升，解锁后再操纵举升机下降在升降过程中，操作人员务必随时观察车辆的支承情况。

（7）剪式举升机要定期检查气路的油水分离器，注意放水。

（8）剪式举升机所有支铰轴处和上下滚轮部位，应每周加一次机油使用剪式举升机前，要检查排除平台周围和下部的障碍物。

（9）车辆举升前，应拉好汽车的驻车制动，垫好防滑三角木等；举升机在长时间不工作时，应降至最低位，同时应切断电源。

（10）举升车辆的下降速度，在一定程度上可根据汽车的重量或通过操纵举升机下降手柄的幅度进行适当控制。在车辆举升或下降时，要时刻观察车辆及四周，确认车辆不倾斜，无人员进入作业区。

（11）每次变更举升高度时，均须确保举升机的制动器处于锁紧状态；举升机使用一段时间后，钢丝绳会被不同程度地拉长，以致两侧举升臂不能同步升降，此时应及时调整钢丝绳的长度。

（12）剪式举升机在举升车辆时，应在举升平台与车辆举升点之间垫上胶垫块。

以下情况不能使用举升机：举升时举升机抖动或跳动；举升后举升机自己慢慢下滑；举升机下降得非常慢；从举升机排气孔里喷出液压油；举升机密封盖处有漏油现象；标示有故障的举升机。

 巩固提升

一、选择题

1. 拆卸位置狭窄的螺栓时，优先选用（　　）。
　　A. 套筒　　　　　B. 开口扳手　　　　　C. 梅花扳手　　　　　D. 扳手
2. （　　）是专门用于活塞环的拆装，以防止不当操作而导致活塞环折断。
　　A. 活塞环拆装钳　　　　　　　　B. 活塞环压缩器
　　C. 拉拔器　　　　　　　　　　　D. 以上都可以

3.（   ）的作用是校正零件或夹具的安装位置，检验零件的形状精度或相互位置精度。

    A. 直尺   B. 游标卡尺

    C. 百分表   D. 千分尺

4. 游标卡尺不可测量物理的（   ）。

    A. 外径   B. 内径

    C. 厚度   D. 表面平整度

5. 当举升机出现下列（   ）情况时，不可以使用举升机。

    A. 举升时举升机抖动或跳动

    B. 从举升机排气孔里喷出液压油

    C. 举升机密封盖处有漏油现象

    D. 以上都是

二、判断题

1. 螺丝刀又叫"起子"，常见的螺丝刀分为一字，十字两种，用来松动或拧紧螺钉。

                                                  （   ）

2. 使用游标卡尺读数时，视线要对准所读刻数并平行于尺面。   （   ）

3. 使用塞尺测量间隙时，形成间隙的两工件必须相对固定，以免因松动导致间隙变化而影响测量效果。   （   ）

4. 双柱式举升机有机械传动和液压传动两种传动形式，常见的为液压传动形式。

                                                  （   ）

5. 千斤顶支架主要用于支撑物体，一般与卧式千斤顶配合使用。   （   ）

项目一任务二
巩固提升答案

任务三 汽车维修前准备事项

 ## 情景导入

通过你的讲解小张对工作环境已经基本熟悉，同时重温了车间作业安全知识，自信心得以恢复，他希望能尽快投入实操，践行所学。在此之前，请帮助小张完成维修前的一系列准备工作。

 ## 理论要点

汽车发动机维护概述

一、维修工单的填写

维修工单也称为施工单，是车主到店（站或厂）进行维修服务过程中使用的单据，记录了车主信息、车辆基本信息、本次维修记录等。不同品牌服务站或不同的修理厂，维修工单会有不同的差异，图 1-3-1 所示为某修理厂使用的维修工单，图 1-3-2 所示为某品牌的保养工单。

车辆维修工单应据实、准确填写。图 1-3-1 所示维修工单，包含了车辆进厂时的预检，在维修时，应在对应的位置准确填写维修内容。图 1-3-2 所示保养工单在填写时，对于需要填写数值的部分，应准确地填写测量数值；其余部分应勾选正常、不正常等项，对于不正常的保养项目，还应写明原因。

用户及	用户（送修人）姓名	联系电话	移动电话	品牌	车型	出厂编号
车辆信息	首次故障里程	发动机型	发动机号	购车日期	行驶里程	牌照号
维修信息	维修属性	报修时间	预定交车时间	服务活动编号		服务活动内容
外出信息	外出救援地	国家标准里程	结算里程	出发时间	返回时间	是否自备车　外出人员
附件状况	工具□　　天线□　　点烟器□　　备胎□　　千斤顶□　　轮罩□　　灭火器□					

维修前车辆 免费检查 （目视）	外观情况 好 坏 维修	在举升机上 好 坏 维修
	车门玻璃及挡风玻璃状况……..□ □ □	前、后轮制动间隙………………□ □ □
	前、后灯状况……………………..□ □ □	轮胎压力（包括备胎）…………□ □ □
	车身和油漆状况…………………□ □ □	转向球头和防尘套状况…………□ □ □
	前、后轮胎状况…………………□ □ □	发动机/变速箱密封………………□ □ □
	发动机舱 好 坏 维修	制动系统的密封/管路状况………□ □ □
	发动机机油液面…………………□ □ □	其他检查 好 坏 维修
	冷却液液面………………………□ □ □	制动性能…………………………□ □ □
	制动液液面………………………□ □ □	空调性能…………………………□ □ □
	蓄电池状况………………………□ □ □	

外观划伤在图中相应位置标出

外观检查	旧件是否保留　　　　是□　否□
	是否洗车　　　　　　是□　否□
	剩余燃油：0□ 1/4□ 1/2□ 3/4□ 1□

检查费用说明：

1、本次检查的故障在本维修中心维修，检查费用包含在维修费内，如不在维修中心维修，请用户支付检查费：¥____元。

2、本人同意按贵厂检修单所列出的维修项目修理，愿意支付有关款项。（如对已出厂的车辆维修质量或其他问题有异议，请在一周内返回本维修中心复查。）

3、车壳翻新，拆装前后挡风玻璃。如有损坏，我厂概不赔偿。

备注： 贵重物品自行保管，如有遗失本站概不负责。

序号	维修及增修项目	材料费	工时费	确认栏
1				
2				
3				
4				
5				
6				
7				
8				
9				
10				
11			维修工位	主修人
12			机电：	
13			钣金：	
合计¥	收款员	接待员	油漆：	
验收	完工时间　　　车间签字　　　质检人签字　　　用户意见及签字			

图 1-3-1　某修理厂使用的维修工单

保养表

任务号	销售类型	牌照	行驶证

底盘号	发动机标识字母	行驶里程	售后服务顾问

销售类型	变速箱标识字母	年款	日期

每行驶 10 000 km 进行保养检查

务必遵守当前版本的"保养手册"！	正常 / 已执行	不正常	已排除
保养手册更改历史：调出	☐	☐	☐

升降台前的车辆	正常 / 已执行	不正常	已排除
信号喇叭：检查功能	☐	☐	☐
滑动天窗车顶嵌件：检查功能	☐	☐	☐
组合仪表：检查指示灯	☐	☐	☐
手套箱照明、车内照明和阅读灯：检查功能	☐	☐	☐
行车灯和倒车灯、制动灯、驻车示宽灯、牌照灯、闪光信号装置及危险报警闪光灯：检查功能	☐	☐	☐
车窗玻璃清洗装置：检查喷射情况并必要时调整	☐	☐	☐
大灯清洗装置：检查功能	☐	☐	☐
车窗玻璃刮水片：检查有无损坏	☐	☐	☐
大灯：检查调整情况	☐	☐	☐
安全带：检查锁舌固定件、安全带锁扣和安全带自动回卷装置的锁止性能	☐	☐	☐
车身：在所有舱盖和车门打开的情况下从汽车下方检查车漆有无损坏和腐蚀	☐	☐	☐
警告三角标志：检查是否存在	☐	☐	☐
备用车轮轮胎：检查胎压并必要时调整	☐	☐	☐
备用车轮轮胎：检查状态、轮胎胎面，检查并记录花纹深度 ____ mm	☐	☐	☐
行李厢照明：检查功能	☐	☐	☐
带有独立止动器的车门铰链：清洁和润滑	☐	☐	☐

电气系统	正常 / 已执行	不正常	已排除
故障存储器：读取	☐	☐	☐

升降台上的车辆	正常 / 已执行	不正常	已排除
冷却系统：检查防冻情况和冷却液液位并且必要时修正（防冻液：标准值 -36 ℃/测量值 [____] ℃）	☐	☐	☐
发动机机油：更换机油滤清器	☐	☐	☐
前轴轮胎：检查胎压并且必要时调整	☐	☐	☐
后轴轮胎：检查胎压并且必要时调整	☐	☐	☐
发动机机油：排出	☐	☐	☐
左前轮胎：检查状态、轮胎转动方向和轮胎胎面，检查并记录花纹深度 [____] mm	☐	☐	☐
左后轮胎：检查状态、轮胎转动方向和轮胎胎面，检查并记录花纹深度 [____] mm	☐	☐	☐
右后轮胎：检查状态、轮胎转动方向和轮胎胎面，检查并记录花纹深度 [____] mm	☐	☐	☐
右前轮胎：检查状态、轮胎转动方向和轮胎胎面，检查并记录花纹深度 [____] mm	☐	☐	☐
制动摩擦片：检查厚度	☐	☐	☐
发动机、变速箱、主减速器和转向系：检查有无泄漏和损坏	☐	☐	☐
前后轴部件：检查间隙、固定、防尘罩是否损坏	☐	☐	☐
制动装置：检查制动软管状态、检查排气螺栓的护套是否存在	☐	☐	☐
底板：检查饰板、轮罩内板、下边梁和管路有无损坏以及是否正确固定	☐	☐	☐
发动机机油：添加 - 机油规范 VW 502 00 (5W-40) 加注量 5.2 升	☐	☐	☐
火花塞：更换 ●	☐	☐	☐

最后的工作	正常 / 已执行	不正常	已排除
试车：进行	☐	☐	☐
直接式胎压监测显示：存储更改的胎压值	☐	☐	☐
保养周期指示器：复位保养检查每行驶 10 000 km	☐	☐	☐

● 附加工作单独计算

👁 目检

正常 / 已执行 = 正常 不正常 = 不正常，请注意维修说明 已排除 = 故障已排除

保养摘记

日期 / 签名 (执行人)　　　　　　　　　　　　　　　日期 / 签名 (终检)

图 1-3-2　某品牌保养工单

二、维修车辆准备

在对车辆进行维修前，应做好相应的准备工作，如放置车轮挡块、车辆状态的确认，同时也需要对车辆进行相应的防护操作。

（一）车辆安全操作

1. 安装车轮挡块

车轮挡块（见图 1-3-3）的作用是在进行车辆维修作业时，防止因误操作造成车辆移动发生安全事故。

图 1-3-3　车轮挡块

车轮挡块的安装规范：将车轮挡块安装在左右车轮前后两侧，最好安装在非转向轮上，车轮挡块安装时要贴住轮胎且与轮胎侧面对齐，如图 1-3-4 所示。

图 1-3-4　车轮挡块安装规范

2. 确认车辆状态

在维修前，应确认车辆挡位和驻车制动的状态。手动挡汽车的挡位应处于空挡，自动挡汽车的挡位应处于驻车挡或空挡。驻车制动处于制动状态。

（二）车辆防护操作

1. 车内防护

使用钥匙打开待维修车辆的车门，安装地板垫、座椅套、转向盘套（称为车内三件套），若车辆还有挡杆和驻车制动操纵杆时，还应安装相应的挡杆套以及驻车制动操纵杆套。

将地板垫平整地放在驾驶室地板上，如图 1-3-5 所示。安装座椅套时，应将座椅套从上到下整齐地套在驾驶员座位上。

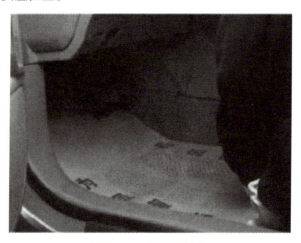

图 1-3-5　安装地板垫

图 1-3-6 所示为安装转向盘套。安装转向盘套时，展开转向盘套，先套好转向盘上部，然后顺应转向盘的弧度从上往下拉转向盘套，直至完全套好。

图 1-3-6　安装转向盘套

将点火钥匙插入点火开关处并置于"ON"位置；按下车窗玻璃下降按钮降下车窗玻璃。

2. 车外防护

从车内拉起发动机舱盖释放杆，抬起发动机盖，将支撑杆顶在发动机盖的支撑孔中，撑起发动机盖确保发动机盖支撑牢固，如图 1-3-7 所示。

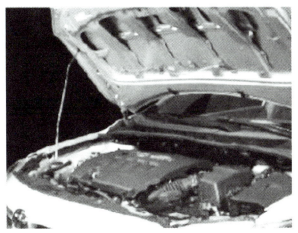

图 1-3-7　打开发动机舱盖

使用翼子板罩及前格栅罩（称为车外三件套）将待修车辆的左右翼子板以及前格栅遮住，如图 1-3-8 所示。翼子板罩及前格栅罩可以有效地避免在维修过程中造成翼子板、前格栅的漆面被划伤。

图 1-3-8　安装翼子板罩及前格栅罩

三、尾气抽排设备的安装

汽车的尾气中含有对人体与环境有害的物质，维修车间是相对封闭的场所，如果汽车排放的有害气体不能有效地排到户外，必然会对人体和环境造成危害，所以维修车间中均配备了汽车尾气抽排设备。

（一）尾气抽排设备的结构

图 1-3-9 所示为尾气抽排设备，其主要组成包括抽风机、滑动车、滑动车轨道、抽排导管等。

图 1-3-9　尾气抽排设备

（二）尾气抽排设备的使用

把尾气排放管拉至有尾气排放车辆工位后，将吸管及吸嘴对准汽车排气管出口，夹紧即可，启动抽风机电源开关。使用完毕后，松开吸嘴，将尾气排放管滑至不妨碍工作位置，关闭电机电源。图 1-3-10 所示为尾气抽排设备安装完成的情况。

图 1-3-10　尾气抽排设备安装完成

尾气抽排设备的使用注意事项。

（1）不得使用有毒、腐蚀性溶剂清洁管道。

（2）严禁在管道上堆放物品。

（3）保持尾气抽排设备管道、风机定期打扫。

（4）在工作时，工作人员应避免人体部位与高温的汽车排气管接触，以免烫伤。

课程育人

2022 年 7 月某天下午 5 时，某地城东火烧桥附近的某汽修厂内突发大火，铁皮屋顶和车间内的三辆正在维修的汽车被烧得面目全非，损失严重，所幸没有造成人员受伤。据初步调查，火灾原因是工人维修汽车时不慎引发。

大火燃烧猛烈，前后持续了大约半小时。记者在赶赴现场途中，离汽修厂 1 km 外就看见升腾的浓烟，火场边弥漫着一股焦臭味。到达现场，两部消防车已经在进行扑救，着火的汽修厂被封锁，不让人靠近，厂门口聚集着许多围观的群众。

经过消防一中队官兵的扑救，火势被控制住，随后渐渐熄灭。记者随后走进该厂，浓烟笼罩下车间能见度极低，受大火的熏烤，整个铁皮棚顶已被熏黑，三辆正在维修的小车被烧得面目全非，其中两辆已烧成一堆废铁。

据现场一名工人说："当时正在维修一辆车子，突然一串火花从车子内蹿出，可能是烧到了车子的油箱，火势很快蔓延开来，接着旁边两辆车也烧了起来。"修理厂的员工们试图灭火，但无能为力，于是拨打119火警电话求助。接着铁皮屋顶也被烧着，因为担心油箱会爆炸，员工们只好从维修厂中撤离。

【思考】在进行汽车维修时，应采取哪些防火措施？如果车辆燃烧，如何灭火？

 巩固提升

一、选择题

1. （　　　）的作用是在进行车辆维修作业时，防止因误操作造成车辆移动发生安全事故。

  A. 车轮挡块 　　　 B. 举升机 　　　 C. 橡胶垫块 　　　 D. 以上都是

2. 在对自动挡汽车维修时，应先确认自动挡汽车的挡位处于（　　　）。

  A. N挡 　　　 B. P挡 　　　 C. R挡 　　　 D. D挡

3. 在对车辆维修前，对车内的防护主要有安装（　　　）。

  A. 地板垫 　　　 B. 座椅套 　　　 C. 转向盘套 　　　 D. 以上都是

4. 尾气抽排设备主要包含（　　　）。

  A. 抽风机 　　　 B. 滑动车 　　　 C. 滑动车轨道 　　　 D. 抽排导管

5. 打开发动机舱盖后，需铺设（　　　）。

  A. 翼子板罩 　　　 B. 前格栅罩 　　　 C. 车门挡板 　　　 D. 玻璃挡板

二、判断题

1. 对于维修工单，需要填写数值的部分，应根据测量的结果准确填写。　　（　　　）

2. 维修工单也叫施工单，是车主到店进行维修服务过程中使用的单据，记录了车主信息、车辆基本信息，本次维修记录等。　　（　　　）

3. 车轮挡块最好安装在非转向轮上。　　（　　　）

4. 维修车间是相对封闭的场所，如果汽车排放的有害气体不能有效地排到户外，必然会对人体和环境造成危害。　　（　　　）

5. 尾气抽排设备在使用时，会遮住汽车排气管，维修人员可以与排气管接触，不会被烫伤。　　（　　　）

项目一任务三
巩固提升答案

项目二

汽车动力系统检查保养

车辆在日常运行中要承受各种负荷，为了承受住这些负荷，一些车辆部件使用了必须定期更新的行车辅助材料（如机油）。其他部件在车辆运行时会磨损，且在磨损后必须维修更新（如活塞环）。

汽车动力系统的检查保养，一般指的是汽车发动机的检查保养，发动机各系统的检查保养有助于提升发动机的动力性和燃油经济性。检查保养工作主要以检查和调整为主，对发动机各系统的检查，可以及时发现和解决存在的隐患及故障，避免更大故障的发生，以及由此产生的较大维修需要。

进行检查和保养是为了保持车辆的功能和运行性能。"检查"主要指的是进行现场直观检查和检查车辆现状，而"保养"则是采取措施保持功能和运行性能。每一辆车在行驶和使用过程中，都需根据车况的需求或定期进行检查与保养。

发动机主要由"两大机构、五大系统"组成。"两大机构"指曲柄连杆机构和配气机构；"五大系统"指燃料供给系统、冷却系统、润滑系统、点火系统和起动系统。图 2-0-1 展示了 V 形发动机的缸体（曲轴箱和底板）、气缸盖、气缸盖罩、油底壳和密封件等零部件。

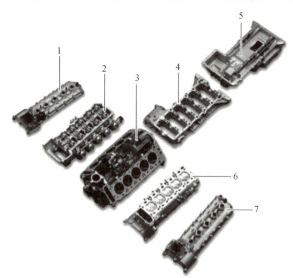

1—汽缸列 1 的汽缸盖罩；2—汽缸列 1 的汽缸盖；3—曲轴箱；4—地板；
5—油底壳；6—气缸列 2 的汽缸盖；7—气缸列 2 的汽缸盖罩。

图 2-0-1　V 形发动机主要组成部件

学习目标

◎知识目标

1. 能够描述发动机的组成结构和工作原理。

2. 能够简要陈述发动机保养项目的规范操作方法。

◎技能目标

1. 能够执行并完成气缸盖及气门机构的检查保养项目。

2. 能够执行并完成润滑、冷却系统的检查保养项目。

3. 能够执行并完成点火系统的一般维修项目。

4. 能够执行并完成发动机电控系统的一般维修项目。

5. 能够执行并完成燃油和进排气系统的检查保养项目。

◎思政目标

1. 培养良好的职业道德和工匠精神。

2. 培养安全意识和团队协作精神。

3. 培养自我管理和自主学习能力。

任务一  一般维修

 情景导入

客户王先生驾驶一辆轿车，在行驶中踩下加速踏板后，车速不能相应提高，存在动力不足的现象，且仪表上发动机故障报警灯点亮（见图 2-1-1）。4S 店服务顾问在接车检查后表示需要维修技师做进一步的专业检查。请根据服务顾问提供的接车检查表对疑似故障部分进行进一步检修。

图 2-1-1 发动机故障报警灯点亮

 理论要点

汽车发动机是将某一种形式的能量转换为机械能的机器。其功用是将液体或气体的化学能通过燃烧后转化为热能，再把热能通过膨胀转化为机械能并对外输出动力。汽车的动力来自发动机，可以说发动机是汽车的心脏，为汽车的行驶提供动力，关系到汽车的动力性、经济性、环保性。

一、发动机总体结构

发动机总体结构如图 2-1-2 所示。

发动机的所有结构都是为能量转换服务的，发动机伴随着汽车走过了 100 多年的历史，无论是在设计、制造、工艺还是在性能、控制方面都有很大的提高，但其基本原理仍然没有改变。随着最新科技运用于发动机，其已成为一个复杂的机电一体化产品。

发动机是由多个机构和系统组成的复杂机器。现代汽车发动机的结构形式很多，即使是

同一类型的发动机，其具体结构也不尽相同，但不论哪种类型的发动机，其基本结构都是相似的，均由"两大机构、五大系统"组成。

发动机结构

图 2-1-2　发动机总体结构

（一）曲柄连杆机构

曲柄连杆机构由机体组、活塞连杆组和曲轴飞轮组三部分组成，如图 2-1-3 所示。机件主要包括气缸体、气缸盖、油底壳、活塞、连杆、曲轴和飞轮等。曲柄连杆机构是发动机实现热能与机械能相互转换的核心机构，其功用是将燃料燃烧所放出的热能通过活塞、连杆、曲轴等零部件转变成机械能，驱动汽车行驶。

曲轴拆装与检测

机体组
活塞连杆组
曲轴飞轮组

图 2-1-3　曲柄连杆机构组成

（二）配气机构

配气机构是由气门组和气门传动组组成，机件主要包括气门、气门弹簧、凸轮轴、挺杆、凸轮轴传动机构等，如图 2-1-4 所示。其功用是根据发动机的工作需要，适时打开进气通道或排气通道，以便使可燃混合气（燃料与空气的混合物）及时进入气缸，并将废气及时从气缸内排出。在发动机不需要进气或排气时，利用气门将进气通道或排气通道关闭，以保持气缸密封。

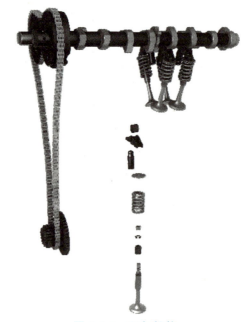

图 2-1-4　配气机构

（三）燃料供给系统

电控汽油机燃料供给系统由空气供给系统、燃油供给系统和电子控制系统组成，如图2-1-5 所示。其功用是根据发动机的工况（工作状况）的需要，配制出适应的数量和浓度的可燃混合气并送入气缸。

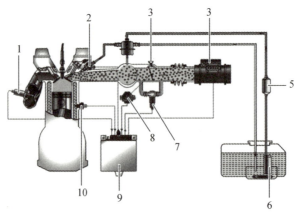

1—氧传感器；2—喷嘴；3—调压器；4—热线式空气流量计；5—燃油滤清器；6—电动燃油泵；
7—怠速执行器；8—节流阀位置开关；9—电子控制单元；10—水温传感器。

图 2-1-5　燃料供给系统

（四）点火系统

点火系统主要包括点火线圈、点火控制模块、高压线、火花塞等组成，如图 2-1-6 所示。其功用是根据发动机的工作需要，及时点燃气缸内的混合气。

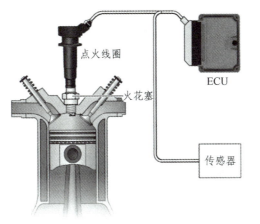

认识发动机点火系统

图 2-1-6　点火系统

（五）冷却系统

发动机冷却系统的功用是帮助发动机散热，以保证发动机在最合适的温度下工作，可分为水冷式和风冷式两种。水冷式冷却系统通常由水套、水泵、散热器、风扇、节温器等组成，如图 2-1-7 所示。风冷式冷却系统主要由风扇、散热片组成。

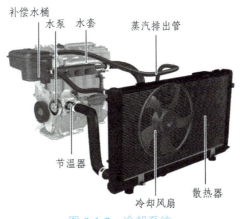

认识冷却系统

图 2-1-7　冷却系统

（六）润滑系统

润滑系统一般由机油泵、集滤器、限压阀、油道、机油滤清器等组成，如图 2-1-8 所示。其功用是向做相对运动的零件表面输送清洁的润滑油，以减小摩擦和磨损，并对摩擦表面进行清洗和冷却，起到润滑、冷却、洗涤、密封、防锈防腐和减小冲击负荷的作用。

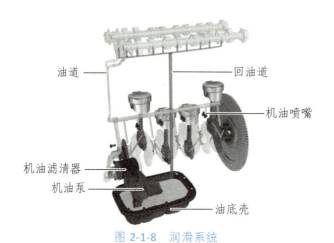

认识润滑系统

图 2-1-8　润滑系统

（七）起动系统

起动系统由起动机及其附属装置组成，如图 2-1-9 所示。其功用是使发动机由静止状态进入到正常工作状态。

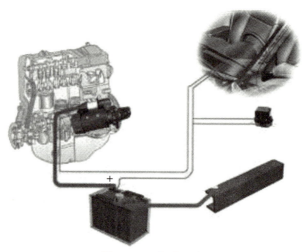

图 2-1-9　起动系统

二、发动机的分类

（一）按照所用燃料分类

发动机按照所使用燃料的不同，可分为汽油机和柴油机，分别如图 2-1-10 和图 2-1-11 所示。以汽油为燃料的发动机称为汽油机；以柴油为燃料的发动机称为柴油机。汽油机与柴油机各有特点。汽油机转速高、质量小、噪声小、起动容易、制造成本低；柴油机压缩比大、热效率高、经济性能和排放性能都比汽油机好。

图 2-1-10　汽油发动机

图 2-1-11　柴油发动机

（二）按照行程分类

发动机按照完成一个工作循环所需的行程数可分为四行程发动机和二行程发动机，分别如图 2-1-12 和图 2-1-13 所示。曲轴转两圈，活塞在气缸内上下往复运动四个行程，完成一个工作循环的发动机称为四行程发动机；而曲轴转一圈，活塞在气缸内上下往复运动两个行程，完成一个工作循环的发动机称为二行程发动机。汽车上广泛使用四行程发动机。

图 2-1-12　四行程发动机

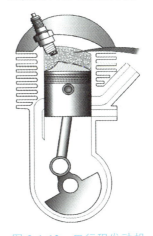

图 2-1-13　二行程发动机

（三）按照冷却方式分类

发动机按照冷却方式不同可以分为水冷发动机和风冷发动机，分别如图 2-1-14 和图 2-1-15 所示。水冷发动机是利用在气缸体和气缸盖冷却水套中进行循环的冷却液作为冷却介质进行冷却的；而风冷发动机是利用流动于气缸体与气缸盖外表面散热片之间的空气作为冷却介质进行冷却的。水冷发动机冷却均匀、工作可靠、冷却效果好，被广泛地应用于现代车用发动机。

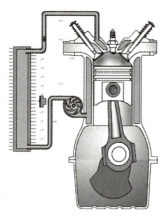

图 2-1-14　水冷发动机

图 2-1-15　风冷发动机

（四）按照气缸数目分类

发动机按照气缸数目不同可以分为单缸发动机和多缸发动机。仅有一个气缸的发动机称为单缸发动机；有两个以上气缸的发动机称为多缸发动机。如双缸、三缸（见图 2-1-16）、四缸（图 2-1-17）、五缸、六缸、八缸、十二缸等。现代轿车多采用四缸、六缸发动机。

图 2-1-16　三缸发动机

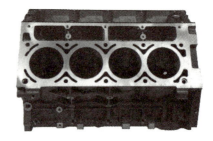

图 2-1-17　四缸发动机

（五）按照气缸排列方式分类

根据气缸的排列形式，气缸体有直列式、对置式和 V 形、W 形等多种形式，如图 2-1-18 所示。直列式气缸体的各个气缸排成一列，一般是垂直布置；对置式气缸体的气缸通常排成两列，两列之间的夹角为 180°；V 形气缸体的气缸也排成两列，但两列之间的夹角 $\gamma < 180°$（一般为 60°或 90°）。对置式和 V 形气缸体与气缸数相同的直列气缸体相比，高度降低，长度缩短，但宽度增大。W 形与 V 形发动机相比可以将发动机做得更短一些，曲轴也可短些，这样就能节省发动机所占的空间，同时重量也可轻些，但它的宽度更大，使得发动机室更满。

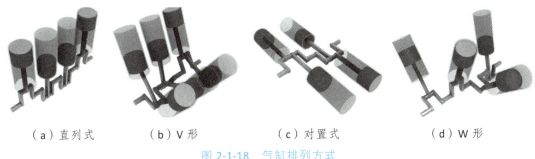

（a）直列式　　　（b）V 形　　　（c）对置式　　　（d）W 形

图 2-1-18   气缸排列方式

（六）按照进气系统是否采用增压方式分类

发动机按照进气系统是否采用增压方式可以分为自然吸气（非增压）式发动机和强制进气（增压式）发动机（见图 2-1-19 和图 2-1-20）。

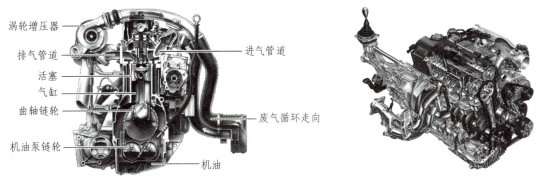

涡轮增压器

排气管道　　　　　　　　　　　　　　　进气管道

活塞

气缸

曲轴链轮

　　　　　　　　　　　　　　　　　　　废气循环走向

机油泵链轮

　　　　　　　机油

图 2-1-19   自然吸气式发动机　　　　　　　图 2-1-20   增压式发动机

三、发动机基本术语

参照图 2-1-21 介绍发动机的基本术语。

（一）上止点

活塞顶部离曲轴回转中心最远的位置称为上止点。

（二）下止点

活塞顶部离曲轴回转中心最近的位置称为下止点。

（三）活塞行程

活塞在上下两个止点间运行一次的距离称为活塞行程。曲轴每转一周，活塞移动两个行程。

（四）曲柄半径

曲轴与连杆下端的连接中心至曲轴中心的距离 R 称为曲柄半径。曲轴每回转一周，活塞移动两个活塞行程。对于气缸中心线通过曲轴回转中心的发动机，$S = 2R$。

（五）燃烧室容积

燃烧室容积指活塞在上止点时，活塞顶部上方的容积，用 V_ε 表示。

（六）气缸总容积

气缸总容积指活塞在下止点时，活塞顶部上方的整个空间，用 Va 表示。气缸总容积等于气缸工作容积与燃烧室容积之和，即 $Va = V_h + V_\varepsilon$。

（七）气缸工作容积

气缸工作容积指上下止点间所包容的气缸容积，用 V_h 表示，其单位是升（L）。

（八）发动机工作容积（发动机排量）

多缸发动机各气缸工作容积的总和，称为发动机工作容积（俗称发动机排量），用 V_L 表示。若发动机的气缸数为 i，则 $V_L = iV_h$。

（九）压缩比

压缩比指气缸总容积与燃烧室容积之比，用 ε 表示。它表示活塞由下止点运动到上止点时，气缸内气体被压缩的程度。压缩比越大，则压缩终了时气缸内气体的压力和温度就越高。汽油机的压缩比一般为 8~10，柴油机的压缩比一般为 16~22。

（十）工作循环

对于往复活塞式发动机，发动机每做功一次，要经过进气、压缩、做功和排气四个行程，这种周而复始的连续过程，称为发动机的一个工作循环。

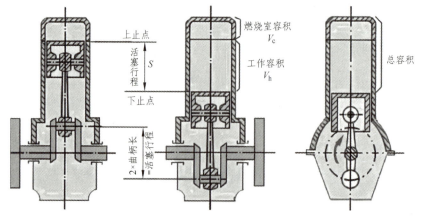

图 2-1-21　发动机基本术语

四、四行程汽油机工作原理

四行程汽油机每一个工作循环都有四个行程，按其作用分别称为进气行程、压缩行程、做功行程和排气行程，如图 2-1-23 所示。

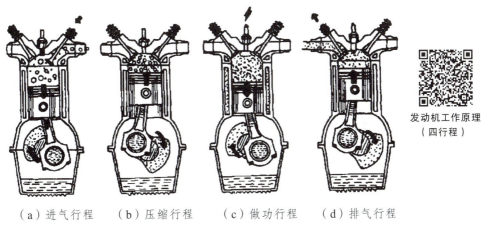

发动机工作原理
（四行程）

（a）进气行程　　（b）压缩行程　　（c）做功行程　　（d）排气行程

图 2-1-22　单缸四行程汽油机工作原理

（一）进气行程

在进气行程中，活塞由曲轴带动从上止点向下止点运行，此时进气门开启，排气门关闭。随着活塞从上止点向下止点移动，活塞上方气缸容积增大，气缸内压力下降。当压力降低到大气压以下时，在气缸内形成真空。这样，可燃混合气经进气门被吸入气缸。由于进气系统有阻力，进气结束时气缸内的气体压力为 0.07 ~ 0.09 MPa。流进气缸内的可燃混合气，因为与气缸壁、活塞顶等高温部件表面接触并与前一循环留下的高温残余废气混合，温度可升高到 370 ~ 400 K。

（二）压缩行程

进气行程结束时，活塞由曲轴带动从下止点向上止点运动，此时排气门仍处于关闭状态，进气门开始逐渐关闭。随着活塞向上运动，气缸内容积逐渐减小，由于进气门和排气门均处于关闭状态，进入气缸内的混合气被压缩，其温度和压力升高，直到活塞到达上止点时压缩行程结束，此时可燃混合气压力升高到 0.6 ~ 1.2 MPa，温度可达 600 ~ 700 K。

（三）做功行程

当活塞运动接近压缩行程上止点时，火花塞跳火点燃气缸内的混合气，此时进气门和排气门均处于关闭状态。当活塞接近上止点时，装在气缸体（或气缸盖）上的火花塞发出电火花，点燃被压缩的可燃混合气。可燃混合气燃烧后，放出大量热能，其压力和温度迅速增加，所能达到的最高压力为 3 ~ 5 MPa，相应温度则为 2 200 ~ 2 800 K。高温、高压燃气推动活塞上止点向下止点运动，通过连杆使曲轴旋转并输出机械能。它除了用于维持发动机本身继续运转之外，其余用于对外做功。在做功行程后期，随着活塞向下移动，气缸内容积增加，气体压力和温度都降低，在做功行程结束时压力降至 0.3～0.5 MPa，温度降为 1 300～1 600 K。

（四）排气行程

做功行程结束时，气缸内的气体将活塞推至下止点，气缸内的混合气变为废气。此时，排气门打开，进气门仍处于关闭状态，活塞在曲轴的带动下从下止点向上止点运动，气缸内的废气经排气门排出，直到活塞到达上止点时排气行程结束。在排气行程中，气缸内压力稍高于大气压力，为 0.105～0.115 MPa。排气结束时，废气温度为 900～1 200 K。

发动机工作时，需要连续不断地进行循环，在每个循环中都是依次完成进气、压缩、做功、排气四个行程。

五、发动机的一般维修项目

发动机的一般维修工作重点是检查发动机的油量，以及冷却系统的液面高低，不足时就要补充。清洗空气滤清器、并按规定更换机油及机油滤清器。

（一）进排气系统的检查与维护

进排气系统的检查是为了避免进气系统过脏或漏气导致的发动机怠速不稳或没有怠速，保证汽车高效正常工作。

1. 空气滤清器的维护流程

（1）去掉空气滤清上的螺栓或卡箍（见图 2-1-23），把空气滤清器打开。

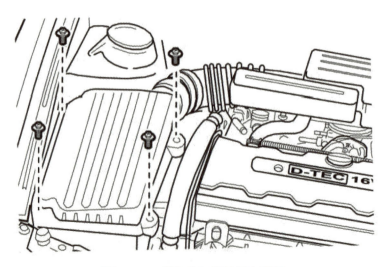

图 2-1-23　拆卸空气滤清器上螺栓

（2）把旧的滤清器从滤清壳体拆下，检查滤清器应无破损、衬垫无残缺，密封良好，视情况清洁或更换空气滤清器。

（3）清洁空气滤清器用压缩空气吹过空气滤清器，吹气方向与进气的气流方向相反，以此清洁空气滤清器，见图2-1-24。

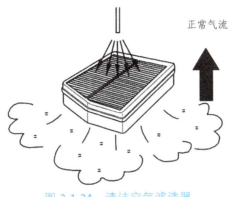

图 2-1-24　清洁空气滤清器

（4）把清洁后或新的空气滤清器按正确方向装入壳体中，盖好滤清器的盖子，安装好卡箍或紧固螺丝。

2. 排气系统的检查

（1）检查排气悬挂件的受损情况，如图2-1-25所示。

（2）检查排气系统安装是否与车底有接触情况。

（3）检查排气系统是否有孔洞、腐蚀情况。

（4）检查排气歧管垫、三元催化转换器衬垫（见图2-1-26）和其他。

图 2-1-25　检查排气管悬挂件

图 2-1-26　三元催化转换器衬垫检查

（二）润滑系统检查与维护

润滑系统维护对保证发动机正常工作起着重要作用。润滑系统维护状况变差，将导致磨损加剧，甚至引起发动机拉缸、抱轴等致命故障，使发动机丧失工作能力。

1. 发动机润滑油液位检查

（1）将车辆停在水平地面上。

（2）停止发动机后，等候几分钟让机油流回到储油盘。如果发动机是冷的，机油会需要更长的时间流回储油盘。

（3）拉出量油尺（见图 2-1-27）并将其擦干净。

（4）重新将量油尺完全插进去。

（5）将量油尺再次拉出来。

（6）检查量油尺上的机油以确定其没有受到污染。

（7）检查量油尺上显示的机油液位。机油应在"MIN"（最低）和"MAX"（最高）之间，如图 2-1-28 所示。

（8）如果机油液位低于"MIN"（最低），应加入与发动机内目前使用的机油属同一型号的足够机油，但加入量不得超过"MAX"（最高）标记。

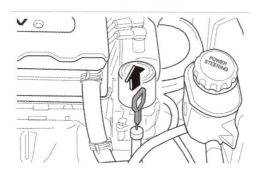

图 2-1-27　拉出机油量尺

图 2-1-28　检查量油尺上显示的机油液位

2. 润滑系统维护泄漏检查

（1）检查油底壳是否渗漏，如图 2-1-29 所示。

（2）检查曲轴前后油封是否渗漏，如图 2-1-30 所示。

（3）检查气门室盖垫（见图 2-1-31）或其他衬垫处是否漏油。

（4）检查放油螺栓及机油滤清器处是否渗漏。

图 2-1-29　油底壳检查

图 2-1-30　曲轴前后油封检查

图 2-1-31　气门室盖垫检查

（三）燃油系统的检查与维护

燃油供给系统的状况对发动机的动力性、经济性和排放污染性有很大的影响。车辆在使用过程中，发动机燃油供给系部件的磨损或堵塞，会导致发动机功率下降、油耗增加、怠速不稳、加速不良及排放污染加重等。因此，除了按照里程维护外，还应重视加注汽油品质以及日常维护等（在轿车一级维护时不进行燃油滤清器更换项目）。点火系统工作不良会导致发动机燃油消耗高、功率损失、失速、起动困难、发动机性能恶化等故障。需遵循规范保养维修来确保发动机的点火性能。

1. 外置燃油滤清器的更换

（1）拆下燃油泵保险丝，起动发动机，发动机熄火后，再起动发动机空转两三次，以彻底释放燃油压力。

（2）在汽油滤清器下放好接油盘。

（3）拆下滤清器壳体固定装置。

（4）拆下管接头固定夹。

（5）在新的管接头处涂一点燃油或凡士林。

（6）安装燃油滤清器固定夹。

（7）安装燃油滤清器。燃油滤清器上箭头的方向指向发动机，如图 2-1-32 所示。

图 2-1-32　燃油滤清器箭头方向

（8）安装燃油滤清器壳体固定支座。

（9）起动发动机检查燃油渗漏情况。

（10）把各种废弃物处理好以免引起火灾。

2. 燃油管路的渗漏检查

（1）检查从燃油箱到喷油嘴之间的管路是否存在渗漏情况。

（2）可以通过闻汽油味道，查看是否有油迹来判断是否存在泄漏。

（四）冷却系统的检查与维护

冷却系统的检查与维护是为了避免发动机冷却系统工作不正常导致发动机运动部件因受热膨胀破坏正常工作间隙，或因润滑油在高温下失效导致运动部件卡死，避免各部件因高温而导致机械强度降低甚至损坏。经常检查规范维护冷却系统以确保发动机的正常高效运转。

1. 冷却液液面的检查

（1）检查冷却液液面高度是否在标准范围内，当发动机冷却时，冷却液的液位应位于冷却液储罐上的"MIN"（最低）和"MAX"（最高）标记之间，如图 2-1-33 所示。

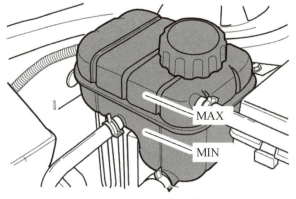

图 2-1-33　冷却液液位的检查

（2）如果液位低于最低线或储液罐液位是空的，应该在老师引导下检查系统的渗漏情况，再加入冷却液到储液罐中。

2. 冷却液冰点的检测

（1）对准光亮，调整目镜调节环（见图 2-1-34），直到标线清晰为止。

（2）测量：用柔软绒布擦净棱镜表面及盖板，掀开盖板。

（3）取 2～3 滴冷却液滴于折光棱镜上。盖上盖板并轻轻按压平，里面不要有气泡，然后通过目镜读取蓝白分界线的相对刻度（见图 2-1-35），即为被测液体的测量值。

（4）测量完毕后，直接用潮湿绒布擦干净棱镜表面及盖板上的附着物，待干燥后，妥善保存。

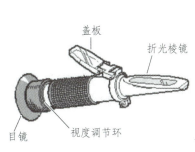

图 2-1-34 冰点检测仪

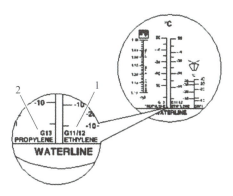

图 2-1-35 目镜数据读取

3. 散热器、加热器、水泵及水管的检查

（1）检查各软管是否有肿胀变形。

（2）检查水管及连接处是否渗漏，如图 2-1-36 所示。

（3）检查散热器侧盖及支座等是否渗漏，如图 2-1-37 所示。

（4）检查水泵衬垫处是否渗漏，如图 2-1-38 所示。

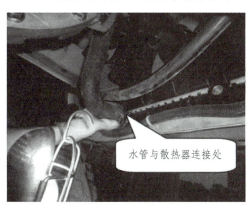

图 2-1-36 水管

图 2-1-37 散热器侧盖

图 2-1-38 衬垫

课程育人

目前，全国各汽车品牌经销店在汽车售后服务方面的表现千差万别、参差不齐。在当前以"体验为王"的背景下，车企的售后服务能力成为备受关注的指标之一。

2022 年 9 月 29 日，消费者洞察与市场研究机构 J.D. Power 发布的 2022 中国售后服务满意度研究显示，2022 年，主流汽车品牌售后服务满意度得分为 755 分，豪华汽车品牌为 768 分，两者差距进一步缩小，服务团队成为今年权重最高的因子，反映出消费者对售后环节中人员服务的软实力更为关注。

作为 2022 夺得自主品牌售后服务满意度桂冠的广汽传祺，"数字化"是其售后服务变革的重要关键词。官方信息显示，广汽传祺品牌始终秉承"以客户体验为中心"的服务理念，依托智能互联 App、微信"一键关怀"平台、车机互联、人机交互等打通线上线下服务，打造直服直连的"金三角服务模式"，提供 70＋项线上服务，有效覆盖了客户买车、养车、修车、用车等全场景以及"售前—售中—售后"全生命周期。

不只广汽传祺，现如今中国各大汽车品牌数字化线上服务体系逐步建设完善，并且仍在持续升级。可以看到，以传祺、吉利、奇瑞为代表的自主品牌借力"数字化"时代，实现集体进步。

【思考】发动机一般维修项目是汽车售后服务的必备项目，和企业的服务能力与用户满意度有着必然的联系。请思考发动机的一般维修项目对于企业和用户有什么好处？

 ## 巩固提升

一、选择题

1. 在冬季，（　　）是防止发动机过冷的。
   A. 节温器　　　　　B. 散热器　　　　　C. 水泵　　　　　D. 冷却液罐

2. 加注冷却液时的正确方法是（　　）。
   A. 首先将水倒入补液罐内，随后倒入冷却液添加剂
   B. 首先将冷却液添加剂倒入补液罐内，随后倒入水
   C. 首先在发动机外将水和冷却液添加剂按比例混合，随后将制备好的冷却液倒入补液罐内
   D. 将水加注到补液罐内"MAX"位置处

3. 四行程汽油发动机曲轴旋转 2 圈时，凸轮轴旋转多少圈（　　）。
   A. 0.5 圈　　　　　B. 1 圈　　　　　C. 2 圈　　　　　D. 4 圈

4. 发动机工作循环中，依赖于由火花塞产生的电火花的行程是（　　）。
   A. 进气行程　　　B. 排气行程　　　C. 做功行程　　　D. 压缩行程

5. 四行程汽油发动机所有的气门都是关闭的行程为（　　）。
   A. 进气和排气行程　　　　　　　B. 进气和点火行程
   C. 做功和压缩行程　　　　　　　D. 排气和做功行程

二、判断题

1. 四行程柴油机在进气行程时，进入气缸的是可燃混合气。　　　　　　　　（　　　）

2. 发动机活塞上止点的英文缩写为 TDC（Top Dead Center）。　　　　　　（　　　）

3. 汽油机的组成部分有点火系，而柴油机没有点火系。　　　　　　　　　　（　　　）

4. 发动机经济性指标主要是指有效燃油消耗量和有效热量。　　　　　　　　（　　　）

5. 汽油机 BJ492QA 型号中 4 表示该发动机为 4 缸。　　　　　　　　　　　（　　　）

项目二任务一
巩固提升答案

任务二　气缸盖及气门机构检查保养

 情景导入

车主李先生反映,他驾驶的轿车已行驶了 15 000 km。最近发现仪表水温指示灯报警,停车检查发现缺少防冻液,后添加到标准位置。汽车行驶了一段时间后,他发现防冻液再次缺少。停车后再次检查,发现发动机前部、气缸盖与气缸体结合处有大量防冻液泄漏的痕迹。经 4S 店服务顾问初步检查,此故障可能是由机体组故障引起的。要找出其故障所在并排除,需要将车辆移交给机电技师做进一步的检测维修。

 理论要点

一、气缸盖机构

发动机机体组由气门室罩盖、气缸盖、气缸垫、气缸体、油底壳等主要部件组成,如图 2-2-1 所示。气缸盖是发动机机体的重要部件,具有多种功能,如与气缸体和活塞共同构成燃烧室、固定气门机构、固定换气通道、吸收燃烧产生的作用力、固定冷却液和润滑油输送通道以及曲轴箱通风通道、固定安装件等。

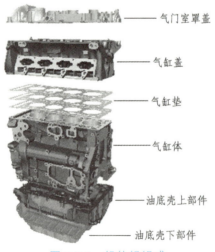

气门室罩盖

气缸盖

气缸垫

气缸体

油底壳上部件

油底壳下部件

认识气缸盖以及
气缸盖的常见损伤

图 2-2-1　机体组组成

(一)气缸盖

气缸盖与气缸体接合平面上的凹坑是燃烧室的组成部分。气缸盖上还装有进/排气门座、气门导管孔、火花塞安装孔、凸轮轴轴承孔,用于安装进/排气门、进气通道和排气通道、火花塞、凸轮轴等，如图 2-2-2 所示。气缸盖一般采用灰铸铁或合金铸铁铸成。由于铝合金的导热性好，有利于提高压缩比，近年铝合金气缸盖来被广泛采用。

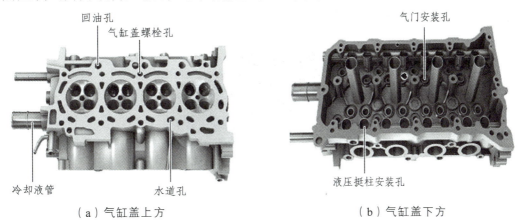

（a）气缸盖上方　　　　　　　　　　　　（b）气缸盖下方

图 2-2-2　气缸盖结构

为了保证发动机正常工作温度，在水冷式发动机的气缸体和气缸盖内设有充水空腔，称之为水套。气缸体与气缸盖内的水套是连通的。而风冷式发动机，在气缸体与气缸盖外面有散热片，以帮助散热。

（二）气缸垫

气缸垫安装在气缸盖与气缸体之间，保证气缸体与气缸盖的接合面密封，防止气体、冷却液和润滑油泄漏。气缸垫多数由金属与石棉及黏合剂压制而成，如图 2-2-3 所示。它具有一定的弹性，用以补偿气缸体和气缸盖平面的平面度误差。气缸垫的水孔和燃烧室孔周围有镶边，以防被高温的冷却水或气体烧坏。

图 2-2-3　气缸垫

（三）气缸盖罩

气缸盖罩通常也称作气缸盖盖板或气门盖，它构成了发动机壳体的顶部。气缸盖罩使气缸盖顶端与外部隔离、隔音，此外还起到固定曲轴箱通风系统、固定安装件等作用。

为了达到较好的减振效果，气缸盖罩与气缸盖以非刚性方式连接。使用螺栓连接时，通过弹性密封垫和去耦元件达到减振效果。

气缸盖罩可由铝合金、塑料或镁合金制成。铝合金的强度特性非常好，因此能够确保较好的密封效果。相对于铝合金而言，使用塑料材料可减轻重量，它还具有突出的隔音特性而且能够制成复杂的几何形状，如图 2-2-4 所示。

图 2-2-4　塑料制成的气缸盖罩

二、气门机构

气门机构通常指配气机构，是发动机的重要组成部分。它的功用是按照发动机每个气缸内所进行的工作循环和发火次序的要求，定时开启和关闭气缸的进/排气门，使新鲜可燃混合气（汽油机）或空气（柴油机）及时进入气缸，并将废气及时从气缸排出。

（一）配气机构组成

配气机构可分为气门组和气门传动组两个部分。气门组主要包括气门、气门座、气门弹簧、气门弹簧座、气门导管等，如图 2-2-5 所示。气门传动组包括驱动气门动作的所有零件，其组成因配气机构的形式不同而不同，主要包括正时齿轮（正时链轮和链，或正时带轮和传动带）、凸轮轴、挺柱、摇臂等。

图 2-2-5　配气机构组成

（二）气门组主要零部件

1. 气　门

气门工作条件十分恶劣，要承受高温、高压、冲击，润滑困难。因此要求气门材料必须有足够的强度、刚度、耐磨、耐高温、耐腐蚀、耐冲击。进气门一般采用中碳合金钢（如镍钢、镍铬钢和铬钼钢等），排气门采用耐热合金钢（如硅铬钢、硅铬钼钢等），为了改善气门的导热性能，有些气门内部充注金属钠。

气门按照作用不同分为进气门和排气门，构造基本相同。气门均由头部与杆部两部分组成，如图 2-2-6 所示。气门头部的作用是与气门座配合，对气缸进行密封；杆部则与气门导管配合，起导向作用。

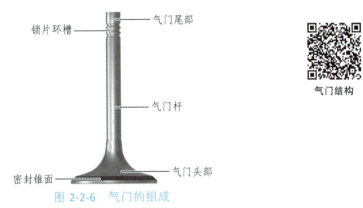

图 2-2-6　气门的组成

气门头部形状有平顶、凹面顶和球面顶，如图 2-2-7 所示。平顶结构的气门具有结构简单、制造方便、受热面积小、质量小等特点，多数发动机的进气门和排气门采用这种形状的气门。凹面顶气门有进气阻力小、质量轻、受热面积大等特点，适合作进气门。球面顶气门有排气阻力小、废气清除效果好、耐高温能力强等特点，适合作排气门。

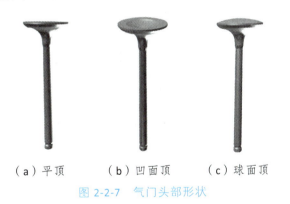

（a）平顶　　　　（b）凹面顶　　　　（c）球面顶

图 2-2-7　气门头部形状

2. 气门座

进、排气道口直接与气门密封锥面接触的部位称气门座。气门座与气门配合，使气缸密封。气门座的形式有两种，一种是在气缸盖上镗出来，一种是单独制成气门座圈，然后镶嵌在气缸盖上。

部分发动机的气门座单独制成座圈，然后压装到燃烧室内的进排气道口处，气门座圈与座孔有足够的过盈配合量，以防止发动机工作时气门座脱落。气门座圈一般采用耐热合金钢或者耐热合金铸铁制成。

为保证气门与气门座可靠密封，气门座上加工有与气门相配套的锥面，气门座的锥面包括三部分，如图 2-2-8 所示，45°（或 30°）锥面是与气门密封锥面配合的工作面，宽度 b 为 1 ~ 3 mm，15°锥角和 75°锥角的锥面是用来修正工作面位置和宽度的。有些发动机的气门锥角比气门座锥角小 0.5° ~ 1°，称为气门密封干涉角。气门密封干涉角有利于走合期的磨合，走合期结束，密封干涉角逐渐消失，恢复全锥面接触。

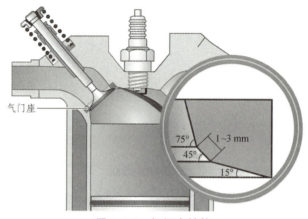

图 2-2-8　气门座结构

3. 气门导管

气门导管的功用是给气门的运动导向，并将气门杆所承受的热量传给气缸盖。气门导管一般单独制成，然后压入缸盖的承孔中，由于润滑较困难，一般用含石墨较多的铸铁或者粉末冶金制成，以提高自润滑性能。

气门导管为一空心管状结构（见图 2-2-9），气门导管压装在气缸盖上的导管孔中，其外圆柱面与导管孔的配合有一定的过盈量，以保证良好的传热性能和防止松脱。有些发动机为防止气门导管脱落，利用卡环对气门导管定位。气门导管的下端伸入气道，为减少对气流造成的阻力，伸入气道的部分制成锥形。

气门导管内孔与气门杆之间为间隙配合，为防止润滑油从气门杆与气门导管的间隙中漏入燃烧室，在气门导管的上端安装气门油封。

图 2-2-9　气门导管

4. 气门弹簧

气门弹簧的功用是使气门迅速回位，保证密封并防止气门在开启关闭过程中，因传动件的惯性而产生彼此脱离的现象。

气门弹簧的形状为圆柱形螺旋弹簧，其材料为高碳锰钢、铬钒钢等，并在表面进行磷化或发蓝处理。为了防止因气门弹簧共振而破坏配气正时，常采用双气门弹簧、变螺距气门弹簧、锥形气门弹簧或气门弹簧振动阻尼器，如图 2-2-10 所示。

（a）圆柱形螺旋弹簧　　　（b）双弹簧　　　（c）变螺距弹簧

图 2-2-10　气门弹簧结构形式

（二）气门传动组

1. 凸轮轴

凸轮轴是气门传动组的主要零件，其功用主要是利用凸轮控制气门的开启和关闭，使其符合发动机的工作顺序、配气相位和气门开度的变化规律等要求。凸轮轴与气门组的配合，如图 2-2-11 所示。

图 2-2-11　凸轮轴的功用

凸轮轴的构造，如图 2-2-12 所示。凸轮和轴颈是凸轮轴的基本组成部分，凸轮用来驱动气门开启，并通过其轮廓形状控制气门开启和关闭的规律，轴颈则用来支承凸轮轴。凸轮轴的前端用以安装正时齿轮（正时链轮或正时带轮）。

图 2-2-12　凸轮轴的构造

凸轮轮廓如图 2-2-13 所示，O 为凸轮轴的轴心，弧长 AE 为凸轮的基圆，AB 和 DE 为凸轮的缓冲段，缓冲段凸轮升程变化速度较慢，BCD 为凸轮的工作段，此段升程较快，C 点为升程最大，它决定气门的最大开度。

凸轮分为驱动进气门的进气凸轮和驱动排气门的排气凸轮。各缸的进气凸轮（或排气凸轮）称同名凸轮。以直列发动机为例，从凸轮轴前端看，同名凸轮的相对角位置按各缸做功顺序逆凸轮轴转动方向排列，夹角为做功间隔角的一半，做功顺序为 1—3—4—2 的直列四缸发动机和做功顺序为 1—5—3—6—2—4 的直列六缸发动机同名凸轮相对角位置。根据这一规律可按凸轮轴转动方向和同名凸轮位置判断发动机做功顺序。异名凸轮相对角位置与凸轮转动方向及发动机的配气相位有关。

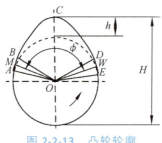

图 2-2-13　凸轮轮廓

2. 挺柱

挺柱的功用是把凸轮轴运动产生的推力传给气门推杆或直接传给气门。挺柱分为机械挺柱和液力挺柱两种。

1）机械挺柱

机械挺柱根据结构不同功能，分为菌式挺柱、球面挺柱和滚轮式挺柱，如图 2-2-14 所示。菌式挺柱多用于侧置式气门的配气机构，大多数发动机采用球面或滚轮式挺柱，可显著减少摩擦力和侧向力。某些凸轮轴上置的轿车发动机，其挺柱体上部装有调整垫片，用于调整气门间隙。

　　凸轮在旋转中对挺柱推力的方向是固定不变的，为使挺柱底面与凸轮接触面的磨损均匀，避免挺柱外圆表面与导向孔之间形成单面磨损，在设计上采取了如图 2-1-14 所示的结构措施。将挺柱底面做成一定的锥度形状，使凸轮与挺柱的接触点偏离挺柱中心轴线，如图 2-2-14（a）所示；或挺柱中心轴线偏离凸轮对称轴线布置，如图 2-2-14（b）所示。这样，挺柱在凸轮的推力作用下，沿导向孔上升的同时，挺柱还绕其中心轴线旋转，使挺柱底面与凸轮表面、挺柱外圆表面与导向孔内表面磨损均匀。采用滚轮式挺柱，如图 2-2-14（c）所示，则将凸轮与挺柱的滑动摩擦变为滚动摩擦，进一步降低了凸轮、挺柱的摩擦磨损。

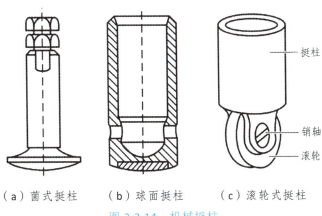

（a）菌式挺柱　　（b）球面挺柱　　（c）滚轮式挺柱

图 2-2-14　机械挺柱

2）液压挺柱

液压挺柱主要由挺柱体、柱塞、柱塞回位弹簧、单向阀、推杆等组成，如图 2-2-15 所示。

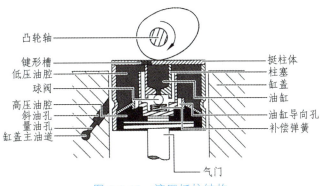

图 2-2-15　液压挺柱结构

　　液压挺柱能自动补偿杆件的热胀冷缩，保持气门驱动机构中无间隙，减小冲击噪声。

　　液压挺柱工作原理，如图 2-2-16 所示。当凸轮不驱动挺柱时，自气缸盖主油道的压力机油通过斜油孔进入气缸盖挺柱孔，再由挺柱体上的斜进油孔进入油腔，油压增大，这时，单向阀打开，机油进入低压油腔。

当凸轮逆时针驱动挺柱时，挺柱运动，低压油腔的少量机油流过柱塞和挺柱体之间的油道经进油孔流回，单向阀在压力差的作用下关闭通道，高低压油腔被分隔开。

当凸轮不驱动挺柱时，自气缸盖主油道的压力机油通过斜油孔进入气缸盖挺柱孔，再由挺柱体上的斜进油孔进入油腔，油压增大，这时，单向阀打开，机油进入低压油腔，机油推动柱塞上行，自动补偿气门间隙。

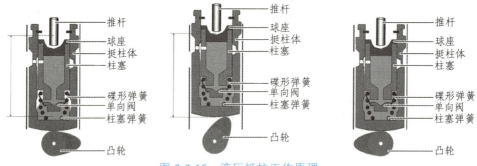

图 2-2-16　液压挺柱工作原理

三、气缸盖机构检查保养

（一）刀口尺

刀口尺是一个单侧带有刀口的平面尺，主要用来测量缸体、缸盖的平面度以及部件的平面度，如图 2-2-17 所示。根据使用要求可以选择不同长度的刀口尺。

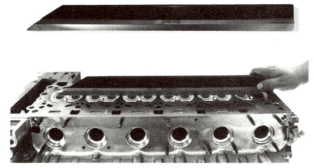

图 2-2-17　刀口尺

刀口尺的加工精度非常高，可以达到 1 μm 左右，在使用中要严格注意不能磕碰，以免影响测量精度。因为刀口很锋利，使用中要小心，避免造成人身伤害。

（二）气缸盖平面度的测量

1. 测量气缸盖平面度的作用

当大修时或者由于发动机曾经高温过，都必须进行气缸盖的平面度测量，如果平面度超差过多会导致气缸密封不严或者油水气相窜等问题，如图 2-2-18 所示。

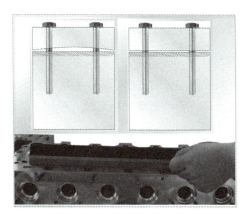

气缸盖和气缸垫
拆装与检测

图 2-2-18　缸盖平面度检查

2. 气缸盖平面度的测量位置

缸盖测量时，如图 2-2-19 所示的六缸发动机横向需进行 3 次测量，纵向进行 7 次测量，四缸的发动机需要 5 次测量。最后以测量结果最大的为平面度的数值。

图 2-2-19　气缸盖平面度的测量位置

3. 气缸盖平面度极限数据

缸盖测量时，如图 2-2-20 所示，先目视观察哪里有透光，再用塞尺测量间隙值。以宝马 N52 发动机为例，纵向平面度不能超过 0.10 mm、横向最大平面度不能超过 0.05 mm。如果超差，需加工平面或更换机件。

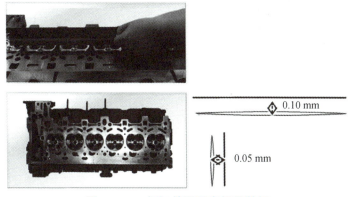

图 2-2-20　气缸盖平面度极限数据

（三）气缸盖高度测量

1. 测量气缸盖高度的作用

气缸盖平面度超差时，可以采用加工的方法来满足要求，但加工时要注意，加工量不能超过标准，加工量过大会导致缸压升高，影响燃烧的稳定性，所以在维修中要测量气缸盖的高度。

2. 气缸盖高度测量的位置与方法

气缸盖高度测量时，使用游标卡尺在多个位置测量取最小值。对于不同的发动机，要根据厂家的维修手册在指定的位置测量，如图 2-2-21 所示。

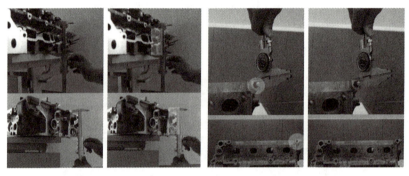

（a）N52、N55 测量位置　　　　（b）N46 测量位置

图 2-2-21　气缸盖高度测量的位置与方法

3. 气缸盖高度测量的数据分析

气缸盖的参考数据可以从维修手册上查到，如图 2-2-22 所示，N52 缸盖的最小高度为 111.70 mm，即最大的磨削量不能大于 0.30 mm，如果超差则更换机件。

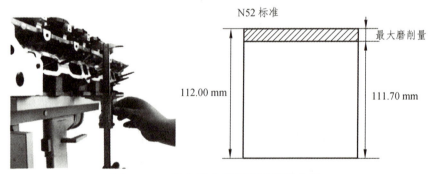

图 2-2-22　气缸盖高度测量的数据分析

四、气门机构检查保养

（一）凸轮轴检测

凸轮轴的主要耗损是凸轮轴的弯曲变形、凸轮轮廓磨损、支承轴颈表面和正时齿轮轴颈

键槽的磨损等。在装配情况下，凸轮轴轴向间隙变化以及轴颈与轴承座的配合间隙改变，都将使气门的最大开度和发动机的充气系数降低，配气相位失准，改变气门上下运动的速度特性，从而影响发动机的动力性、经济性、增大发动机的噪声。

1. 凸轮轴弯曲检测

凸轮轴弯曲检测是利用检测中间轴颈（弯曲最大）对两端轴颈的径向圆跳动来检查其弯曲程度，如图 2-2-23 所示。

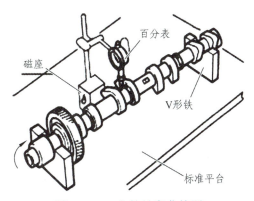

图 2-2-23　凸轮轴弯曲检测

将 V 形块和磁性表座放置在标准平台上，凸轮轴两端轴颈支承在 V 形块上。百分表触杆作用在凸轮轴中间的轴颈上，并有 1 mm 的压缩量，然后将百分表调零。转动凸轮轴一周，注意观察百分表上的读数（凸轮轴弯曲的跳动量）。如果超过最大值，可进行校正，但一般采用更换凸轮轴的方法。

2. 凸轮轴磨损的检测

1）凸轮轴轴颈磨损检测

使用外径千分尺在每道轴颈的前后两个位置检测其尺寸，如图 2-2-24 所示。

以丰田 5A/8A 发动机为例，其轴颈数据为，排气 24.949 ~ 24.965 mm（0.9822 ~ 0.9829 in），进气 22.949 ~ 24.965 mm（0.9035 ~ 0.9829 in）。

如果轴颈不符合标准，则更换凸轮轴。

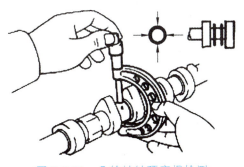

图 2-2-24　凸轮轴轴颈磨损检测

2）凸轮磨损的检测

使用外径千分尺在每个凸轮的前后两个位置检测凸轮桃尖的高度尺寸,如图 2-2-25 所示。

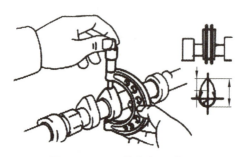

图 2-2-25　凸轮磨损的检测

丰田 5A/8A 的标准桃尖高度：进气 41.71 ~ 41.81 mm（1.6421 ~ 1.6461in），排气 41.96 ~ 42.06 mm（1.6520 ~ 1.6559 in）。

最小桃尖高度：进气 41.30 mm （1.6260in），排气 41.55 mm （1.6359 in）。

如果桃尖高度低于最小值，则更换凸轮轴。

3）检查凸轮轴止推间隙

在安装好凸轮轴的状态下，安装磁座及百分表，使百分表测杆轴线与凸轮轴轴线平行，并有 1 ~ 2 mm 的压缩量。将凸轮轴拨向前后任一端，将百分表调零，再将凸轮轴拨向一端，读出百分表的差值，即止推间隙值，如图 2-2-26 所示。

丰田 5A/8A 标准止推间隙：进气 0.030 ~ 0.085 mm（0.0012 ~ 0.0038in），排气 0.035 ~ 0.090 mm（0.0014 ~ 0.0035in）。

最大止推间隙：0.11 mm（0.0043 in），如果止推间隙超过最大值，更换凸轮轴，如有必要，成套更换轴承盖和气缸盖。

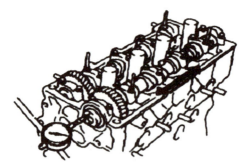

图 2-2-26　凸轮轴止推间隙检测

（二）气门检测

1. 外观检验

气门有裂纹、破损或严重烧蚀时，应更换气门。

气门组件常见损伤　气门间隙示意图　气门组拆装与检测

2. 检验气门杆弯曲和气门头部歪斜

气门杆的弯曲变形和气门头部歪斜检验，如图 2-2-27 所示。

（1）将气门支承在 2 个距离为 100 mm 的 V 形块上，用百分表触头测量气门杆中部的弯曲度。气门旋转 1 圈，百分表上最大与最小读数之差的 1/2 为直线度误差。其值大于 0.03 mm 时，应予以更换或校正。

（2）在气门头部，工作锥面用百分表测量。转动气门头部一圈，百分表上最大读数与最小读数之差的 1/2 为倾斜度误差。其值大于 0.02 mm 时，应予以更换。

3. 检验气门杆磨损

如图 2-2-28 所示，气门杆的磨损可用外径千分尺进行测量。气门杆径向磨损量大于规定值时，应予以更换。

4. 检验气门杆端面磨损

用钢直尺在平台上检查气门的长度。轴向磨损量大于规定时，应予以更换。

5. 检验气门工作面磨损

气门头部工作面若有斑点、严重烧蚀等，应予以更换。

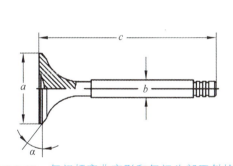

图 2-2-27　气门杆弯曲变形和气门头部歪斜检验

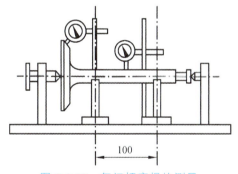

图 2-2-28　气门杆磨损的测量

（三）检查气门与气门座圈密封性

（1）画线法。检查前，将气门与气门座圈清洗干净，在气门锥面上用软铅笔沿轴向均匀地画上若干条线，然后与气门座圈接触。略压紧并转动气门 90°，取出气门，检查铅笔线是否被切断。若被切断，说明密封性良好，否则应重新研磨。

（2）渗油法。将气缸盖倒放在检测平台上，并装上待检测气缸同一缸的气门和火花塞。向燃烧室注入煤油或汽油，5 min 内气门与座圈接触处应无渗漏现象。

（3）拍击法。将气门与相配气门座轻轻拍击几次，查看接触带，如有明亮的连续光环，即为合格。

（4）涂红丹。在气门工作面上涂抹上一层轴承蓝或红丹，然后用橡皮捻子吸住气门并在气门座上旋转 1/4 圈，再将气门提起，若轴承蓝或红丹布满气门座工作面一周而无间断，又十分整齐，即表示密封良好。

五、气门间隙的检查和调整

(一)判断可调气门

可调与不可调气门的判断常用双排不进法。

当某一缸处于压缩上止点时,该缸进、排气门均可调,称为双;与其对置的缸进、排气门均不可调,称为不;对置缸工作之前的缸,可调排气门;对置缸工作之后的缸,可调进气门。如图 2-2-29 所示。

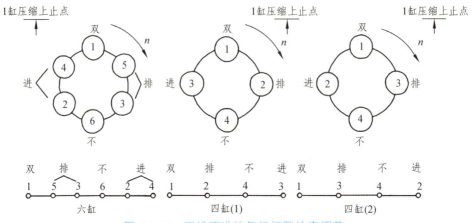

图 2-2-29 双排不进法气门间隙检查调整

(二)气门间隙的检查

以丰田 5A 发动机为例。摇转曲轴使 1 缸处于压缩上止点,使用塞尺测量气门挺杆和凸轮轴之间的间隙,如图 2-2-30 所示。

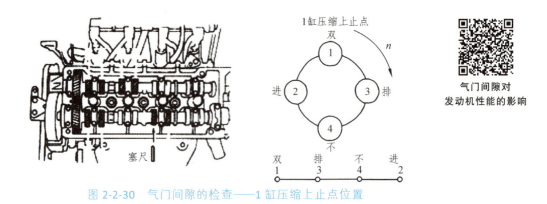

气门间隙对
发动机性能的影响

图 2-2-30 气门间隙的检查——1 缸压缩上止点位置

顺时针摇转曲轴使 4 缸处于压缩上止点,使用塞尺测量气门挺杆和凸轮轴之间的间隙,如图 2-2-31 所示。

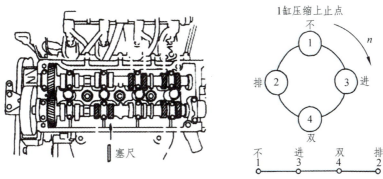

图 2-2-31　气门间隙的检查——4 缸压缩上止点位置

（三）气门间隙的调整

以丰田 5A 发动机为例，按下列公式或数据表确定更换调整垫片的厚度。

（1）使用千分尺，测量拆下的垫片厚度。

（2）按下列公式计算新垫片的厚度。

进气：$N = T + [A - 0.20\ mm（0.008\ in）]$

排气：$N = T + [A - 0.30\ mm（0.012\ in）]$

式中　T——拆下调整垫片的厚度；

　　　A——测量的气门间隙；

　　　N——新调整垫片的厚度。

（3）选择一个厚度尽可能接近计算值的新垫片。

调整垫片的厚度从 2.55 mm（0.100 4 in）到 3.30 mm（0.129 9 in）有 16 级尺寸，每级增加 0.05 mm（0.002 0 in）。

例如，检测某缸的进气门间隙值为 0.45 mm（0.017 7 in），测量原垫片厚度为 2.80 mm（0.110 2 in）。

$$N = T + （A - 0.20）= 2.80 + （0.45 - 0.20）= 3.05（mm）$$

则应更换 11 号新垫片[3.05 mm（0.0120 1 in）]，替换原厚度为 2.80 mm（0.110 2 in）的垫片。

（4）将新垫片表面涂上干净的润滑油，装入挺杆，复核气门间隙值。

巩固提升

一、选择题

1. 汽车长期运行后，由于凸轮轴上进、排气凸轮的磨损，使原来的（　　　）改变，破坏了配气机构传动组件的配合关系，引起配气相位角度改变。

    A. 几何形状　　　　　　　　　　B. 配气间隙

    C. 压紧力　　　　　　　　　　　D. 都不对

2. 用两次调整法进行气门间隙调整时，使一缸活塞处于（　　　）上止点。

    A. 进气行程　　　B. 压缩行程　　　C. 做功行程　　　D. 排气行程

3. 用外径千分尺测量气门的磨损量时，应选择（　　　）。

    A. 气门杆头部　　　　　　　　　B. 气门杆磨损最大部位

    C. 气门杆尾部　　　　　　　　　D. 都不对

4. 在检查齿形皮带的张紧力是否符合要求时，通常用手指捏住齿带的中间位置用力翻转，当齿带（　　　）时视为合适。

    A. 转动小于 90°　　　　　　　　B. 刚好转过 90°

    C. 转动大于 90°　　　　　　　　D. 都不对

5. 检查气门弹簧时，其弹力降低不大于原来的（　　　）。

    A. 2% ~ 3%　　　B. 3% ~ 4%　　　C. 5% ~ 6%　　　D. 7% ~ 8%

二、判断题

1. 在汽油发动机的车辆中，曲轴每旋转两圈，凸轮轴旋转一圈。　　　　　　（　　　）

2. 气门间隙是指气门与气门座之间的间隙。　　　　　　　　　　　　　　　（　　　）

3. 液压挺柱也需要预留适当的气门间隙。　　　　　　　　　　　　　　　　（　　　）

4. 凸轮轴轴颈的修理尺寸分 6 个级别，级差为 0.20 mm。　　　　　　　　（　　　）

5. 凸轮轴曲线的变化直接影响气门的升程及其升降过程中的运动规律。　　（　　　）

项目二任务二
巩固提升答案

任务三　润滑及冷却系统检查保养

情景导入

客户王先生驾驶一辆轿车，搭载 N20 发动机，在行驶中发现润滑油警告灯亮起，存在动力限制输出的现象。经 4S 店服务顾问初步检查，初步怀疑故障是润滑油（俗称机油）泄漏导致的。为了确定故障原因及故障点位，需对发动机做进一步检测，故将车辆移交给机电技师做进一步的检测维修。

理论要点

一、润滑系统

发动机工作时，发动机内活塞、曲轴等零部件处于高速运转的状态，如不能及时润滑，将造成异常磨损，为了延长零部件的使用寿命，因此在发动机中设有润滑系统。

（一）发动机润滑系统功用

1. 减小摩擦力和磨损

润滑系统在发动机工作时连续不断地把数量足够、温度适当的洁净润滑油输送到全部传动件的摩擦表面，并在摩擦表面之间形成油膜，实现液体摩擦，减小摩擦阻力和磨损，保证发动机正常工作。

润滑系统的功用

2. 清　洗

润滑油可以清洗摩擦表面，带走磨屑和其他异物，起清洗作用。

3. 冷　却

润滑油在润滑系内循环还可带走摩擦产生的热量，起冷却作用。

4. 密　封

在运动零件之间形成油膜（如活塞与气缸之间），可以提高它们的密封性，有利于防止漏气或漏油，起密封作用。

5. 保　护

在零件表面形成油膜，可防止零件腐蚀生锈，对零件表面起保护作用。

6. 液　压

润滑油还可用作液压油，如在液压挺柱内起液压作用。

7. 减振缓冲作用

在运动零件表面形成油膜，可以吸收冲击并减小振动，起减振缓冲作用，延长机件的使用寿命以达到提高发动机工作可靠性和耐久性的目的。

（二）发动机的润滑方式

发动机工作时，由于各运动零件的工作条件不同，所要求的润滑强度也不同，因而需要采取不同的润滑方式。现代汽车发动机多采用压力润滑与飞溅润滑相结合的综合润滑方式。

1. 压力润滑

压力润滑是指利用机油泵将一定压力的润滑油输送到摩擦面间隙中，形成油膜润滑的方式。压力润滑主要用于承受载荷和相对运动速度较高的摩擦面，如主轴承、连杆轴承、凸轮轴承、摇臂轴等处。

2. 飞溅润滑

飞溅润滑是指利用发动机工作时运动零件飞溅起来的油滴或油雾润滑摩擦表面的方式。飞溅润滑主要用于外露表面、载荷较轻的摩擦表面，如气缸壁、活塞销、凸轮、挺柱等。

3. 润滑脂润滑

润滑脂润滑是通过润滑脂嘴定期加注润滑脂来润滑零件工作表面的润滑方式。主要用于负荷小、摩擦力不大，露于发动机体外的一些附件的润滑面上，如水泵、发电机、起动机等部件轴承的润滑。

（三）润滑系统的组成

发动机润滑系统主要由机油泵、机油滤清器、机油散热器、油底壳和集滤器、温度表和润滑油管道等组成，如图 2-3-1 所示。

油道　　　回油道　　　机油喷嘴　　　机油滤清器　　　机油泵　　　油底壳

图 2-3-1　发动机润滑系统组成

（1）机油泵提供足够高的压力，保证进行压力润滑和润滑油在润滑系统内能循环流动。

（2）机油滤清器用来滤除润滑油中的金属磨屑、机械杂质和润滑油氧化物。它包括机油粗滤器和机油细滤器。

（3）机油散热器用来降低润滑油的温度。润滑油在循环过程中会吸热造成温度升高。若润滑油温度过高，则其黏度下降，不利于在摩擦表面形成油膜；此外，还会加速润滑油老化变质，缩短润滑油使用期。

（4）油底壳存储润滑油的容器。

（5）集滤器用来滤除润滑油中粗大的杂质，防止杂质进入机油泵。

（四）润滑系统工作原理

现代汽车发动机润滑系统的组成及油路布置方案大致相同，只是因润滑系统的工作条件和具体结构的不同而稍有差别。图 2-3-2 所示为轿车发动机润滑系统示意图。

润滑系统工作原理

发动机曲轴的主轴颈、连杆轴颈、凸轮轴轴颈、摇臂轴等采用压力润滑；活塞、活塞环、活塞销、气缸壁、气门、挺柱、推杆等采用飞溅润滑。

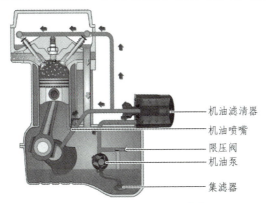

机油滤清器
机油喷嘴
限压阀
机油泵
集滤器

图 2-3-2　发动机润滑油路

发动机工作时，机油泵将油底壳中的润滑油经集滤器过滤后吸入，并形成一定压力后向机油滤清器供油。如果所供机油油压太高或流量过大，则润滑油经机油泵上的溢流阀返回机油泵入口。压力和流量正常的润滑油经滤清器滤清之后进入发动机主油道。

机油滤清器盖上设有旁通阀，如图 2-3-3 所示。

图 2-3-3　旁通阀

若机油滤清器堵塞，油压升高，则润滑油不经过滤清器，由旁通阀直接进入主油道。主油道的润滑油通过 7 条分油道，分别润滑 7 个曲轴主轴颈。然后，润滑油经曲轴上的斜油道，从主轴颈流向连杆轴颈润滑曲柄销。主油道的另 4 条分油道直通凸轮轴轴承，润滑 4 个凸轮轴轴颈。同时润滑油从凸轮轴的第一轴颈处，经上油道通入气门摇臂轴的空腔内，然后从摇臂上的油道流出滴落在配气机构其他零件的工作表面上。

另外，在机油滤清器上还装有润滑油压力开关。润滑油压力若低于规定值，则润滑油开关触点闭合，报警灯闪亮，同时蜂鸣器鸣响报警。

（五）润滑系统主要零部件结构、工作原理

1. 机油泵

现代汽车发动机润滑系统所使用的机油泵可分为齿轮式和转子式两种。

1）齿轮式机油泵

齿轮式机油泵如图 2-3-4 所示。它主要由主动轴、主动齿轮、从动轴、从动齿、轮壳等组成。两齿轮外啮合，装在壳体内，齿轮与壳体的径向和端面间隙都很小。

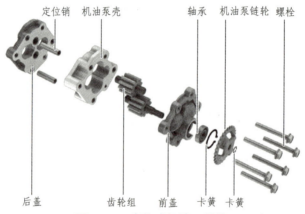

图 2-3-4　齿轮式机油泵结构

在发动机工作时，机油泵齿轮不停地旋转，润滑油便连续不断地流入润滑油道，经过滤清之后被送到各润滑部位。当轮齿进入啮合时，封闭在轮齿径向间隙内的润滑油，由于容积减小，压力急剧升高，使齿轮受到很大的推力，并使机油泵轴衬套的磨损加剧和功率消耗增大。为此在泵盖上加工一道卸压槽，使轮齿径向间隙内被挤压的润滑油通过卸压槽流入出油腔。

2）转子式机油泵

转子式机油泵如图 2-3-5 所示，它主要由内、外转子、机油泵体及机油泵盖等零件组成。内转子固定在机油泵传动轴上，外转子自由地安装在泵体内，并与内转子啮合转动。内外转子之间有一定的偏心距。转子式机油泵的优点是结构紧凑、供油量大、供油均匀、噪声小、吸油真空度较高。

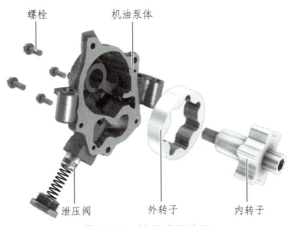

图 2-3-5　转子式机油泵

2. 机油滤清器

在润滑系统中装有几个不同滤清能力的滤清器，有集滤器、粗滤器、细滤器。它们分别串联和并联在主油道中。与主油道串联的滤清器称为全流式滤清器；与主油道并联的滤清器，称为分流式滤清器。

1）集滤器

集滤器采用滤网式结构，安装在机油泵进油管上。大多数汽车都采用固定式集滤器，位于油面下面吸油，这样可防止吸入泡沫，且结构较简单。

2）粗滤器

机油粗滤器如图 2-3-6 所示。用以滤去润滑油中粒度较大（直径 0.05 ~ 0.1 mm 以上）的杂质。它对润滑油的流动阻力较小，通常串联在机油泵与主油道之间，属于全流式滤清器。粗滤器根据滤芯的不同，有各种不同的结构形式。传统的粗滤器多采用金属片缝隙式，由于质量大、结构复杂、制造成本高等缺点，金属片缝隙式粗滤器已基本被淘汰；现代汽车发动机普遍采用纸质式粗滤器。

图 2-3-6　机油粗滤器

3）细滤器

机油细滤器有过滤式和离心式（见图 2-3-7）两种类型。过滤式滤清器存在着滤清与通过能力之间的矛盾，而离心式滤清器具有滤清能力高、通过能力大且不受沉淀物影响等优点。机油细滤器用以滤去润滑油中粒度较小（直径为 0.001 mm 以上）的杂质。由于它对润滑油的流动阻力较大，多做成分流式，与主油道并联。

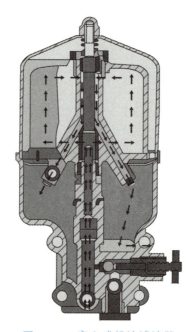

图 2-3-7 离心式机油滤清器

3. 机油散热器

在高性能大功率的强化发动机上，由于热负荷大，必须装设机油冷却器。机油冷却器布置在润滑油路中，其工作原理与散热器相同。发动机机油冷却器分为风冷式和水冷式两类，如图 2-3-8 所示。

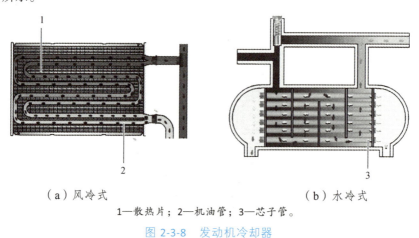

（a）风冷式　　　　　　　　　　　　（b）水冷式

1—散热片；2—机油管；3—芯子管。

图 2-3-8 发动机冷却器

风冷式机油冷却器像一个小型散热器，利用汽车行驶时的迎面风对机油进行冷却。这种机油冷却器散热能力大，多用于赛车及热负荷大的增压汽车上。但是风冷式机油冷却器在发动机起动后需要很长的暖机时间才能使机油达到正常的工作温度，所以普通轿车上很少采用。

水冷式机油冷却器外形尺寸小，布置方便，且不会使机油冷却过度，机油温度稳定，因而在轿车上应用较广。

风冷式机油散热器一般是管片式，与冷却系统水散热器的结构相似，装在水散热器的前面，利用风扇的风力使润滑油冷却。为了增加散热面积，管的周围焊有散热片，管和片常用导热性好的黄铜制造。润滑油从进口流入扁形机油管，利用风扇的风力和散热片的散热作用使润滑油冷却，降温后的机油从出口流出。水冷式机油散热器将机油散热器装在冷却水路中，当润滑油温度较高时，靠冷却液降温；在起动暖车期间润滑油温度较低时，则从冷却液吸热迅速提高润滑油温度。

二、冷却系统

发动机工作时，气缸内的气体温度可高达 1 927 ~ 2 527 °C，若不及时冷却，将造成发动机零部件温度过高，尤其是直接与高温气体接触的零件，会因受热膨胀影响正常的配合间隙，导致运动件运动受阻甚至卡死。此外，高温还会造成发动机零部件的机械强度下降，使润滑油失去作用等，因此在发动机中设有冷却系统。

（一）冷却系统功用

发动机冷却系统的功用是对在高温条件下工作的发动机零部件进行冷却，保证发动机在适宜的温度下连续工作。

冷却系统还为驾驶室或者车厢内的暖风装置提供热源。缸盖出水管上设有橡胶水管，与暖风装置相通。为了提高燃油雾化程度，还可以利用冷却水的热量对进入进气歧管内的混合气进行预热。在某些发动机上，冷却水还承担润滑系的润滑油和自动变速器润滑油的散热任务。

（二）冷却系统分类

冷却发动机的方式有两种，即液体冷却（水冷却）和风冷却（空气冷却），如图 2-3-9 所示。目前，汽车发动机采用液体冷却，它是利用冷却液吸收高温机件的热量，再将这些吸收了热量的冷却液送至散热器，气流通过散热器将热量散发到大气中。

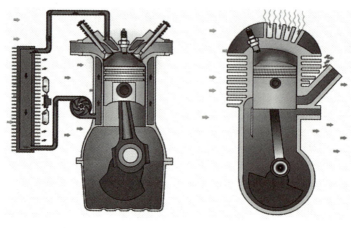

（a）液体冷却　　　　　（b）风冷却

图 2-3-9　发动机冷却方法

（三）冷却系统的组成

轿车发动机冷却系统的组成如图 2-3-10 所示，主要由强制循环供给装置、冷却强度调节装置和液温指示装置组成。

强制循环供给装置主要由水泵、散热器、水套和分水管等组成。冷却强度调节装置主要由可调速电动风扇、节温器、百叶窗等组成。液温指示装置主要由液温表、液温传感器和液温警告灯等组成。

冷却系统的组成

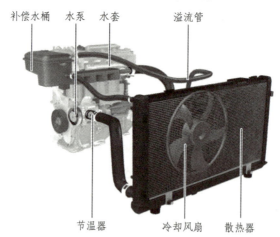

图 2-3-10　发动机冷却系统组成

（四）冷却系统的工作原理

汽车发动机冷却系统采用强制循环方式，通过水泵将冷却液在水套和散热器之间进行循环来完成对发动机的冷却。

水泵将冷却液从机外吸入并加压，经分水管流入发动机缸体水套。在此冷却液从气缸壁吸收热量，液温升高，继而流到气缸盖的水套，继

冷却系统工作原理

续吸收热量，受热升温后的冷却液沿出水管流到散热器内。汽车在行驶时，外部气流由前向后高速从散热器中通过，散热器后部有风扇的强力抽吸。因此，受热后的冷却液在自上而下流经散热器的过程中，其热量不断散发到大气中去，从而得到了冷却。冷却液流到散热器的底部后，又在水泵的作用下，再次流向气缸体、气缸盖水套。如此不断地往复循环，使在高温条件下工作的发动机零件得到冷却。在冬季起动时，冷却液流经节气门体，在发动机达到工作温度前有助于维持怠速平稳。

在缸盖或缸体上安装有水温传感器，它与驾驶室内的水温表相连，随时指示出缸盖水套内冷却液的温度。若温度过低，电动风扇不工作，使冷却液温度迅速上升；当液温达到 85 ℃ 时，风扇以低速运转；当液温过高（超过 100 ℃）时，则风扇以高速运转，使液温下降。这样，经温控开关或 ECU 控制的电动风扇的转速调节，可使液温稳定在 85～100 ℃。

（五）冷却系统主要零部件结构、工作原理

1. 水　泵

水泵的功用是对冷却液加压，加速冷却液的循环流动，保证冷却可靠。车用发动机上多采用离心式水泵。离心式水泵具有结构简单、尺寸小、排水量大和维修方便等优点。

水泵的组成主要包括泵壳、泵盖、叶轮、水泵轴、轴承和水封等，结构如图 2-3-11 所示。

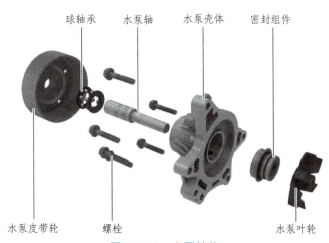

图 2-3-11　水泵结构

发动机工作时，冷却系统内充满冷却液，曲轴通过带传动驱动水泵轴并带动叶轮转动，从而使水泵内腔的冷却液也一起转动，在离心力的作用下，冷却液被甩向叶轮边缘，并经与叶轮成切线方向的出水口泵出。同时，叶轮中心部位形成一定真空，将散热器内的冷却液经进水口吸入泵腔，使整个冷却系统内的冷却液循环流动。

2. 风　扇

风扇的功用是提高通过散热器芯的空气流速，增加散热效果，加速冷却液的冷却。

冷却风扇多采用金属钢板冲压成叶片，叶片用螺钉固定在连接板上。风扇一般有 4～6

片叶片，叶片相对风扇旋转平面有一定的扭转角度（30~45°），从叶根到叶尖扭转角度逐渐减小，为减小风扇噪声，风扇叶片间夹角不等。

轿车通常采用电动风扇，如图2-3-12所示。风扇一般由水温系统和空调系统共同控制。风扇转速取决于水温高低和空调系统的工作状态。通常情况下，散热器风扇转速分两个挡位运行，在冷却液温度达到93~98℃时，风扇低速旋转，在冷却液温度达到105℃时，风扇高速旋转。

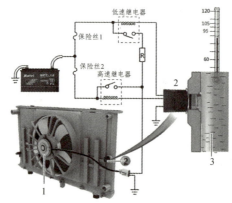

图 2-3-12　发动机双扇电动风扇

3. 散热器

散热器由上（左）储水室、下（右）储水室进水管、出水管、散热器盖和散热器芯组成，如图2-3-13所示。上储水室通过散热器进水管与缸盖上的出水管相通，下储水室通过散热器出水管与水泵进水口相通。上储水室上端设有加水口，并用散热器盖密封，下储水室设有放水开关，必要时可将散热器内的冷却液放掉。

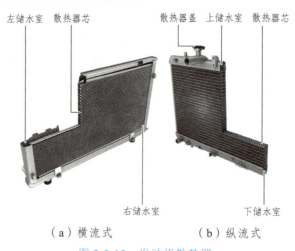

（a）横流式　　　　　　　（b）纵流式

图 2-3-13　发动机散热器

散热器由铝制管构成，固定在发动机的左前侧，通过软管与膨胀箱相连接。散热器盖上有循环阀和排液阀，冷却液通过此间进出膨胀箱。

　　汽车发动机都采用闭式冷却系统。目前，大多数发动机都采用防冻液作为冷却液。防冻液冰点很低，可避免冬季使用中因结冰而导致散热器、缸体和缸盖破胀裂的现象；防冻液的沸点也要比水高，更有利于发动机的正常工作。为防止防冻液的损失，在冷却系统中设置了补偿水箱，对散热器内的防冻液起到了自动补偿的作用。补偿水箱设置于散热器一侧，如图2-3-14所示，通过橡胶软管与散热器盖加水口处的出气口相通。

图 2-3-14　补偿水箱

　　当冷却液受热膨胀时，多余的防冻液通过橡胶水管进入补偿水箱，并将水气分离，使冷却液中的气泡消除；当温度降低、散热器内产生真空时，补偿水箱内的防冻液及时返回散热器。补偿水箱上有两条刻线标记，即"GAO"（高）和"DI"（低）。当水温为50 ℃时，补偿水箱内的液面高度不得低于"DI"；当水温为室温时，补偿水箱内的液面高度不应超过"GAO"。

4. 节温器

　　节温器的功用是控制冷却液流动路径，能根据发动机冷却液温度的高低，打开或关闭冷却液通向散热器的通道，使冷却液在散热器和水套之间进行大循环或小循环，调节冷却强度，保证发动机在最适宜的温度下工作。

　　目前，汽车发动机装用的节温器基本是蜡式节温器，如图 2-3-15 所示。它主要由主阀门、副阀门、中心杆、节温器壳体和石蜡等组成。中心杆的一端固定在支架上，另一端插入胶管的中心孔内。石蜡装在胶管与节温器壳体之间的腔体内。

图 2-3-15　蜡式节温器结构

节温器安装在水套出水口处，根据发动机工作温度，自动控制通向散热器和水泵的两个冷却水通路，以调节冷却强度。

多数发动机的节温器安装在水套出水口处，根据发动机工作温度，自动控制通向散热器和水泵的两个冷却水通路，以调节冷却强度。

温度较低时，石蜡呈固态，主阀门被弹簧推向上方与阀座压紧，处于关闭状态。此时，副阀门开启，冷却液进行小循环，来自发动机水套的冷却液经副阀门、小循环水管直接进入水泵，被泵回到发动机水套内。

温度升高时，石蜡逐渐熔化成液态，体积膨胀，迫使胶管收缩对推杆端部产生向上的推力。由于推杆固定在支架上，故推杆对胶管、节温器壳体产生向下的反推力。当冷却液温度升高到一定值时，反推力克服弹簧的弹力使胶管、节温器壳体向下运动，主阀门开始开启，同时副阀门开始关闭。当冷却液温度进一步升高到一定值时，主阀门完全开启，而副阀门也正好关闭小循环水路，此时来自发动机水套的冷却水全部经过散热器进行大循环，如图 2-3-16 所示。

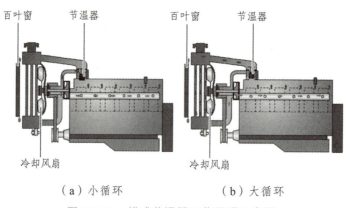

（a）小循环　　　　　　　　（b）大循环

图 2-3-16　蜡式节温器工作原理示意图

迈腾/速腾轿车 4 缸 1.4 L 发动机冷却系统，当冷却液温度在 86℃ 以下，节温器主阀门关闭，副阀门打开，冷却液进行小循环。当冷却液温度在 100℃ 以上时，节温器主阀门打开，副阀门关闭，冷却液进行大循环。

冷却液温度在主阀门开始开启温度与完全开启温度之间时，主阀门和副阀门均部分开启，在整个冷却系统内，部分冷却液进行大循环，部分进行小循环。上海别克汽车中还用温度表取代了警告灯，温度开关换成了温度传感器。同时，还装备了冷却液温度风扇开关，该开关用于调整冷却液风扇继电器的电压。当发动机冷却液温度超过 110 ℃ 时，启动冷却液冷却风扇。

三、润滑系统检测保养

(一)检查与更换润滑油

1. 润滑油量检查步骤

更换发动机机油及
机油滤清器

(1)车辆必须水平放置

(2)启动发动机,怠速至机油温度达到60℃以上。

(3)发动机停转后等待几分钟,让机油能流回到油底壳内。

(4)拔出机油标尺,用一块干净的抹布擦干净,然后再把标尺重新插入,直到极限位置。

(5)接着再次拔出机油尺,标出机油油位。

(6)游标尺的标记如图 2-3-17 所示。图中 1 为最高标记,2 为最低标记;油位在 1～2 标记之间不需要添加发动机机油;油位在 2 位置以下,可以添加发动机机油。

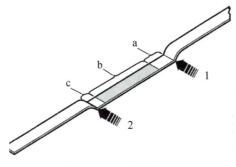

图 2-3-17 油尺标记

(7)油位不允许超过最高标记,以免增加曲轴运行阻力,以及三元催化转化器损坏的危险。

2. 机油更换步骤

如果在维修发动机时,在机油内发现大量的金属屑以及其他杂质,必须彻底清洗油道,还要更换机油冷却器,更换新的机油滤清器。

在更换机油时,应使用汽车厂家认证的发动机机油,仅在特殊情况下可使用符合 APISF 或 SG 级别的多用机油。机油更换周期通常为 12 月或 10 000 km 一次。更换后须对保养周期显示器进行相应的设置复位。

1)排放发动机机油

打开发动机舱盖,铺设翼子板布(见图 2-3-18);拆下发动机罩盖,取下机油加注口盖;举升车辆至合适位置,拆下发动机底部护板,将机油回收桶置于发动机放油口下部,拆下放油螺塞(见图 2-3-19),排放机油。待废油排除完毕时,旋入放油螺塞,并按规定力矩拧紧。安装发动机底部护板,降下车辆。

图 2-3-18 铺设三件套

图 2-3-19 拆卸放油螺塞

2）更换机油滤清器

拔开机油滤清器附近管路，使用机油滤清器扳手旋松机油滤清器，用手慢慢取下（见图 2-3-20），将机油放净后，用适量机油涂抹至新机油滤清器密封胶圈（见图 2-3-21），用手将新机油滤清器旋入滤清器安装座内，并用力矩扳手按规定力矩拧紧。

图 2-3-20 取下机油滤清器

图 2-3-21 涂抹新机油

3）加注发动机机油

按照维修手册说明，将定量的机油加注发动机内（见图 2-3-22）。清洁机油加注口，将加注口盖装回发动机。拉出机油尺，用干净的抹布擦净并重新插入，再次拔出机油尺并读出机油油位（见图 2-3-23）。

图 2-3-22 加注机油

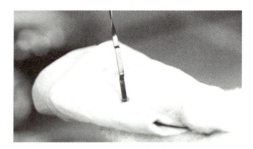
图 2-3-23 读出机油油位

（二）检修转子式机油泵

将泵壳和泵盖分开，检测下列项目：

（1）检查内、外转子之间的径向间隙。标准值为 0.02 ~ 0.16 mm，维修极限 0.20 mm。如果此间隙超过使用极限，则应更换内外转子。

（2）检查泵壳与转子之间的轴向间隙，标准为 0.02 ~ 0.07 mm，维修使用极限为 0.12 mm。如果此间隙超过使用极限，则应更换外转子组或泵壳。

（3）检查泵壳与外转子之间的间隙，标准为 0.10 ~ 0.19 mm，维修极限为 0.21 mm。如果此间隙超过使用极限，则应更换内外转子组或泵壳。

（4）检查转子与泵壳有无烧灼或损坏，并视情况进行更换。

（5）从机油泵上拆下旧的油封，换上新的油封。在装用新的油封时，应用专用工具轻轻敲打，直到油封到达油泵的底部。

（6）机油泵装复后，应检查其转动情况，应无卡滞，且转动自如。如无问题。则可在机油泵上安装定位销和新 O 形圈，涂上液态密封胶，即可往发动机缸体上安装。

（三）检查机油压力和油压开关

1. 检测条件

发动机油位正常；机油温度至少 80 ℃（冷却器风扇必须运行过一次）；点火开关打开后，机油压力指示灯应该点亮；装有自动检查系统的车辆上，显示屏应该显示"正常"。

2. 检测过程

1）安装机油压力开关检测仪

用手轻轻拔下机油压力开关插头（见图 2-3-24），使用 24 mm 长套筒（见图 2-3-25）拆下机油压力开关。将机油压力开关旋入机油压力检测仪（见图 2-3-26），使用 24 mm 长套筒将机油压力开关紧固，将电机线束插入机油压力开关，连接专用工具 1527（见图 2-3-27），将专用工具安装到机油压力开关安装孔内，并连接检测仪，使用 13 mm 开口扳手将检测仪接头拧紧。

图 2-3-24　拔下机油压力开关插头

图 2-3-25　组装长套筒

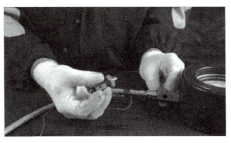

图 2-3-26　机油开关旋入机油压力检测仪

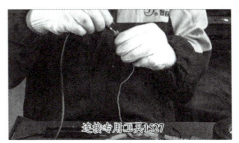

图 2-3-27　连接专用工具 1527

2）检测机油压力与开关

取下蓄电池保护盖，将两根表笔分别接到蓄电池的正负极上（见图 2-3-28）。黑色表笔指示灯应不亮。

如果黑色表笔亮起：则必须更换 1.4 bar（140 kPa）机油压力开关。

如果发光二极管不亮，则起动发动机（见图 2-3-29）并慢慢提高转速。在 1.2 ~ 1.6 MPa 过压时，黑色表笔必须亮起，否则更新油压开关。

图 2-3-28　表笔连接至正负极　　　　　图 2-3-29　起动发动机

继续提高转速，在转速为 2 000 r/min 且油温为 80 ℃ 时，机油压力应在 270 ~ 450 kPa。转速更高时压力不允许超过 700 kPa。

如果小于标准值，检查进油管的滤网是否有污物。

提示：机械性的损坏，如轴承损坏也可能造成机油压力过低。

如果没发现故障：应更换新的机油泵。

如果超过标准值：检查油道，必要时更新机油滤清器支架与安全阀。

3）拆卸机油压力开关检测仪

关闭发动机取下表笔，拆下检测仪。将机油压力开关装回发动机安装孔内，并将机油压力开关连接器插入机油压力开关。

四、冷却系统检测保养

（一）检查冷却系统压力

冷却系统密封性测试
及冷却液的更换

以迈腾轿车 1.8 T 四缸发动机为例，检查冷却系统的密封性和膨胀箱盖的功能应用专用检查仪。

1. 检查冷却系统的密封性

将检查仪 V.A.G1274 和 V.A.G1274/3 转接器接在膨胀箱盖上（见图 2-3-30）。如图 2-3-31 所示，在手动泵（V.A.G1274）上打压，使压力达到 0.1 MPa，停止打压。如果压力不能保持在 0.1 MPa，说明冷却系统有渗漏故障。找出渗漏点，并排除此故障。

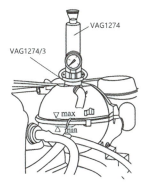

图 2-3-30　冷却系统密封性检查管路连接

图 2-3-31　冷却系统密封性检查

2. 检查膨胀箱盖限压阀功能

将冷却系统检查仪器 V.A.G1274 和 V.A.4 转接头连在膨胀箱盖上，用手动泵打压，达到 0.13 ～ 0.15 MPa 时，限压阀必须打开，说明膨胀箱盖限压功能正常，如图 2-3-32 所示。

（二）检查节温器

检查节温器功能时，可将节温器置于热水中（见图 2-3-33），观察温度变化与节温器开启距离关系。当水温 86 ℃ 时，节温器应开始打开；当水温达 100 ℃ 时，节温器阀门应全部开启，其开启行程应不小于 7 mm。

图 2-3-32　膨胀箱盖限压阀功能

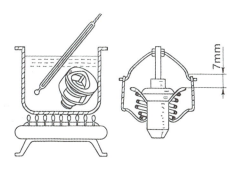

图 2-3-33　节温器性能检查

（三）检查散热器风扇及热敏开关

散热器风扇是由冷却液温度控制的热敏开关控制的。风扇 1 挡，接通温度 92 ～ 97 ℃，断开温度 84 ～ 91 ℃；风扇 2 挡，接通温度 99 ～ 105 ℃，断开温度 91 ～ 98 ℃。

当冷却液温度已达到风扇转动而风扇没有转动时，应首先检查熔丝是否熔断。如果熔丝良好，应再拔下热敏开关插头，将两插片短路，此时若风扇仍不转动，说明电动风扇损坏，应予以更换。若两插片接通后风扇转动，表明热敏开关损坏，应更换热敏开关（热敏开关拧紧力矩为 35 N·m）。

（四）水泵的拆装与更换

以速腾/迈腾轿车 1.8 T 四缸发动机为例。

1. 工具准备

专用工具、检测仪和辅助工具、收集盘、弹性卡箍夹钳及扭力扳手。

注意：更换所有的密封垫和密封环。同步带下护罩可以不拆。同步带仍留在曲轴上同步带轮一侧。为防止冷却液喷出伤人，拆卸冷却液泵之前应用抹布盖住同步带。

2. 拆卸步骤

（1）放出冷却液。

（2）拆下多楔带。

（3）拆下防护板。

（4）拆下多楔带的张紧装置。

（5）从水泵的同步带轮上取下同步带。

（6）从水泵上拧下紧固螺栓，并拆卸冷却液泵（见图 2-3-34）。

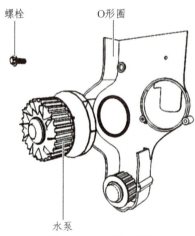

图 2-3-34　水泵拆装

3. 安装步骤

（1）用冷却液浸润新 O 形密封环。

（2）装上水泵。安装位置：外壳上的堵塞向上。

（3）将水泵装到气缸体上并拧紧紧固螺栓，拧紧力矩为 15 N·m。

（4）安装同步带，调整配气相位。

（5）加注冷却液。

（五）检修散热器和膨胀箱

对于散热器和膨胀箱，主要是检查散热器有无泄漏和膨胀箱盖的开启压力。

散热器的渗漏用检测仪检验。首先将散热器内注满水，盖上散热器盖，将检测仪接至开关，用检查仪手动泵使压力达到 120~140 kPa。如果压力下降，应找出渗漏部位，做好标记，如渗漏不严重，可用镀锡法修复。

膨胀箱盖的开启压力检验，也是用测试仪进行测试。将膨胀箱盖套上检验仪，用手动泵使压力上升到 120~150 kPa 时，限压阀必须开启，否则应更换膨胀箱盖。

（六）真空加注冷却液

更换的冷却液应该保质期内，用过的冷却液不能再次使用。在更换和拆卸指定冷却液起防腐作用的部件时，必须更换冷却液，清空并重新加注冷却系统。

进行其他排放部分量冷却液的拆卸作业时，应当添加新的冷却液。冷却液的添加使用真空加注设备进行加注，设备如图 2-3-35 所示。

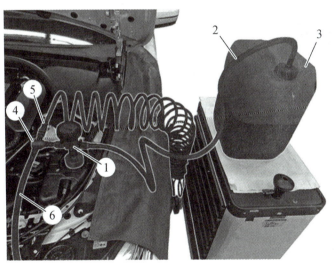

1—带压力表和单向阀的真空加注设备；2—加注软管；3—装有冷却液的液体容器；
4—文丘里喷嘴；5—压缩空气接口（最大 6 kPa）；
6—排气软管；（将排气软管引入一个容器中）。

图 2-3-35 冷却液真空加注设备

（1）冷却系统的冷却液蒸发器必须是空的。真空加注机的液体容器中必须有足够预混合冷却液，比针对该车辆规定的加注量多 1~2 L。真空加注机的液体容器必须定位在与冷却液蒸发器相同的高度上。必须存在带 6 kPa 压力的压缩空气接口。点火开关已关闭。具体加注流程请遵循以下步骤，如图 2-3-36 所示。

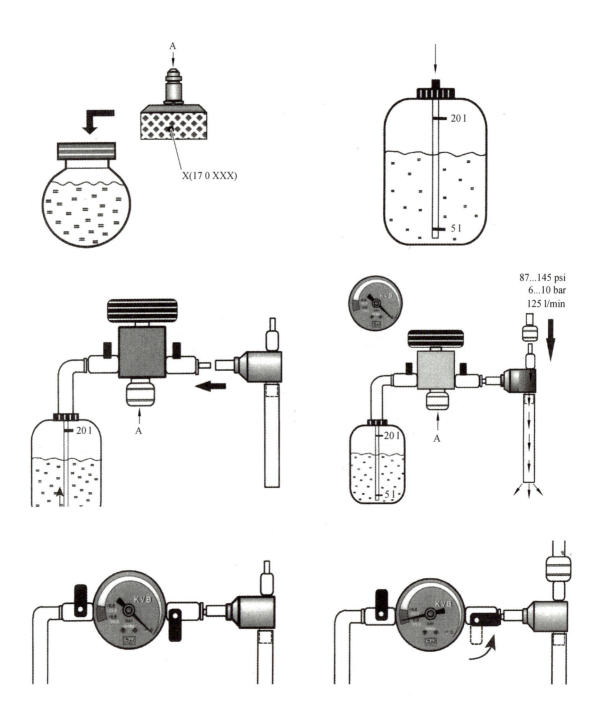

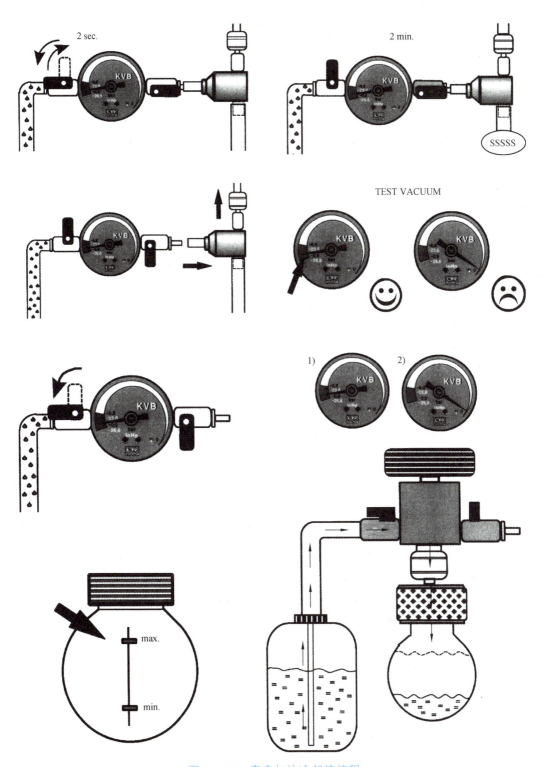

图 2-3-36　真空加注冷却液流程

（2）将所选适配接口（Y）连接至冷却液蒸发器，将真空加注机连接至适配接口接头（X）。

（3）检查真空加注机（1）的单向阀（A）和（B）是否已关闭，将接头（X）连接到冷却液蒸发器上并联锁。

（4）将文丘里喷嘴（1）连接至真空加注设备（2），（X）是增压空气冷却器的冷却液蒸发器上的接口。

（5）连接压缩空气（1），（X）是增压空气冷却器的冷却液蒸发器上的接口。

（6）单向阀A（左）和单向阀B（右）均处于关闭状态。

（7）打开单向阀（B）。文丘里喷嘴将产生流动噪声。

（8）打开单向阀（A），直至加注软管（1）不能再进气为止。再次关闭单向阀（A）。加注软管（1）已完成排气。

（9）在冷却循环中的真空已达到 – 70～– 95 kPa 之后（持续时间约 2 min），关闭单向阀（B）。

（10）检查单向阀（A）和（B）是否已关闭。脱开文丘里喷嘴（1）。

（11）冷却循环中的真空必须至少保持 30 s。

（12）继续加注。加注过程期间，单向阀（B）保持关闭。加注冷却系统时，应打开连接真空加注机液体容器的单向阀（A）。

（13）如果压力表的指针指向 0，或不再下降，便说明加注过程结束。如有必要，排出剩余的真空，为此打开单向阀（B）。

（14）将真空加注机及适配接口从冷却液膨胀罐上拆下。补充冷却液液位至最大标记。用真空加注机加注冷却系统后，另外还需执行冷却系统排气程序。

 巩固提升

一、选择题

1. 新装的发动机，若曲轴主轴承间隙偏小，将会导致机油压力（　　）。
   A. 过高　　　　　B. 过低　　　　　C. 无变化　　　　　D. 不确定

2. 机油散热器油路与主油道采用的连接方式为（　　）。
   A. 串联方式　　　B. 并联方式　　　C. 交叉方式　　　D. 旁通方式

3. 下列选项中不会导致机油消耗异常的是（　　）。
   A. 活塞与缸壁配合间隙过大　　　　B. 活塞与缸壁配合间隙过小
   C. 气门导管磨损严重　　　　　　　D. 油底壳漏油

4. 冷却系中提高冷却液沸点的装置是（　　）。
   A. 散热器盖　　　B. 水泵　　　　　C. 水套　　　　　D. 节温器

5. 节温器阀门开启温度过高，会使发动机（　　）。
   A. 过热　　　　　B. 温度过低　　　C. 温度适宜　　　D. 温度上升

二、判断题

1. 机油黏度过大，会导致机油压力过低，影响发动机的正常工作。　　　　（　　　）

2. 润滑系统中，如果泡沫过多或泡沫不能迅速消除，将造成摩擦表面供油不足。（　　　）

3. 散热器盖应保证冷却系统在任何情况下都与大气隔开。　　　　　　　　（　　　）

4. 在进行冷却系统密封性检查时，应先预热发动机。　　　　　　　　　　（　　　）

项目二任务三
巩固提升答案

任务四 点火系统一般维修

 情景导入

一辆 2017 款大众 1.8T 型迈腾 B7L 轿车，车主李先生反映其轿车最近在行驶中，起动正常，怠速抖动，EPC 灯亮，发动机故障指示灯亮。经 4S 店服务顾问初步检测，可能的故障原因有点火系故障、燃油供给系统故障、进排气系统故障、J623 自身故障、机械故障等几个方面。为弄清车辆状况，需将车辆移交机电技师做进一步的检测维修。

 理论要点

一、汽油机点火系的功用及组成

能够在火花塞两电极间产生电火花的全部设备称为发动机点火系统。点火系统是汽油发动机重要的组成部分，点火系统的性能良好与否对发动机的功率、油耗和排气污染等影响很大。

点火系统的作用是将蓄电池或发电机提供的低压电变为高压电，按照发动机的工作顺序和点火时刻，适时准确地将高压电分配给各缸火花塞，使之产生电火花（跳火），点燃气缸内的可燃混合气，如图 2-4-1 所示。

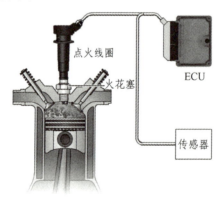

图 2-4-1　点火系统功用

点火系统的基本装置包含电源、传感器、电子控制单元、点火线圈、高压电分配装置、高压线及火花塞。现代的点火提前装置则已改由发动机管理微机所控制，微机收集发动机转速、进气歧管压力或空气流量、节气门位置、电瓶电压、水温、爆震等信号，算出最佳点火正时提前角度，再发出点火信号，达到控制点火正时的目的。

二、对点火系统的基本要求

点火系统应在发动机各种工况和使用条件下都能保证可靠而准确地点火,为此点火系统应满足以下基本要求

(一) 能产生足以击穿火花塞间隙的电压

火花塞电极击穿而产生火花时所需要的电压称为击穿电压。点火系统产生的次级电压必须高于击穿电压,才能使火花塞跳火。火花塞电极间隙是火花塞中心电极与侧电极之间的间隙,如图 2-4-2 中所示。

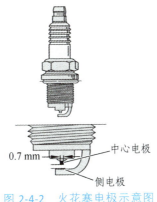

火花塞的结构

0.7 mm ——— 中心电极

侧电极

图 2-4-2　火花塞电极示意图

(二) 火花应具有足够的能量

发动机正常工作时,不同工况下,对电火花能量的要求不一样。因此,为了保证可靠点火,高能电子点火系一般应具有 80 ~ 100 mJ 的火花能量,起动时应产生高于 100 mJ 的火花能量。

(三) 点火时刻应适应发动机的工作情况

首先,点火系统应按发动机的工作顺序进行点火。其次,必须在最有利的时刻进行点火。

由于混合气在汽缸内燃烧占用一定的时间,所以混合气不应在压缩行程上止点处点火,而应适当提前,使活塞达到上止点时,混合气已得到充分燃烧,从而使发动机获得较大功率。点火时刻一般用点火提前角来表示,即从火花塞开始跳火到活塞到达上止点,为止这段时间曲轴转过的角度。

如果点火过迟,当活塞到达上止点时才点火,则混合气的燃烧主要在活塞下行过程中完成,气缸内最高燃烧压力降低,导致发动机过热,功率下降。如果点火过早,由于混合气的燃烧完全在压缩过程进行,气缸内的燃烧压力急剧升高,当活塞到达上止点之前即达最大,使活塞受到反冲,不仅使发动机的功率降低,还有可能引起爆燃和运转不平稳现象。

三、微机控制非独立点火系统

（一）微机控制非独立点火系统组成

微机控制点火系统主要由凸轮轴位置传感器（CIS）、曲轴位置传感器（CPS）、空气流量传感器（AFS）、节气门位置传感器（TPS）、冷却液温度传感器（CTS）、进气温度传感器（IATS）、车速传感器（VSS）、爆震传感器（EDS）、各种控制开关、电控单元（ECU）、点火控制模块、点火线圈以及火花塞等组成。图 2-4-3 所示为微机控制非独立点火系统的结构组成。

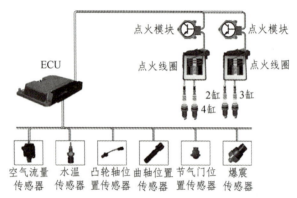

图 2-4-3　微机控制非独立点火系统的结构组成

1. 传感器与开关信号

传感器用来检测与点火有关的发动机工作和状况信息，并将检测结果输入 ECU，作为计算和控制点火时刻的依据。虽然各型汽车采用的传感器的类型、数量、结构及安装位置不尽相同，但是其作用都大同小异，而且这些传感器大多与燃油喷射系统、怠速控制系统等共用。

凸轮轴位置传感器能够识别气缸活塞即将到达上止点，所以也被称为气缸识别传感器。

曲轴位置传感器的作用就是确定曲轴的位置，也就是曲轴的转角。通过曲轴位置传感器信号来判断哪缸活塞处于上止点，通过凸轮轴位置传感器来计算判断哪缸活塞是在压缩行程中。这样，ECU 可以计算出各缸的点火时刻。

空气流量传感器是确定进气量大小的传感器。空气流量信号输入 ECU 后，除了用于计算基本喷油时间之外，还用作负荷信号来计算和确定基本点火提前角。

进气温度传感器信号反映发动机吸入空气的温度。在微机控制电子点火系统中，ECU 利用该信号对基本点火提前角进行修正。

节气门位置传感器将节气门开启角度转换为电信号输入 ECU，ECU 利用该信号和车速传感器信号来综合判断发动机所处的工况（怠速、小负荷、中等负荷、大负荷、减速），并对点火提前角进行修正。

冷却液温度传感器信号反映发动机工作温度的高低。在微机控制点火系统中，ECU 除了利用该信号对基本点火提前角进行修正之外，还要利用该信号控制起动和发动机暖机期间的点火提前角。

各种开关信号用于修正点火提前角。空调开关信号用于怠速工况下使用空调时修正点火提前角；启动开关信号用于启动时修正点火提前角；空挡安全开关仅在采用自动变速器的汽车上使用，ECU 利用该开关信号来判断发动机是处于空挡状态还是行驶状态，然后对点火提前角进行必要的修正。

2. 电控单元 ECU

现代汽车发动机大多数都采用集中控制系统，微机控制点火系统是其子系统，ECU 不仅是燃油喷射控制系统的控制核心，也是点火控制系统的控制核心。在 ECU 的只读存储器（ROM）中，除存储有监控和自检等程序之外，还存储有由台架试验测定的该型发动机在各种工况下的最佳点火提前角。随机存储器（RAM）用来存储微机工作时暂时需要存储的数据，如输入/输出数据、单片机运算得出的结果、故障代码、点火提前角修正数据等。这些数据根据需要可随时调用或被新的数据改写。CPU 不断接收上述各种传感器发送来的信号，并按预先编制的程序进行计算和判断，向点火控制器发出接通与切断点火线圈初级电路的控制信号。

3. 点火控制器

点火控制器又称为点火电子组件或点火器，是发动机控制系统的执行器，是根据微机发出的指令信号，通过内部大功率三极管的导通与截止来控制点火线圈初级绕组电路的通断，使点火线圈产生高压电。点火控制器取代了传统点火系统中断电器的触点，将点火信号发生器输出的点火信号整形、放大，转变为点火控制信号，控制点火线圈初级绕组中电流的通、断，以便在次级线圈的绕组中产生高压电，供火花塞点火。点火控制器的基本电路包括整形电路、开关信号放大电路、功率输出电路等（见图 2-4-4）。

图 2-4-4　点火控制器

4. 点火线圈以及火花塞

点火装置的核心部件是点火线圈和开关装置。点火模块和点火线圈形成一个点火组件，是根据电子控制器输出的指令，通过开启和关闭内容大功率三极管来控制初始阶段

（二）微机控制非独立点火系统工作原理

电控系统产生高压电的具体过程如图 2-4-5 所示，点火控制器内三极管接通，初级绕组电路接通，电流通路：蓄电池 + →点火开关→初级绕组→点火控制器内三极管接通→搭铁→蓄电池 − 。初级绕组通过电流且增长，引起磁场变化，在初级绕组中产生自感电动势，由于其方向与电流方向相反，阻碍初级绕组电流增长，使磁场变化速率低，在次级绕组中产生互感电动势大约为 2 000 V。点火控制器内三极管截止，初级绕组电路切断，初级电流消失，引起磁场变化，在初级绕组中产生自感电动势，由于阻碍初级电流消失，磁场变化率低，在次级绕组中产生互感电动势大约为 4 000 V。点火线圈产生高压电，击穿火花塞间隙，点燃混合气。

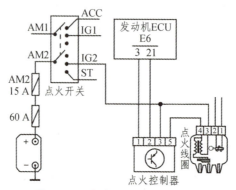

图 2-4-5　点火系统的工作原理

点火系统的工作过程可分三个阶段：

（1）初级绕组电路接通。

（2）初级绕组电路切断。

（3）击穿火花塞间隙，点燃混合气。

微机控制点火系统（MCI）根据各种传感器提供的发动机工况的信息，发出点火控制信号，控制点火时刻，点燃可燃混合气。微机控制点火系统将点火提前角控制在最佳值，使可燃混合气燃烧后产生的温度和压力达到最大值，从而提高发动机的动力性，同时还能提高燃油经济性和减少有害气体的排放量，已被广泛应用于各种汽车中。

四、独立点火系统

独立点火方式是每一个气缸分配一个点火线圈，点火线圈安装在火花塞上顶上，取消了高压线。这种点火方式通过凸轮轴传感器或监测气缸压缩来实现精确点火。

（一）独立点火系统优点

独立点火系统具有的以下优点：

1. 能量损耗小

单缸独立点火系统中，每个气缸都有单独的点火线圈，点火线圈产生的高压电直接传给火花塞进行点火，不需要用高压线连接。电能在导线中的损耗可以降到最低，可以大大提升性能。

2. 工作更加稳定、可靠

单缸独立点火系统中，一个点火线圈出问题只会影响到它负责的气缸，其他的气缸点火都不会受影响。虽然汽车的动力会大大下降，工作也不会太稳定，但可以保证汽车降功率行驶至维修厂。

3. 独立点火具有一定的抗电子干扰能力

单缸独立点火系统导线的电流都是低压传输，产生的电磁干扰极小。

（二）独立点火系统结构及工作原理

点火系统采用微机控制独立点火方式时，每一个气缸都配有一个点火线圈，并安装在火花塞上方。在微机控制单元 ECU 中，设置有与点火线圈相同数目的大功率三极管，分别控制每个线圈次级绕组电流的接通与切断。微机控制独立点火系统，如图 2-4-6 所示。

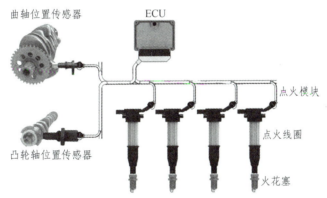

图 2-4-6　独立点火系统的结构组成

独立点火系统的控制原理如图 2-4-7 所示，发动机工作时，电子控制单元不断检测凸轮轴位置传感器信号、曲轴转角信号和节气门位置传感器等信号，把发动机的工况信息采集到随机存储器 RAM 中，并根据发动机工况的转速信号、负荷信号以及与点火提前角有关的传感器信号，从只读存储器中查询出相应工况下的最佳点火提前角。在此期间，CPU 一直在对曲轴转角信号进行计数，分别判断各缸点火时刻是否到来。当曲轴转角等于最佳点火提前角时，CPU 按发动机点火顺序，依次向各缸发出控制指令，使功率三极管截止，点火线圈初级电流切断，次级绕组产生高压，该缸火花塞跳火，从而点燃可燃混合气。下面以迈腾 1.8 T 汽车发动机独立点火系统为例来说明点火系统工作原理。

1 端子：点火控制模块搭铁端；2 端子：点火线圈搭铁端；3 端子：点火开关打开时，电源为点火控制器提供的工作电压 12 V（或 14 V），同时也是点火线圈初级绕组工作电压；4

端子：ECU 输出给点火控制器控制各缸点火线圈初级绕组电路通断的控制信号。

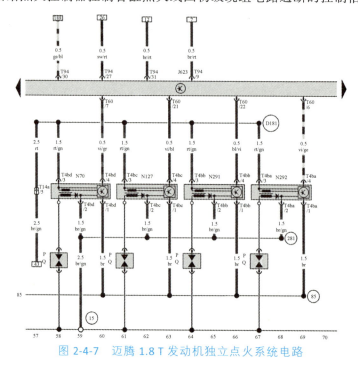

图 2-4-7　迈腾 1.8 T 发动机独立点火系统电路

控制单元 J623 接收来自各传感器信号及开关信号，分别计算确定各个缸最佳点火提前角和点火时间后，分别通过各个点火控制器的 4 号端子，输出控制信号，接通和断开初级线圈电路，使次级产生感应高压电。例如，发动机转速 $n = 3\,000$ r/min，电子控制单元计算出最佳点火提前角 6°，保证足够点火能量的蓄能时间 3.3 ms。当电子控制单元通过曲轴和凸轮轴位置传感器传回信号计算出将曲轴将处于 1 缸压缩上止点前 12°时，电子控制单元控制通过 4 号端子控制 1 缸点火线圈初级绕组接通，产生磁场，开始蓄能；曲轴继续转过 6°（1°信号 0.055 ms，$0.055 \times 6 = 3.3$ ms）后，电子控制单元通过 4 号端子控制 1 缸点火线圈初级绕组断开，磁场迅速消失，次级线圈由于互感效应，通过火花塞发动机壳体形成回路产生感应高压电，电流通过火花塞中心电极和侧电极的空气隙流过，产生电火花，点燃 1 缸内压缩的可燃混合气。

五、点火系统常见故障诊断

发动机点火系的常见故障有点火线圈控制电路电压过高、点火旁路电压过高、点火控制电路电压过低、点火旁路电压过低、发动机断火和缺火等。

（一）点火线圈控制电路电压过高

1. 点火线圈控制电路电压过高故障设置

以通用 3.0 L 发动机为例，动力系统控制模块需要点火控制模块发出信号，以控制燃油和计算点火提前角。当发动机开始转动时，点火控制模块控制点火提前角。当动力系统控制模块识别第二个 3x 参考脉冲时，动力系统控制模块将 5.0 V 电压施加在旁路上，指令点火控制模块将点火提前角转换为由动力系统控制模块控制。如果动力系统控制模块检测到点火控制电路开路，将设置故障代码"P1351"。

2. 点火线圈控制电路电压过高的原因

（1）ECU 的故障。
（2）与之相关的线束故障。
（3）点火控制模块故障。

3. 点火线圈控制电路电压过高故障的诊断步骤

点火线圈控制电路电压过高故障的诊断步骤，如图 2-4-8 所示。

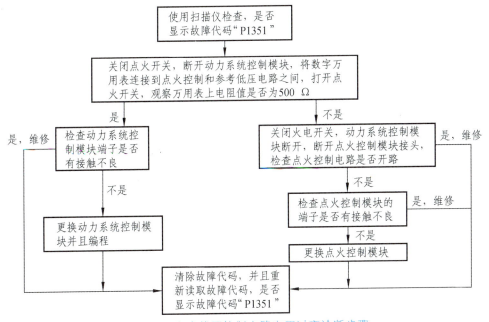

图 2-4-8　点火线圈控制电路电压过高诊断步骤

（二）点火旁路电压过高故障

1. 点火旁路电压过高故障的设置

动力系统控制模块需要点火控制模块发出信号，以控制燃油和计算点火提前角。当发动机开始转动时，点火控制模块控制点火提前角。当动力系统控制模块识别第二个 3x 参考脉冲时，动力系统控制模块将 5.0 V 电压施加在旁路上，指令点火控制模块将点火提前角转换为由动力系统控制模块控制。如果动力系统控制模块检测到旁路电路开路，会设置故障代码"P1352"。发动机将起动并在旁路模式正时中运行。

2. 点火旁路电压过高的原因

（1）ECU 的故障。

（2）与之相关的线束故障。

（3）点火控制模块故障。

3. 点火旁路电压过高故障的诊断步骤

点火旁路电压过高故障的诊断步骤，如图 2-4-9 所示。

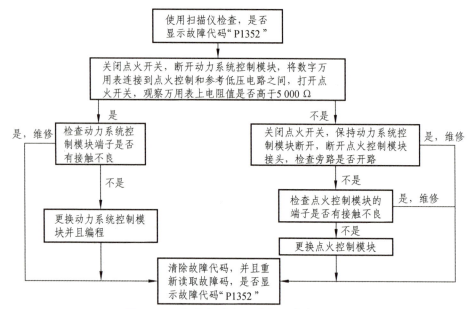

图 2-4-9　点火旁路电压过高故障诊断步骤

（三）点火装置旁路电路电压过低

1. 点火旁路电压过低故障的设置

动力系统控制模块需要点火控制模块发出信号，以控制燃油和计算点火提前角。当发动机开始转动时，点火控制模块控制点火提前角。当动力系统控制模块识别第二个 3x 参考脉冲时，动力系统控制模块将 5.0 V 电压施加在旁路上，指令点火控制模块将点火提前角转换为由动力系统控制模块控制。若动力系统控制模块检测到旁路电路短路，会设置故障代码"P1362"。

2. 点火旁路电压过低故障的原因

（1）ECU 的故障。

（2）与之相关的线束故障。

（3）点火控制模块故障。

3. 点火旁路电压过低故障的诊断步骤

点火旁路电压过低故障的诊断步骤，如图 2-4-10 所示。

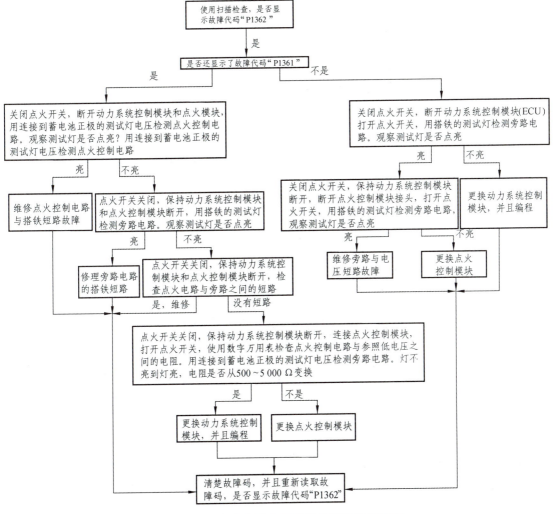

图 2-4-10　点火旁路电压过低故障的诊断步骤

（四）非独立点火系统点火模块检测

以 2010 款宝来 1.6 L 发动机为例，其电路如图 2-4-11 所示。

拔下点火线圈 4 针插头（参考图 2-4-12），参照宝来发动机点火系电路图进行检测。点火模块各端子功用：1 端子 1、4 缸点火控制信号；2 端子点火开关"ON"时 12 V 电压；3 端子 2、3 缸点火控制信号；4 端子搭铁。

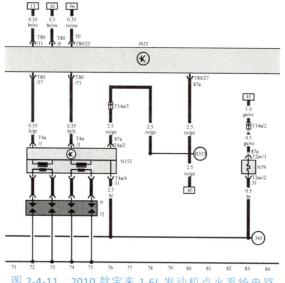

图 2-4-11　2010 款宝来 1.6L 发动机点火系统电路

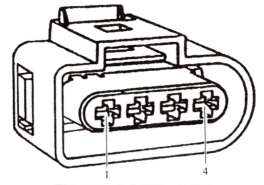

图 2-4-12　点火线圈 4 针插头

1. 测试电阻

本项目电阻测试为辅助性测试，主要是检测线束的导通性，以确认线束通畅，无断路、短路，插接器牢靠，各信号传递无干扰。测试在汽车微机控制故障检测诊断实验系统的发动机实验台上进行。

（1）线束导通性测试：将数字万用表设置在电阻挡，在电路图上找到点火线圈图形下面的针脚号与 ECU 信号测试端口图相应的针脚号，分别测试点火线圈针脚对应至电控单元针脚的电阻，所有电阻都应低于 5 Ω。

（2）线束短路性测试：将数字万用表设置在电阻 200 kΩ 挡，测量点火线圈针脚与其不相对应的电控单元针脚之间电阻应为 ∞。

在实际维修中，欲测试各条线束的导通性，应关闭点火开关，拔下传感器插头与电控单元插接器，使用数字万用表分别测量各线束间的电阻，相连导线电阻应当小于 5 Ω，不相连导线电阻应 ∞ 为正常。在实际测量中，由于测量手法、万用表本身的误差以及被测物体表面的氧化与灰尘等因素，发生几欧姆的误差属正常现象，不必拘泥于具体数字。

2. 测试电压

本项目电压测试有电源电压测试和信号电压测试两部分，其中信号电压测试是确定点火线圈是否失效的主要依据。

（1）电源电压测试：在实际维修中，应拔下传感器插头，打开点火开关，测量 2 号端子与接地间电压，测起动机时应显示 12 V。此时，电控单元会记录点火线圈的故障码，测试完毕后要使用诊断仪清除故障码。

（2）信号电压测试：起动发动机至工作温度，拔下 4 个喷油器的插头和点火线圈的 4 针插头，打开点火开关，用发光二极管测试灯连接发动机接地点和插头上端子 1，接通起动机数秒，测试灯应闪亮，然后用测试灯连接发动机接地点和端子 3，接通起动电动机数秒，测试灯应闪亮。

（五）独立点火系统检测

独立点火系统由于其自身特点，对各零部件检测维修操作相对不简便，可以通过专用诊断仪对车辆进行自诊断检测，调取故障码或者波形，检测点火系统是否正常。

1. 诊断仪的检测点火系统数据流

目前，市面上诊断仪种类繁多，以大众 6150 诊断仪为例进行说明。

（1）连接故障诊断接口，进入主界面。

（2）选择车辆系统。

（3）选择诊断功能。

（4）读取故障码。

（5）弹出故障码。

（6）读取数据块（见图 2-4-13）。

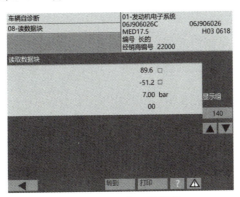

图 2-4-13　读取数据块

2. 示波器检测点火波形

在不解体的情况下，发动机点火系统的检测诊断主要分为点火波形检测与分析和点火正时检测两个方面。

波形分析指把汽车发动机点火系统实际点火波形与标准波形相比较以判断点火系统故障的过程。

目前，市场上有多种示波器，以大众 6150 专用设备调取点火系波形。

（1）连接线路，进入主界面。

（2）选择"测试仪器"。

（3）功能切换 Go to（转到）—Multimeter（万用表）或 DSO，如图 2-4-14 所示。

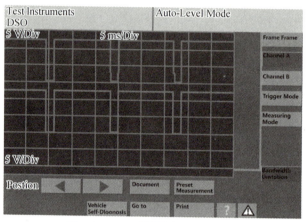

图 2-4-14　示波器测量点火波形

3. 点火波形分析

1）标准波形

电子点火系统的二次点火波形，其闭合段后部电压略有上升。有的波形在闭合段中间也有一个微小的电压波动，这反映了点火控制器（电子模块）中限流电路的作用。另外，电子点火波形闭合段的长度随转速变化而变化。初级点火波形如图 2-4-15 所示。

2）波形分析

波形上的故障反映区如果用示波器测得的波形与标准波形比较有差异，说明点火系统有故障。点火系统故障在波形（以次级波形为例）上有 4 个主要反映区，如图 2-4-16 所示。

图 2-4-15　初级点火波形图

图 2-4-16　次级波形故障反映区

C 区域为点火区：当一次电路切断时，点火线圈一次绕组内电流迅速降低，所产生的磁场迅速衰减，在二次绕组中产生高压电（15 000～20 000 V），火花塞间隙被击穿。击穿电压一般为 4 000 ~ 8 000 V。火花塞电极被击穿放电后，二次点火电压随之下降。

D 区域为燃烧区：当火花塞电极间隙被击穿后，电极间形成电弧使混合气点燃。火花放电过程一般持续 0.6 ~ 1.5 ms，在二次点火电压波形上形成火花线。

B 区域为振荡区：在火花塞放电终了，点火线圈中的能量不能维持火花放电时，残余能量以阻尼振荡的形式消耗殆尽。此时，点火电压波形上出现具有可视脉冲的低频振荡。

A 区域为闭合区：一次电路再次闭合后，二次电路感应出 1 500 ~ 2 000 V 与蓄电池电压相反的感生电压。在点火波形上出现迅速下降的垂直线，然后上升过渡为水平线。

六、火花塞更换规范流程

检查与更换火花塞

长期未换火花塞会导致电极烧蚀、燃烧效率差、加速无力、油耗增加等故障现象。此外，用久的火花塞电极会烧蚀，间隙会变大，燃油经济性变差，动力下降。

因此，需要根据具体车型，按照各厂家规定的规范时间进行火花塞的保养工作。下面以宝马 F18 车型为例讲解火花塞保养更换的规范流程。

（一）设备和工具

准备好下列设备：综合通信光学模块（ICOM）、综合服务信息显示屏（ISID）、BMW 许可专用充电器、专用网线、BMW 专用工具 121171、BMW 许可的专用火花塞若干，如图 2-4-17 所示。

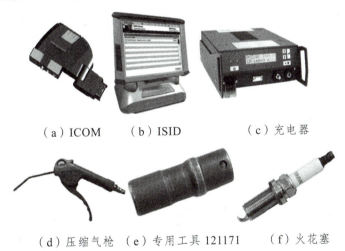

（a）ICOM　　（b）ISID　　（c）充电器

（d）压缩气枪　（e）专用工具 121171　　（f）火花塞

图 2-4-17　宝马 F18 车型火花塞保养项目专用工具和设备

（二）车辆防护及准备

（1）检查车辆防护三件套和翼子板布及车辆举升垫块。

（2）将充电机红色的导线钳夹在车辆的正极接线柱上，黑色的导线钳夹在负极接线柱上。

（3）打开充电机开关，检查充电电流是否正常。

（4）打开点火开关，并将 ICOM-A 连接在车辆诊断接口上。

（5）在 ISID 上打开 ISTA 软件，识别车辆，读取车辆数据，启动车辆测试。

（6）检查车辆 DME 是否存在故障码，如有故障请先联系服务顾问添加工单。

（7）正确的车辆防护可以减少不必要的损伤，此外火花塞保养需要确保车辆点火系统无故障。

（三）拆卸隔音板、护罩等附件

松开隔音板上 4 颗螺栓，然后向上取下发动机室隔音板。利用一字螺丝刀打开导线卡扣，拆下支架螺栓后拆下发动机导线支架，并妥善保管。

（1）拆除发动机护罩，如图 2-4-18 所示。

图 2-4-18　拆除发动机护罩

（2）拆除进气软管，如图 2-4-19 所示。

图 2-4-19　拆除进气软管

（3）拆除线束护板，如图 2-4-20 所示。

图 2-4-20　拆除线束护板

（四）拆下点火线圈

关闭点火开关和充电机。先拆下点火线圈盖；再松开点火线圈的插塞式保险丝；然后拔下插头，向上拉出点火线圈；最后拆下所有缸的点火线圈，并顺序摆放。

（1）拆除点火线圈，如图 2-4-21 所示。

图 2-4-21　拆除点火线圈

（2）用压缩空气清洁火花塞安装孔。此时，请戴好护目镜，注意眼部的安全防护，以防污物溅入眼睛，如图 2-4-22 所示。

注意：戴好护目镜，以防溅入眼睛

图 2-4-22　清洁火花塞安装孔

（五）拆下火花塞

使用拆卸火花塞的工具将火花塞旋出。逐一拆下所有气缸的火花塞，如图 2-4-23 所示。

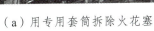
（a）用专用套筒拆除火花塞　　　　（b）用专用套筒

图 2-4-23　拆下火花塞

（六）更新火花塞

（1）使用拆卸火花塞的工具和加长杆将新火花塞旋入发动机中并拧紧。

（2）使用专用工具 121200 或扭矩扳手将火花塞拧紧，力矩为 30 N·m。

注意：不同车型拧紧力矩可能不同，详情请查询维修手册。

（3）更换火花塞时，为了避免损坏螺纹，先用手旋紧火花塞，再用扭矩扳手紧固到标准力矩，如图 2-4-24 所示。

图 2-4-24　更新火花塞

（七）安装点火线圈

（1）检查点火线圈的橡胶密封件位置是否正确。

（2）首先在翻开插塞式保险丝时将点火线圈的插头推到点火线圈上，再小心地合上。

（3）依次安装所有点火线圈。

（4）打开点火开关，起动车辆，观察发动机点火的状况。并且利用 ISID 读取 DME 故障码。若无异常状况，删除车辆 DME 故障代码存储器的故障记忆，如图 2-4-25 所示。

（a）检查发动机是否平稳　　　　　（b）快速测试，是否有故障码

图 2-4-25　更新火花塞后维修工作

（八）安装隔音板等附件

正确安装发动机导线支架。螺栓扭矩为 8 N·m。

安装隔音板，紧固隔音板螺栓，螺栓扭矩为 4 N·m。若是铝镁材料的隔音板，请注意铝螺栓使用事项，及铝螺栓使用的维修事项。

（九）车辆清洁、场地复位

车辆复位，收拾工具，清洁场地。

（十）仪表复位

根据不同车型要求，完成火花塞保养仪表复位工作。

巩固提升

一、选择题

1. 点火系统工作的时刻为（　　　　）。

    A. 进气行程终了时　　　　　　　　B. 压缩行程终了时

    C. 做工行程终了时　　　　　　　　D. 排气行程终了时

2. 电子控制点火系统由什么直接驱动点火线圈进行点火（　　　　）。

    A. ECU　　　　　B. 点火控制器　　　　C. 分电器　　　　　D. 转速信号

3. 不会导致某缸点火电压过低的原因是（　　　　）。

    A. 分缸高压线损坏　　　　　　　　B. 火花塞间隙小

    C. 断电器触点弹簧太弱　　　　　　D. 中央高压线损坏

4. 当用示波器测试发动机时，1 个气缸的击穿电压偏低，且火花持续时间较长，其他气缸均正常，以下哪个原因可引起此类现象（　　　　）。

    A. 分电器转子磨损　　　　　　　　B. 空气与燃油混合气稀

    C. 火花塞积炭　　　D. 火花塞电缆线端腐蚀

5. 在发动机点火直列波波形图上，发现第二缸点火电压 16 kV，其余缸为 12 kV，可能的原因是（　　　　）。

    A. 第二缸喷油嘴漏油　　　　　　　B. 第二缸火花塞积炭严重

    C. 该缸活塞环漏气严重　　　　　　D. 该缸火花塞间隙过大

二、判断题

1. 点火线圈中初级绕组的作用是通过互感，从而产生 15～20 kV 的高压电动势。（　　　　）

2. 火花塞通过将点火线圈产生的高电压转变为火花而点燃油-气混合气。（　　　　）

3. 在分解发动机的过程中，发现火花塞的端头呈雪白色，说明混合气浓度太高。（　　　　）

4. 在示波器，检查点火波形的图形上点火线全部低于正常值，可能是点火线圈输出的点火电压太低造成的。（　　　　）

5. 最佳点火提前角，随发动机转速和负荷的变化而变化。（　　　　）

项目二任务四
巩固提升答案

任务五 发动机电控系统一般维修

情景导入

客户李先生反映一辆已行驶 69 000 km 的轿车。在行驶中发动机突然熄火，熄火后多次尝试起动发动机都无法着车。经 4S 店服务顾问初步检查，发动机机械系统正常，故障原因可能是发动机电控系统的传感器、ECU 或执行器损坏。为了确定故障原因及故障点位，需将车辆移交给机电技师做进一步的检测维修。

理论要点

认识发动机电控系统

一、OBD 系统介绍

（一）什么是 OBD（On Board Diagnostics，车载自诊断系统）？

OBD 指的是车载自诊断系统，用于监控车辆状况以及排放控制。该车载自诊断系统从车辆内部的传感器网络收集信息，随后该系统会根据数据来调节车辆系统或向用户报告问题。而技术人员可以轻易地通过 OBD 系统读出车辆数据，以此诊断问题。

OBD 系统由布置在车上的 ECU、传感器、线路、故障灯等组成，其中故障灯在汽车仪表板上，故障灯闪烁表明车辆有故障（正常情况下，发动机启动时故障灯灭），使用汽车电脑检测仪连接，可以检测故障原因。OBD 系统最初开发的目的是控制汽车发动机尾气排放，发展到今天，通过新款汽车 OBD 系统的标准十六孔诊断接口，都可以检测发动机、变速箱、ABS（Antilock Brake System，轮胎防抱死系统）、SRS（Supplemental Restraint System，安全气囊）等多个系统的故障。

（二）OBD 车载诊断系统的历史

美国环保局（EPA）一直致力于改进空气质量，于 1990 年修订了《清洁空气法案》。该法案最初于 1970 年制定，并于 1990 修订。

1967 年，加州成立了加州空气资源委员会 CARB，旨在针对加州独有的空气污染情况逐渐形成和实施空气质量改进计划。多年来 CARB 计划已经逐渐发展成为现在的"车载诊断系统和国家低排放车辆计划"。

EPA 将很多 CARB 计划作为国家计划与法律。其中较早的一个是 OBD I 以及引入"发动机检查"灯。比如，BMW 最早在 1987 年引进了 OBD I 及"发动机检查"灯。它使用"发动机检查"灯来显示"闪烁代码"并结合使用 BMW 2013 和 MoDiC 来加强诊断。

监控和减少尾气排放工作需要持之以恒而 OBD I 仅仅是第一步。到 1989 年，所有车辆制造商都必须确保所有影响尾气排放成分的各组件都由电子监控并且只要相关组件出现故障就要通知驾驶员。

从 1996 年起，所有车辆必须遵守 OBD II 要求。OBD II 几乎要求监控每个可能影响车辆排放性能的组件并将相关故障代码及状况存储到存储器中。如果探测到问题的同时在稍后的一个行驶循环不止一次再次探测到问题则 OBD II 系统必须使仪表板上的"发动机检查"灯亮起以警告驾驶员存在故障。

1. OBD I

OBD I 该系统的基本元件包括电气组件和视觉警告信号。影响尾气排放的电气组件由电机电子系统监控存在与 OBD I 相关的故障时，发出一个视觉警告信号（发动机检查灯）。在此可以通过一个闪烁代码读取相应故障而无须测试设备的帮助。

2. OBD II

从 1996 年 1 月起美国市场强制要求所有车辆采用 OBD II。其与 OBD I 的主要差别是不仅监控纯电气组件，而且监控所有影响尾气排放和燃油系统蒸气排放的系统和程序。废气处理系统必须保证 5 年和/或 100 000 英里的运行可靠性在此通过排放认证实现。在这种情况下通过一个具有通用"诊断设备"的标准化接口读取有关废气/燃油蒸气排放的数据。如果识别到不符合标准则所涉车辆制造商必须依法排除全部车型系列的故障。

（三）OBD 机制

如果 OBD 系统确定存在问题就会在控制模块的存储器中存储相应"诊断故障代码"。控制模块同样会使一个黄色仪表板故障指示灯亮起以提示"检查发动机"或"尽快维修发动机"或者显示一个发动机符号。

该指示灯提醒驾驶员需进行维修但无须停车。仪表板指示灯闪烁或闪亮以此表示发动机断火相当严重。

故障解决后删除故障代码，指示灯关闭。如果不再有出现问题的条件则车辆的 OBD 系统自动关闭仪表板指示灯。如果 OBD 系统连续 3 次评估组件或系统且没有探测到原始问题则仪表板指示灯自动关闭。

二、故障代码介绍

（一）OBD II 诊断故障代码 DTC

美国汽车工程师协会（SAE）制定了 OBD II 系统所用的诊断故障代码（SAE J2012）。我们可通过其字母/数字结构来识别 DTC 设计。SAE 指定排放相关的 DTC 以字母"P"开头，表示对于动力传动系相关系统，因此称为"P 代码"，如图 2-5-1 所示。

每当"故障指示灯"亮起时，都会存储 DTC。

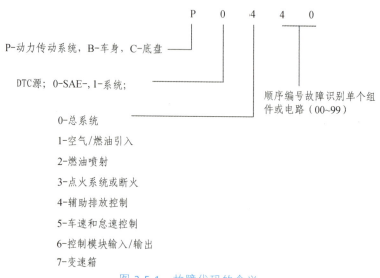

图 2-5-1 故障代码的含义

CARB/EPA 要求使用标准化测试仪（扫描工具），通过标准化诊断连接器（DLC），向 DTC 提供通用诊断访问。

只有存储了故障时，DTC 才提供一组环境运行条件。该单独的"冻结帧"或快照是指第一次发生故障时指定时间内生成的一组车辆环境条件。存储的信息由 SAE 定义，范围有限。该信息甚至可能不指定故障类型。

（二）汽车制造厂商故障代码

各汽车制造厂商在制造生产的过程中，都会遵循 SAE 的标准协议，但也会有一定的差异。以宝马汽车为例，只要出现 BMW 故障代码，甚至在"故障指示器灯"亮起前，也会进行存储。

BMW 代码由 BMW、Bosch 和 Siemens 工程师定义，以提供更详细的故障特定信息。

Siemens 系统：当发生第 1 次故障时存储 1 组 4 个故障特定环境条件。该信息可以改变并规定用于每 1 个故障代码，以帮助诊断。最多可以存储 10 个不同的故障，包含 4 个环境条件。

Bosch 系统：在每个故障代码内，可最多存储 4 组 3 个故障特定环境条件。该信息可以改变并规定用于每 1 个故障代码，以帮助诊断。可以存储最多 10 个不同的故障，包含 3 种环境条件。

当故障最后出现时，BMW 代码也存储及显示一个"时间标记"。

一个故障限定符号可以提供更多关于故障类型的特定详细信息（上限、下限、断开、不可信等）。

BMW 故障代码提醒技师当前故障状态。如果故障仍存在，则不管当前不存在或是间断性的，都会向其提出建议。故障详细信息可以存储和连接到 ISTA，从而为 ISTA 引导性故障诊断提供依据。

三、解码器简介

（一）解码器概述

汽车故障诊断仪的基本使用

随着汽车工业的飞速发展，应用于汽车上的发动机电控系统、电控自动变速箱、ABS防抱死制动、SRS安全气囊、电子悬架、巡行控制等相关电子控制系统也越来越多。因此，故障检修方法也由人工经验诊断发展到用相应的仪器设备诊断，而在这些众多的仪器设备中，使用最普遍的是电控系统检测仪，俗称解码器。

汽车在行驶过程中，一旦电控系统出现故障，电子控制单元将利用自身的自诊断功能将故障检测出来，并以故障码的形式储存在电子控制单元的存储器中。解码器的作用就是将故障代码从电子控制单元中读出，为检修人员提供参考。

解码器通常分为原厂解码器和非原厂解码器两种。所谓原厂汽车解码器即指由汽车制造厂家提供或指定的解码器，如奔驰汽车用HHT、宝马汽车用ISTA、大众（奥迪）汽车用VAS6150等。通常，每个汽车制造厂家都有针对自己所生产的各车系的原厂检码器，以便能为自己生产的汽车提供更好的售后检测服务。而非原厂仪器则不是汽车制造厂家提供或指定，而由其他仪器设备厂商生产的汽车解码器，如德国博世公司的KTS300/500，美国的红盒子SCANNER MT2500等。原厂解码器是汽车制造厂家为自己所生产的汽车来提供服务的，一般只能诊断自己的车系，不能检测其他公司生产的汽车。和原厂解码器相比，非原厂解码器一般可以检测多种不同汽车制造厂家所生产的各类型汽车，如KTS300/500就可以诊断奔驰、宝马、大众（奥迪）等多款不同厂家生产的车系。但两种解码器就总体功能来说，非原厂解码器在某些车系的部分电控系统是无法检测到的。

（二）解码器主要功能

1. 读取与清除故障码

解码器可以读出存储在电子控制单元中的故障码，并在显示屏上显示出来，故障码的含义也可以通过按键的操作从解码器中调出。当根据故障码参考排除故障后，要利用解码器来清除故障码，也就是从控制单元ECU内部记忆体中清除其故障码记忆，并在发动机运转一段时间后（有条件的话可以进行路试），再通过解码器来测试是否还存在故障。

2. 动态数据流测试

动态数据流测试功能是指将车辆各系统运行过程中控制单元的工作状况和各种输入、输出电信号的瞬间数值，以串行方式经故障诊断座传送到解码器，并在解码器显示屏上显示出来，从而使整个控制系统的工作状况一目了然，供检修人员进行查阅。通常，使用解码器是取得汽车诊断数据的唯一方法。大多数解码器都可以在行车时记录数据，这些信息是其他方法很难或根本无法获得的，如记录发动机转速、车速、采温、节气门位置和进气压力等。

3. 执行元件功能测试

可以利用解码器对一些执行器，像喷油嘴、电机、继电器、电磁阀、冷却风扇等进行人工控制，用以检测该执行器是否处于良好的工作状况，当在发动机怠速运转的时候对节气门电机进行动作测试，可以控制其开度的大小，随着节气门处于不同的开度，发动机怠速转速应该产生相应的高低变化，通过以上的动作测试就可以证实节气门电机本身及其控制线路是否处于正常状况。同样还可以在发动机运转时对燃油泵继电器进行控制，当断开燃油泵继电器时，发动机应会很快熄火。

4. 基本设定

通过解码器可以对汽车电子控制系统进行基本设定。当电子控制系统的某些部件维修后，或更换 ECU，使电子控制系统中的初始值发生变化，必须进行重新设定，如点火正时的设定、节气门控制部件与 ECU 的匹配、发动机开/闭环的控制等。

5. 控制单元的编码

控制单元编码无显示或更换了控制单元之后，必须对控制单元进行编码。如果发动机微机编码错误，将导致油耗增大，变速箱寿命缩短，甚至发动机无法起动等现象的发生。

6. 示波器功能

因为在解码器的数据流功能中，很多传感器和执行器都是采用电压信号，并以数字的形式表示的。在发动机实际运转过程中，由于信号变化很快，很难从这些不断变化的数字中发现问题所在，所以可以利用解码器自带的示波器功能对电控发动机系统里的曲轴传感器信号、凸轮轴传感器信号、氧传感器信号、某些型号的空气流量计信号、喷油嘴信号、电机控制信号、点火控制信号等一系列信号进行分析，将所测信号波形与标准信号波形相比较，如有异常则表示该信号的控制线路或电子元件本身出现了问题，需要进一步详细检查。但利用示波器来检查电子信号，需要维修技术人员能熟悉被测传感器或执行器的工作、控制原理，并会正确示波器，否则很难利用好此项功能。

解码器最基本的功能是读取和清除电控系统故障码，而目前的解码器的功能还不止以上这些，有的还带有示波器显示功能、万用表功能和打印功能，有的带有系统控制电路图和维修指南以供参考，有的可以通过专用数据线直接和 PC 机相连进行资料的更新与升级，有些功能强大的原厂解码器还能对车上系统电控单元 ECU 进行某些数据资料的重新输入和更改等操作，但无论解码器具有什么功能，关键在于如何尽量利用其各项功能来为维修提供快捷的帮助。

四、解码器的常规使用介绍

现在对车辆的电控系统进行故障诊断的时候，必须利用解码器来读取系统故障码、清除故障码以及读取数据流。作为一名合格的维修人员，必须会熟练地操作解码器。

由于解码器分为原厂解码器和非原厂解码器两种，其中非原厂解码器可适用多种品牌的各系列车型，又称通用型解码器，其操作和使用方法与通用汽车（GM）TECH-2 解码器类似。下面以通用（GM）专用解码器 TECH-2 的操作方法为例进行介绍。首先通过图 2-5-2 ~ 图 2-5-5 熟悉 TECH-2 的功能和附件，将 TECH-2 与车辆连接，进入车辆控制系统，再按图 2-5-6 选择诊断菜单后根据车辆出厂年份、车辆类型、品牌、品牌系列、检测系统类型，解码器对系统进行诊断并显示结果。

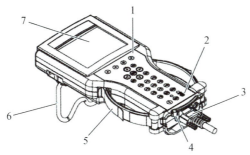

1—键盘；2—开启和关闭按钮；3—DLC 电缆连接；4—VCl（车辆通信接口）锁定杆；
5—可调皮带；6—倾斜支杆；7—显示屏。

图 2-5-2　Tech-2 结构

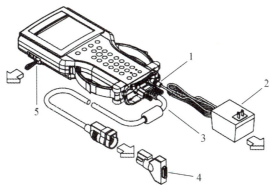

1—电源接头；2—NAO 电源（P/N3000113）；3—Tech 2 DLC 电缆（P/N 3000095）；
4—DLC 回送适配器（P/N 3000109）；5—RS-232 回送适配器（P/N 3000112）。

图 2-5-3　外接线连接

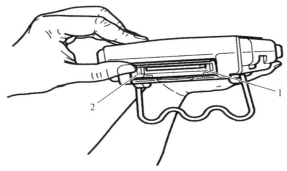

1—空的下部 PCMCIA 插槽；2—上箭头弹出按钮。

图 2-5-4　PCMCIA 卡的装取

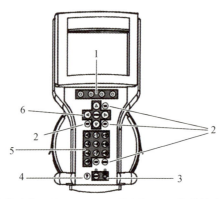

1—软键；2—动作键（是、否、ENTER、退出）；3—控制键（SHIFT、PWR）；
4—帮助键（?）；5—功能键（F0到F9）；6—选择键（箭头键）。

图 2-5-5　操作键名称

（a）

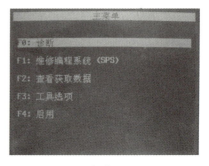

（b）

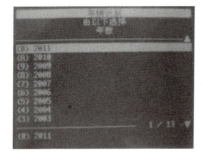

（c）

（d）

（e）

（f）

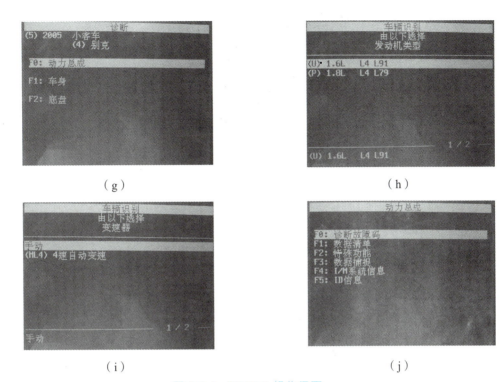

（g） （h）

（i） （j）

图 2-5-6 TECH-2 操作界面

在连接或者取下解码器的时候，一定要注意：

（1）连接解码器的时候应该确保解码器没有开机，连接好以后才能开机；而取下解码器的接头的时候必须先把解码器的界面退至主界面，然后关闭电源，最后再拔下插头。

（2）取下解码器与诊断插座的连接头时，应先关闭点火开关，然后才能连接或取下插头，以免损坏解码器。

五、解码器的应用示例

由于当前越来越多的汽车制造厂商将解码器和诊断设备集成于一体，这样可以提升售后维修的效率。这种原厂解码器功能强大，集检测、诊断、维修于一体，下面以宝马的信息系统 ISTA 为例，介绍宝马原厂解码器的操作流程。

（一）读取和清除故障代码

1. OBD 连接

诊断接口一般位于方向盘的左下侧，图 2-5-7 所示为宝马 F18 车型诊断接口的位置，在方向盘左下侧布置有一个 16 针 OBD 标准诊断接口。

（a）接口位置　　　　　（b）16 针 OBD 标准诊断接口

图 2-5-7　宝马 F18 OBD 连接

2. 快速测试过程

快速测试用以分析可能存储的故障代码，是车辆诊断的前提。通过快速测试依次对控制单元进行物理识别并读取其故障代码存储器。图 2-5-8 展示了宝马 ISTA 信息系统界面，点击诊断仪上的"ISTA"图标，进入 ISTA 操作界面

图 2-5-8　宝马 ISTA 信息系统操作界面

ISTA 启动后会显示版本信息，不同的版本功能会有所不同，如图 2-5-9 所示。点击"显示"进入下一页面。

图 2-5-9　宝马 ISTA 系统版本信息

连接车辆接口，打开车辆点火开关，点击"确定"，如图 2-5-10 所示。

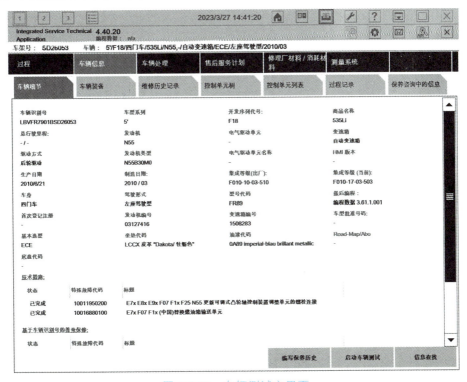

图 2-5-10　读取车辆数据界面

读取车辆信息，点击"车辆测试启动"，如图 2-5-11 所示。

图 2-5-11　车辆测试主界面

进入控制单元树页面，绿色的代表控制单元有信号，黄色的代表控制单元无信号，灰色的代表控制单元未安装,查找有故障代码的控制单元点击右下角的控制按钮查询,如图 2-5-12 所示。

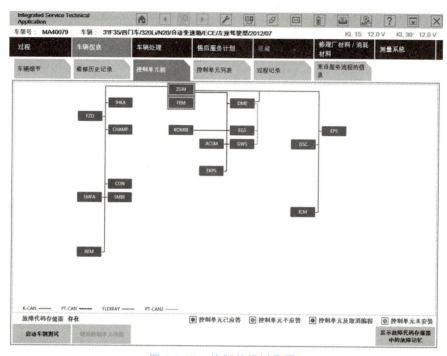

图 2-5-12　控制单元树界面

从这个界面,可以看到所有的故障码,如图 2-5-13 所示。如果想了解其维修方案,请点击右下角的"计算检测计划"按钮。

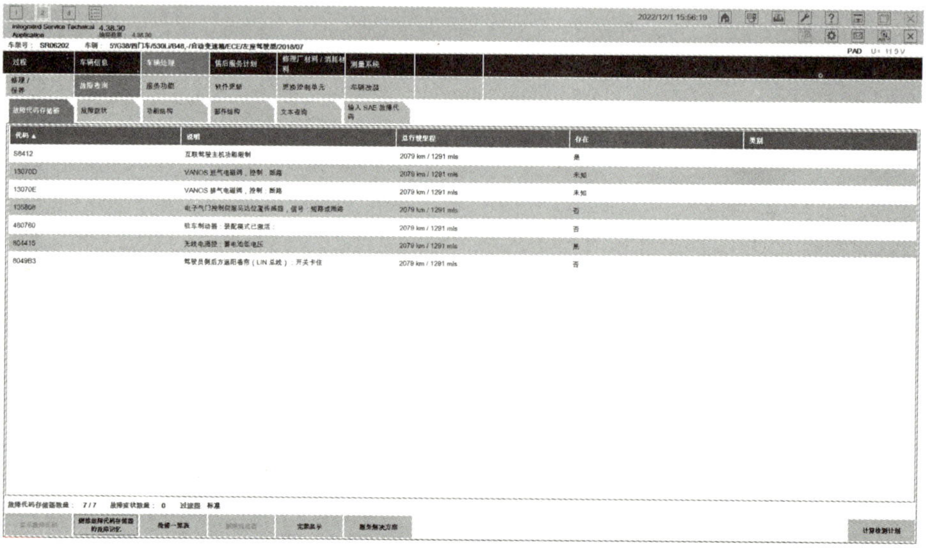

图 2-5-13　故障代码存储器页面

通过检测计划，可告诉我们每一个故障码的排除方案，且这些检测计划是按照对车辆功能特性影响大小以优先级从高到低的方式进行排序的，如图 2-5-14 所示。

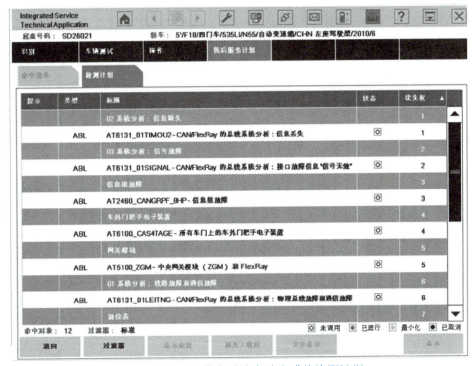

图 2-5-14　ISTA 信息系统自动生成的检测计划

此外，通过图 2-5-13 左下角"删除故障代码存储器"按钮，可删除当前不是真实故障存在的相应故障码。或者在通过诊断维修排出故障后，删除故障码即可恢复车辆的正常功能。

在图 2-5-12 中，通过选中控制单元树种的某一个控制单元后，选择图 2-5-12 左下角"调用控制单元功能"按钮后，即可读取该模块下的数据流信息，同时也能进行部件动作测试等功能，从而帮助维修人员快速减小故障排查范围。

（二）读取数据流

在控制单元树或者列表界面，选中任一控制单元模块即可调用该模块的各项数据信息，如图 2-5-15 所示，显示了在发动机处于怠速 799 r/min 的情况下，节气门前后方的压力差为 6 kPa 左右，若此压力差值变化较大，则说明气门升程调节机构或者其他系统有异常。此外，该数据流信息还显示了进排气门提前打开和延迟关闭的角度等信息。

图 2-5-16 则显示了电子气门控制系统发生故障时的数据流信息，当电子气门控制系统发生故障时，节气门前后方的压力差值接近 18 kPa 左右，这时说明电子气门控制系统不再调节进气流量的大小，而是改为节气门来调节进气流量的大小，同时其数据流以极限值 254 的方式表示当前处于故障状态。

通过这些数据流信息，技师可在故障诊断时快速提升诊断维修效率。

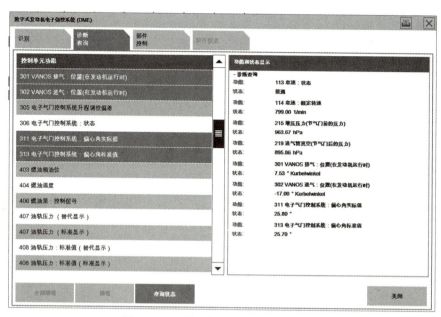

图 2-5-15　调用控制单元数据流信息

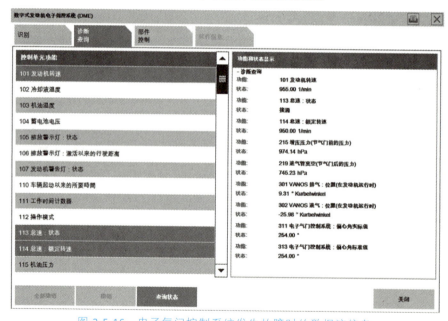

图 2-5-16　电子气门控制系统发生故障时的数据流信息

（三）执行元件动作测试

在控制单元树或者列表界面，选中任一控制单元模块即可调用该模块的各项数据信息，如图 2-5-17 所示，显示了在发动机控制单元中控制喷油器执行元件的动作测试功能。通过该功能可帮助技师判断执行元件和线束是否存在故障，从而极大地缩小了技师的故障排查范围。

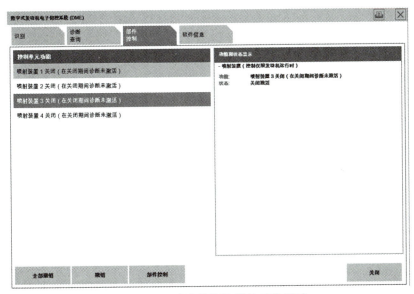

图 2-5-17　喷油器执行元件动作测试

（四）控制单元的基本设定

在日常的维修工作中，维修人员可以通过诊断仪读取车辆数据，也可以通过诊断仪将数据写入到车辆控制单元中。比如，由于喷油器是高精密部件，尤其是直喷发动机的喷油器，很多厂家要求在更换喷油器后需要把喷油器的制造误差写入控制单元，以做精确的匹配。此外，还在其他的维修项目中也有类似要求，如当更换完蓄电池后，还需要将新蓄电池的各项参数写入控制单元，如果不记录蓄电池更换，动力管理系统会工作不正常并且可以导致显示检查控制信息和功能限制，如各用电器功率减小或断开。图 2-5-18 和图 2-5-19 展示记录蓄电池维修的操作步骤。

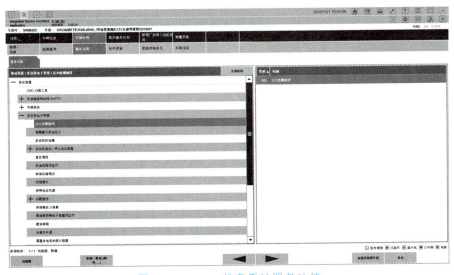

图 2-5-18　ISTA 信息系统服务功能

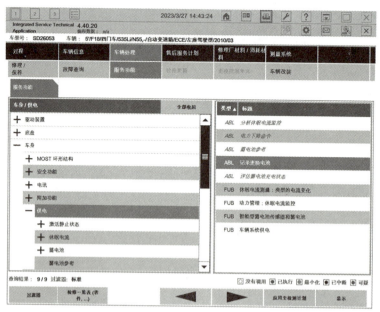

图 2-5-19　ISTA 服务功能-记录蓄电池更换流程

进入操作页面后，有三个选项可以选择，分别是：

（1）更换相同容量的蓄电池。

（2）更换不同容量的蓄电池。

（3）从普通蓄电池更换为 AGM 电池。

根据操作选择相应的选项后，点击"继续"按钮。根据实际情况，选择一个选项，填入新更换电池的制造参数，完成服务功能后，车辆整个电控系统即可正常工作，如图 2-5-20 所示。

图 2-5-20　记录蓄电池更换参数选择界面

（五）修改控制单元中的数据

在进入修正页面后，我们可以看到在每个项目名称后面有相关的数据，每个数据的后面都有一个预测的行驶里程和保养日期，如图 2-5-21 所示。点击"继续"按钮进入下一页。

图 2-5-21　仪表数据修正界面

此页面显示下次保养的里程数（可以看出计算的下次更换里程是 14 493 km），如确认后，点击"继续"按钮进入下一页，否则重复输入，如图 2-5-22 所示。

图 2-5-22　仪表数据自动计算

　　要求输入上一次错误复位时的日期，注意要保证车辆的日期与测试仪的日期一致。点击"继续"按钮进入下一页，如图 2-5-23 所示。注意，CBS 范围的原始值在修正时会丢失。

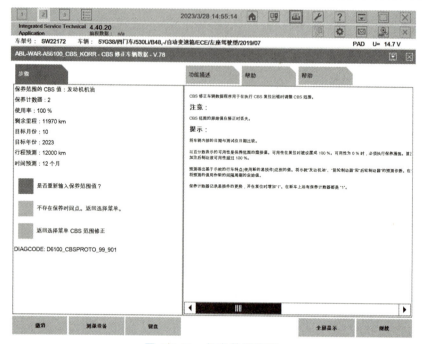

图 2-5-23　仪表数据修正

　　确认最后修正数据，完成修正，如图 2-5-24 所示。

图 2-5-24　仪表数据修正完成

（六）给控制单元编程

当控制单元软件版本需要升级更新，或者加装改装了控制单元后，需要给控制单元进行编程工作。这个流程步骤包括为控制单元编程和设码。为某个控制单元编程或设码时，系统检查该进程是否成功完成，然后继续为其他控制单元编程。在编程时，始终以最新集成等级（目标集成等级）为整车（在此指车辆内的所有控制单元）编程。随后根据需要将开通密码写入相关控制单元内；如果进行了改装，则调整车辆订单。

如果控制单元位于不同的总线系统（如 MOST/CAN）内，也可以同时为这些控制单元编程。编程进度通过进度条显示出来，如图 2-5-25 所示。

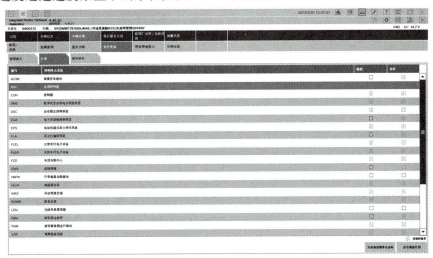

图 2-5-25 编程

成功完成编程/设码/初始化后，每个执行过某项措施的控制单元后都出现一个绿色对钩。如果某项措施未成功或未完全完成，则会用一个红叉符号标记出这个控制单元，点击相关控制单元可以获取编程失败的原因，如图 2-5-26 所示。

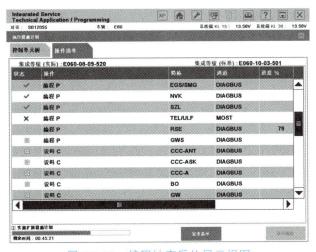

图 2-5-26 编程结束后的显示视图

巩固提升

一、选择题

1. 第二代自诊断测试系统 OBDⅡ采用（　　　）个端子。

A. 14　　　　　　　　B. 15　　　　　　　　C. 16　　　　　　　　D. 17

2. 检查燃油系统时发现燃油分配管内油压力过低，喷油量和雾化质量变差，卡住回油管时，压力又正常，说明（　　　）。

A. 燃油泵的供油压力不足　　　　　　　B. 回油管堵塞

C. 燃油压力调节器膜片弹簧疲劳　　　　D. 连接进气管和油压调节器的真空管泄漏

3. 发动机怠速不稳的原因，错误的是（　　　）。

A. 油压调节器损坏　　　　　　　　　　B. 节气门位置传感器损坏

C. 爆震传感器损坏　　　　　　　　　　D. 点火能量不足

4. 下列属于 OBD 周期性监控系统的是（　　　）。

A. 断火探测　　　　　　　　　　　　　B. 燃油系统喷射持续时间

C. 所有与排放相关的电路　　　　　　　D. 催化转换器功能效率

5. 检测霍尔式转速及曲轴位置传感器，当传感器电路连接正常的情况下，接通点火开关，慢慢转动曲轴，用万用表在传感器信号输出端测电压，若信号电压（　　　）说明传感器正常。

A. 随转速升高而减小　　　　　　　　　B. 随转速升高而增大

C. 随转速降低而增大　　　　　　　　　D. 不随转速变化而变化

二、判断题

1. 故障码是指第一次发生故障时电脑记录的信息，包含该时刻车辆的一些使用环境参数。（　　　）

2. 故障诊断时，可通过解码器直接清除存储器中的故障代码来判断当前真实存在的故障。（　　　）

3. 通过控制单元调用部件动作测试功能可快速减少故障排查范围。（　　　）

4. 在 OBDⅡ的范围内每个行驶循环内都必须监控一次某些组件/系统，一个"行驶循环"包括发动机起动、车辆运行超过起动速度、滑行和发动机关闭。（　　　）

5. 完成"下一个连续行驶循环"后，在此期间再次监控先前的故障系统且再次出现排放相关的故障时，故障指示灯将熄灭。（　　　）

项目二任务五
巩固提升答案

任务六　燃油和进排气系统检查保养

 情景导入

客户王先生的车辆在加油的过程中，从加注口加油时很困难，才加注几升油就停止了，在加满油的过程中，会有 3~4 次跳枪。

经 4S 店服务顾问初步检查，初步判断为燃油系统的加注和通风系统故障，为了确定故障原因及故障点位，需将车辆移交给机电技师做进一步的检测维修。

 理论要点

一、低压燃油供给系统

汽油发动机燃油系统为发动机工作提供所需要的燃油，并将燃油准确地喷入进气道或气缸。该系统包括两种类型，即普通缸外燃油喷射系统和缸内燃油直喷系统。

燃油供给系统是电控发动机的主要组成部分，它主要是保证在各工况下可靠地提供发动机所需的燃油。

（一）燃油供给系统组成及工作原理

发动机缸外喷射通常也称为进气管喷射，该系统用于燃油的供给、输送以及燃油喷射，主要包括油箱、电动燃油泵、喷油器、燃油滤清器、燃油压力调节器、稳压器等。电动燃油泵把燃油从油箱中吸出，使之经过燃油滤清器，进入与电磁喷油器相连的燃油（分配）轨道。喷油器把燃油按精确的数量喷射到发动机的进气歧管内。配有回油管路的系统中，多余的燃油经过装有压力调节器的回油管路回到油箱中，如图 2-6-1 所示。

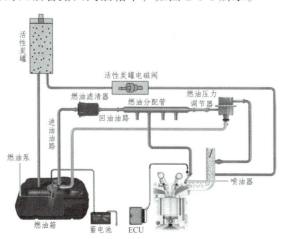

发动机供给系统
工作原理

图 2-6-1　燃油供给系统工作原理

（二）燃油供给系统主要零部件的结构和工作原理

1. 电动燃油泵

电动燃油泵是电控发动机燃油供给系统最重要的部件，它是为燃油供给系统提供所需要的燃油压力的动力源。电动燃油泵由发动机 ECU 控制，当发动机处于静止状态，点火开关并未关断时，安全电路会切断燃油供给系统。

电动燃油泵原理

1）电动燃油泵的功用

目前使用的电动燃油泵通常都安装在油箱中，集成在一起的还有油位传感器和用来消除回油路中气泡的涡流板。发动机运转时电动燃油泵连续不断地把燃油从油箱中吸出，加压后输送到管路中，和燃油压力调节器配合建立合适的系统压力。

电动燃油泵向喷油器提供的油压需高于进气歧管压力 250 ~ 300 kPa，但是为了保证系统供油压力满足所有工况的要求，所以油泵的最高油压需要 450 ~ 600 kPa，最大供给能力要高于系统的理论最大需求量。

2）电动燃油泵的分类

电动燃油泵按其结构不同，主要分为涡轮式、滚柱式、叶片式 3 种。

3）电动燃油泵的组成及工作原理

涡轮式电动燃油泵如图 2-6-2 所示，涡轮式电动燃油泵主要由燃油泵电动机、涡轮泵、出油阀、卸压阀等组成。油箱内循燃油进入燃油泵内的进油室前，首先经过滤网初步过滤。

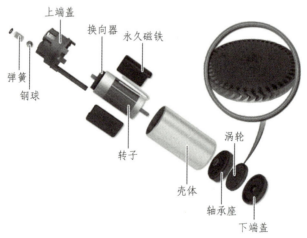

图 2-6-2　涡轮式电动燃油泵

涡轮泵主要由叶轮、叶片、泵壳体和泵盖组成，叶轮安装在燃油泵电动机的转子轴上。油泵电动机通电时，燃油泵电动机驱动涡轮泵叶轮旋转，由于离心力的作用。使叶轮周围小槽内的叶片贴紧泵壳，并将燃油从进油室带往出油室。由于进油室燃油不断被带走，所以形成一定的真空度，将油箱内的燃油经进油口吸入；而出油室燃油不断增多，燃油压力升高，当油压达到一定值时，则顶开出油阀经出油口输出。出油阀还可在燃油泵不工作时，阻止燃油倒流回油箱，这样可保持油路中有一定的残余压力，便于下次起动。

涡轮式电动燃油泵工作原理如图 2-6-3 所示，燃油泵工作中，燃油流经燃油泵内腔，对燃油泵电动机起到冷却和润滑的作用。燃油泵不工作时，出油阀关闭，使油管内保持一定的残余压力，以便于发动机起动和防止气阻产生。卸压阀安装在进油室和出油室之间，当燃油泵输出油压达到 0.4 MPa 时，卸压阀开启，使油泵内的进、出油室连通，燃油泵工作只能使燃油在其内部循环，以防止输油压力过高。

涡轮式电动燃油泵具有泵油量大、泵油压力较高（可达 600 kPa 以上）、供油压力稳定、运转噪声小、使用寿命长等优点，所以应用最为广泛。

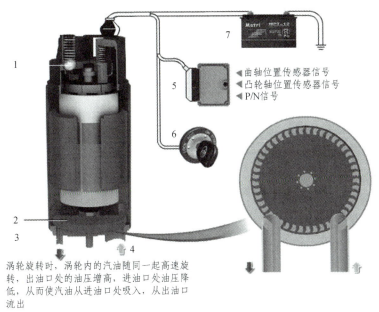

曲轴位置传感器信号
凸轮轴位置传感器信号
P/N信号

涡轮旋转时，涡轮内的汽油随同一起高速旋转，出油口处的油压增高，进油口处油压降低，从而使汽油从进油口处吸入，从出油口流出

图 2-6-3　涡轮式电动燃油泵工作原理

2. 喷油器

对汽车平稳运行和低排放的严格要求，使得每一个工作循环都需要提供精确的混合气配制。喷射的燃油量必须精确计量用以匹配吸入的空气量，因此，每个气缸都配有一个电磁喷油器。喷油器由发动机 ECU 控制，在准确的时间点将精确的燃油量直接喷向气缸进气门。这样在很大程度上避免了沿进气管壁的凝结现象。多点喷射系统的喷油器安装在各缸进气歧管或气缸盖上的各缸进气道处。

1）喷油器的分类

按喷油口的结构不同，喷油器可分为轴针式和孔式两种，图 2-6-4 所示为轴针式喷油器结构原理。

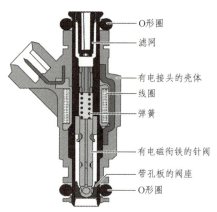

O形圈
滤网
有电接头的壳体
线圈
弹簧
有电磁衔铁的针阀
带孔板的阀座
O形圈

图 2-6-4　轴针式喷油器结构原理

2）喷油器的结构及工作原理

喷油器主要由滤网、线束连接器、电磁线圈、回位弹簧、衔铁和针阀等组成，针阀与衔铁制成一体。

燃油供给管路中的滤网防止污物进入喷油器，同时，两个O形圈分别对油轨和进气歧管与喷油器连接处进行密封。线圈不通电时，弹簧和燃油压力将针阀紧压在阀座上，使燃油轨道与进气歧管分隔开来。

当喷油器电磁阀绕组通电时，线圈即产生电磁场。电磁场使衔铁升起，针阀随之离开阀座，燃油从喷油器喷出。系统压力和喷油嘴量孔开度是单位时间内喷油量的决定因素。触发电流中止，针阀立即关闭。

喷油器通常采用顺序燃油喷射，即曲轴每转两圈，各缸的喷油器按照发动机的点火顺序，依次在最合适的曲轴转角位置进行燃油喷射。

发动机的喷油量通过电控单元控制喷油器的通电时间（喷油脉冲宽度）来确定。ECU根据发动机运转工况及各种影响因素进行计算，最后确定喷油器通电时间。

3. 燃油压力调节器

喷油量仅由喷射时间来决定。因此，燃油分配管与进油管间的压差必须保持恒定，所以需要一种方法来调节油压以适应不同负荷下歧管压力的变化。油压调节器通过调节回油量来维持喷油器的压力差恒定。压力调节器通常装在燃油分配管的远端，避免干扰燃油分配管内的油流。不过，它也可以安装在回油路中。

油压调节器被设计为一种膜片控制溢流压力调节器（见图 2-6-5）。一个橡胶纤维膜片将压力调节器分为两部分：燃油室和压力室。弹簧压在一个固定在膜片上的压板上，这个弹簧力使得活动安装的阀片压在阀座上。当油压大于弹簧压力时，油压作用在膜片上，阀门打开，燃油直接流回油箱，直到膜片回复平衡状态，这时作用在膜片两边的压力相等。在弹簧室和节气门后面的进气歧管间有一根气压管相连通，它使得弹簧室的压力随歧管真空度的变化而变化。因此，膜片处的压力就和喷油器一致，结果就使喷油器的压差保持恒定，它仅由弹簧力和膜片面积决定。

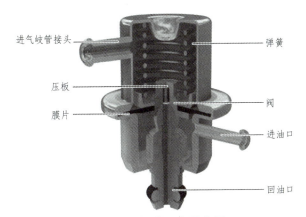

进气歧管接头
弹簧
压板
阀
膜片
进油口
回油口

图 2-6-5　燃油压力调节器

在无回油管路的系统中，燃油压力调节器安装在油箱内置燃油泵总成内，维持燃油分配管中的燃油压力，使其相对于环境压力保持恒定。由此可见，系统并没有保持燃油分配管与进气歧管之间压力差恒定，这种油路系统通常会采用 D 型燃油喷射系统，通过电控单元通过进气压力传感器来检测进气压力，从而对喷油量进行修正。

二、高压燃油供给系统

缸内直喷就是直接将燃油喷入气缸内与进气进行混合。缸内直喷的喷油压力高、燃油雾化好、燃烧更加充分、油耗量降低、升功率增大，真正实现了精准地控制喷油并与进气充分混合。

（一）缸内直喷发动机燃油系统组成及工作原理

直喷发动机燃油系统包括低压燃油系统和高压燃油系统，如图 2-6-6 所示。低压燃油系统包括低压油泵、燃油泵微机、汽油滤清器等，高压燃油系统包括高压油泵、燃油压力调节阀、燃油压力传感器、高压喷油器（喷嘴）等。燃油首先由低压油泵建立压力，然后经过高压油泵加压，并经过燃油压力调节阀对高压进行调节以符合工况需要，最终通过高压喷油器喷入气缸。

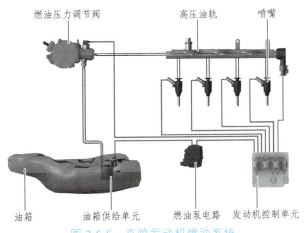

燃油压力调节阀
高压油轨
喷嘴

油箱
油箱供给单元
燃油泵电路
发动机控制单元

图 2-6-6　直喷发动机燃油系统

（二）缸内直喷发动机燃油系统各部分组成及工作原理

1. 低压燃油系统的组成及工作原理

低压燃油系统（如迈腾）包括油箱、低压油泵、油泵控制单元、燃油滤清器等。

燃油泵控制单元（J538）安装在电动燃油泵（G6）附近，它接收发动机控制单元（J623）的控制信号，接收车载电网控制单元（J519）的预工作信号，J538 通过脉宽调制信号（PWM）来控制电动燃油泵，为油泵提供正电和接地，此外还向仪表（J285）提供油位显示信号。

当车辆解锁后，打开主驾位车门，车载电网控制单元收到车门打开的信号后向 J538 发出使油泵预工作的信号，J538 控制电动燃油泵工作几秒钟，燃油系统首先建立低压油压，便于发动机起动。当发动机起动后发动机控制单元 J623 一直向 J538 发送使油泵运转的信号，则 J538 控制燃油泵持续运转。

燃油泵及燃油泵控制单元（迈腾）相关线路如图 2-6-6 所示。

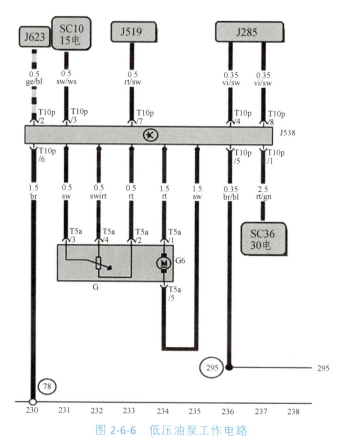

图 2-6-6　低压油泵工作电路

2. 高压燃油系统的组成及工作原理

高压燃油系统（迈腾）主要包括高压燃油泵、油压调节阀 N276、油轨、压力限制阀（开启压力大约 14 MPa）、燃油压力传感器 G247、高压喷油器（喷嘴）N30-N33。

高压燃油系统的油压范围可以达到 4 ~ 14 MPa。

燃油压力传感器（迈腾）安装在油轨或高压泵上，其作用是监控油轨内的燃油压力，依此来调整燃油压力。它的核心就是一个钢膜，在钢膜上镀有应变电阻要测的压力经压力接口作用到钢膜的一侧时，由于钢膜弯曲，就引起应变电阻的阻值发生变化，阻值的变化转换成电压信号传给发动机控制单元，发动机控制单元根据这个信号，调节燃油压力调节阀来控制油轨内的燃油压力。其结构如图 2-6-7 所示。

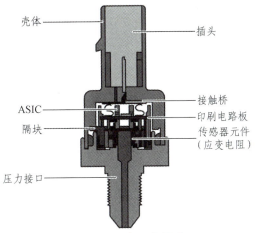

壳体　插头　接触桥　印刷电路板　ASIC　隔块　传感器元件（应变电阻）　压力接口

图 2-6-7　燃油压力传感器

高压燃油泵通常由排气凸轮轴驱动，有的安装在凸轮轴的中部位置，有的安装在凸轮轴的后端位置。高压燃油泵（迈腾）外部结构如图 2-6-8 所示。

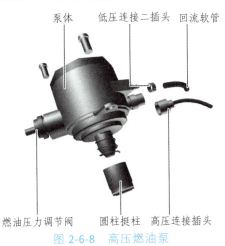

泵体　低压连接二插头　回流软管　燃油压力调节阀　圆柱挺柱　高压连接插头

图 2-6-8　高压燃油泵

高压燃油泵（迈腾）工作分为三个阶段，即进油阶段、回油阶段、供油阶段，如图 2-6-9 所示。在进油阶段，靠泵活塞的下行提供吸油的动力，同时进油阀打开，燃油被吸入了泵腔。在泵活塞行程的最后 1/3 段，燃油压力调节阀断电，使得在泵活塞向上运动的初期进油阀仍然打开来进行回油。

在回油阶段，为了控制实际的供油量，进油阀在泵活塞向上运动的初期还是打开的，多余的燃油被泵活塞挤回低压端。在供油阶段的初期，燃油压力调节阀通电，进油阀关闭。泵活塞上行在泵腔内产生压力，当压力超过油轨内压力时，出油阀就被打开，燃油被泵入油轨。

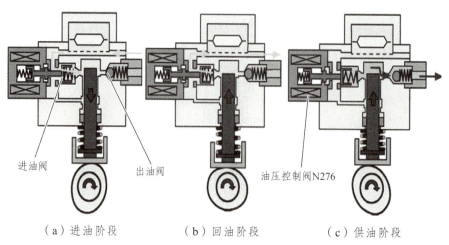

（a）进油阶段　　　　　　（b）回油阶段　　　　　　（c）供油阶段

图 2-6-9　高压燃油泵的泵油过程

燃油压力限压阀集成在高压燃油泵内（见图 2-6-10），作用是在发生燃油热膨胀和故障的时候，为系统提供过压保护。它是一个机械阀，在压力超过 14 MPa 的时候打开，连通泵内从高压端到低压端的回流油道，然后燃油再被压回高压端。

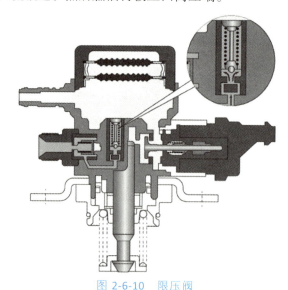

图 2-6-10　限压阀

油压调节阀 N276 安装在高压泵的侧面，其作用是控制进入油轨的油压，发动机电控单元通过脉宽调制信号对其进行控制。

三、进气系统

进气系统负责提供经过清洁的所需进气量。该系统用于确保尽可能低的流动阻力，以使发动机能够"自由呼吸"并产生最大功率。

吸入的未过滤空气通过带进气格栅的空气管路进入带空气滤清器的进气消音器。在带空气滤清器的进气消音器内，过滤未过滤空气使其变为洁净空气。接下来洁净空气通过热膜式空气质量流量计和带谐振器的洁净空气管到达废气涡轮增压器。此外，来自曲轴箱的泄漏气体，也会根据负荷状态被导入废气涡轮增压器前的洁净空气管内或直接导入进气通道内。

洁净空气在废气涡轮增压器内压缩并变热。压缩后的热增压空气在增压空气软管内继续输送至增压空气冷却器。此时，冷却的增压空气从增压空气冷却器通过另一根增压压力软管和带增压空气温度和增压压力传感器的适配器管到达节气门。冷却的增压空气通过节气门输送至进气装置。

发动机进气系统的主要组件包括空气滤清器、管路、空气流量计、节气门体和进气支管，如图 2-6-11 所示。

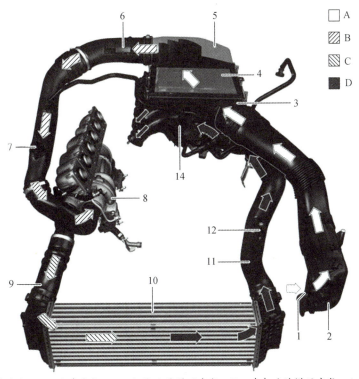

A—未过滤空气；B—洁净空气；C—加热后的增压空气；D—冷却后的增压空气；1—进气管；
2—未过滤空气管路；3—进气消音器；4—滤清器元件；5—进气消音器盖；
6—热膜式空气质量流量计；7—曲轴箱通风装置接口；8—废气涡轮增压器；
9—增压空气管；10—增压空气冷却器；11—增压空气管；
12—增压空气压力温度传感器；14—进气集气管。

图 2-6-11　进气系统概览

（一）进气消音器

进气消音器负责清洁进气空气并减弱发动机进气噪声。进气消音器内装有一个滤清器元件（空气滤清器）。空气中的灰尘由微小颗粒组成，包含部分石英等坚硬物质。这些灰尘与发动机油结合后会产生研磨作用并导致严重磨损，尤其是对气缸套、活塞和气门导管。

当前发动机采用干式空气滤清器。在此通过纸质或纤维网式的可更换滤清器元件进行空气清洁，这些滤清器元件尽可能采用最大的表面设计，进而减小流动阻力，如图2-6-12所示。

空气滤清器必须定期更换。如果未及时更换，流动阻力就会增大，会导致气缸进气质量下降和发动机功率降低。

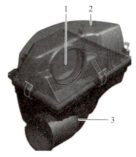

1—滤清器元件；2—壳体盖；3—壳体下部件。

图 2-6-12　空气滤清器

（二）热膜式空气流量计

通过热膜式空气质量流量计测量值确定空气质量品质与通过计算替代值（进气温度、增压压力、发动机转速等）确定空气质量品质可以达到相同效果。计算替代值用于进行发动机负荷的控制。但需要定期通过热膜式空气质量流量计数值对这个数值进行校准，以便补偿因进气系统内复杂流体动力学条件产生的公差。混合气制备技术越复杂（涡轮增压系统、高精度喷射系统，特别是采用分层进气模式），通过热膜式空气质量流量计来校准替代值就越重要。

热膜式空气质量流量计由一个电动加热式测量元件突出在气流中，如图2-6-13所示。测量元件的温度始终保持恒定。气流带走测量元件的热量，空气流量越大，则保持测量元件温度恒定所必须投入的能量就越多。

1—热膜式空气质量计；2—4芯插头连接。

图 2-6-13　热膜式空气质量计

热膜式空气质量计的特性线扩展到空气流量的负值域（大于 550 μs 的范围）。由于同一个气缸列上不同的点火间隔而产生的脉冲，还会在行驶模式下出现负空气流量。这一负空气流量将在计算中得到补偿。

（三）进气温度/增压压力传感器

这一组合式传感器向发动机控制提供增压空气温度和增压压力信息。增压压力传感器用于增压压力调节，利用进气压力传感器的信号，发动机控制单元还将对节气门的位置进行补偿。

增压压力传感器采用应变仪进行压力测量。施加压力时，传感器中装有应变仪的金属膜会发生变形。应变仪的电阻变化将通过一个测量电桥，以电子方式进行记录并分析。然后，所测得的电压将作为实际值输入到增压压力调节装置中。

进气温度传感器进行温度记录时，使用的是与温度有关的电阻器。该电路包括一个分压器，可对其测量与温度有关的电阻值，通过一条传感器特有的特性线转换成温度值。在进气温度传感器中安装有一个热导体（NTC），其电阻值随温度的上升而下降。此电阻值根据温度在 167 kΩ 至 150Ω 的范围内变化，对应于 $-40 \sim 130$°C 的温度。

（四）电动节气门

电动节气门固定在进气集气箱上。发动机控制单元根据加速踏板模块的位置和其他控制单元的扭矩要求参量计算出节气门的位置。电动节气门由控制单元以电动方式打开或关闭。

节气门开启角度由电动节气门中的 2 个霍尔传感器监控，一个电动伺服马达带动节气门移动，如图 2-6-14 所示。通过一个基本频率 1 000 Hz 的按脉冲宽度调制信号控制这个伺服马达。

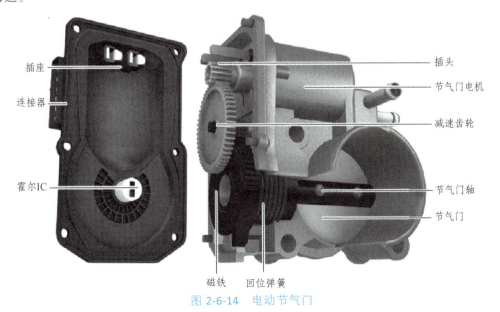

插座　连接器　霍尔IC　磁铁　回位弹簧　插头　节气门电机　减速齿轮　节气门轴　节气门

图 2-6-14　电动节气门

节气门具有 0 ~ 90°的机械调节范围。最大只可移动到 81°（对应于节气门 100%打开）。在不通电状态下，节气门由 2 个节气门复位弹簧保持在约 5.2°的紧急空气点。这两个弹簧也用于发生故障（控制已停用）时将节气门复位到该位置。

发动机控制单元借助测得的实际位 置将要求的节气门开度标准值转换为控制命令。此诊断监控两个霍尔传感器的电气功能（对地短路、对正极短路和断路）以及传感器信号的可信度。

（五）废气涡轮增压器

1. 废气涡轮增压器功用

所谓增压是将进入气缸前的新鲜空气预先进行压缩，然后再以高密度送入气缸。增压器的结构形式有多种，但目前在轿车上应用最普遍、最有效的是废气涡轮增压系统。它是根据发动机的负荷来控制排气的流动路线，并通过涡轮增压器提高进气压力，增加进气量，从而大大改善发动机的动力性，如图 2-6-15 所示。

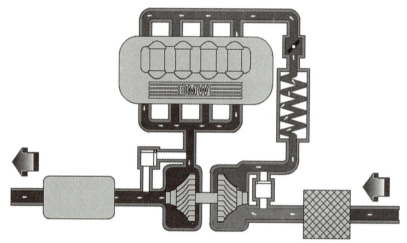

图 2-6-15　废气涡轮增压器

2. 废气涡轮增压器优点

（1）性能稳定。相对气动增压方式，其运行性能更加稳定。气动增压很容易因为汽车或者发动机运行方式的骤然改变而影响其工作效率，电机增压不存在以上问题。

（2）安装方便。相对气动增压/机械增压方式，其原理及构造更加简单，安装方便。

（3）经济性价比高。因安装简单，厂家/买家在安装上可以节省很大的成本。

3. 废气涡轮增压器的工作原理

采用涡轮增压技术后，由于平均有效压力增加，发动机爆震倾向增大，热负荷偏高。为了保证发动机在不同转速及工况下都得到最佳增压值，并防止发动机爆震和限制热负荷，对涡轮增加系统增压压力必须进行控制，如图 2-6-16 所示。

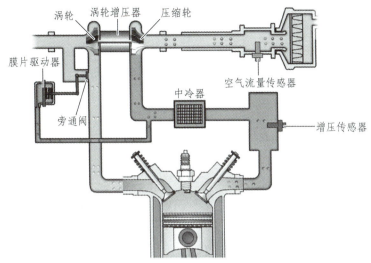

图 2-6-16　废气涡轮增压结构图

目前，多采用废气旁通的方法，即调节进入动力涡轮室的废气量从而对增压压力进行控制。当需要增加进气压力时，排气歧管排出的废气进入涡轮增压器，经动力涡轮排出；随着节气门开度的增加和发动机转速的升高，动力涡轮的转速加快，与其同轴的增压涡轮的转速也加快，致使进气增压压力增大。如果此时旁通阀打开，通过动力涡轮的废气量和气压就会减小，动力涡轮和增压涡轮转速降低，进气增压压力就会减小。由此可见，通过控制旁通阀，就可改变通过动力涡轮的废气量，从而实现对增压压力的控制。通常，旁通阀由膜片式控制阀控制，而膜片式控制阀则由发动机微机通过增压压力控制电磁阀进行控制。

四、排气系统

排气系统负责排出燃烧废气。通过废气再处理还可清除废气中的污染物成分。废气再处理方式取决于发动机类型。此外还能通过消音器将燃烧噪声有效降为可接受的发动机噪声。

排气系统也用于确保尽可能低的流动阻力，以使发动机产生最佳功率。排气尾管内的排气风门负责在发动机处于冷态或怠速运行模式时减小风噪。排气系统的组成如图 2-6-17 所示。

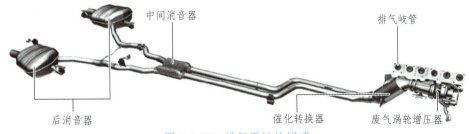

图 2-6-17　排气系统的组成

（一）排气歧管

排气歧管将气缸盖内的各排气通道汇集为一个或多个通道并输送废气。排气歧管的设计方案会影响到功率输出。目前，排气歧管的由铸铁和钢板制成。

（二）排气催化转换器

废气净化装置可将有害废气成分一氧化碳（CO）、碳氢化合物（HC）和氮氧化物（NOx）降至规定最低标准。CO、HC 和 NOx 共占废气总量的 1%～2%。为此汽油发动机车辆使用三元催化转换器。

催化转换器可通过进行转化将废气成分 CO、HC 和 NOx 减少 98%以上，但前提条件是过量空气系数必须保持在 λ 为 1 附近的窄公差范围内（$\lambda = 0.995～1.005$）。该范围称为过量空气系数窗。此外，催化转换器还有消音作用。

三元催化器主要由金属外壳、陶瓷载体和催化剂涂层组成，如图 2-6-18 所示。

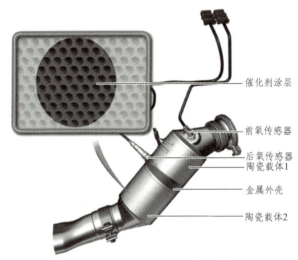

图 2-6-18　三元催化转换器结构

陶瓷基层由上千个可供废气通过的微小通道构成。这些通道都带有多孔式中间层。这样可以显著增大通道表面。在中间层上具有催化活化层，它由铂（Pt）、铑（Rd）和钯（Pd）构成。

（三）三元催化转换器的功能

废气成分在催化转换器内的停留时间很短，但该时间足够废气成分与通道表面及催化活化层发生反应。在有利条件下（运行温度、过量空气系数窗）可对 98%的污染物进行如下转化：

（1）将氮氧化物（NOx）还原为氮气（N$_2$）（释放出氧气）。

（2）将一氧化碳（CO）氧化为二氧化碳（CO$_2$）（消耗氧气）。

（3）将碳氢化合物（HC）氧化为 CO$_2$ 和水（H$_2$O）（消耗氧气）。

只有发动机在过量空气系数为 1 的范围附近运行时，才能确保所产生的废气成分中，通

过 NO_x 还原过程释放出的氧气足以对 HC 和 CO 进行完全氧化，如图 2-6-19 所示。混合气较浓时会使废气中的 HC 和 CO 含量升高。混合气较稀时则会导致氮氧化物含量升高。

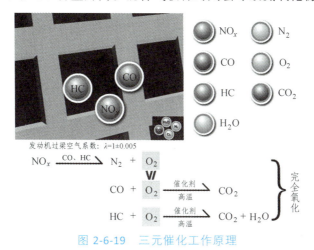

图 2-6-19　三元催化工作原理

（四）运行条件

催化转换器的最佳工作温度为 $400 \sim 800\ ℃$。只有温度超过 $300\ ℃$ 时，转换率才能超过 $50\ \%$。为了确保催化转换器能够尽快达到运行温度，应将其安装在尽可能靠近发动机的地方。一般在汽车的排气管里，如延迟点火时间或采用二次空气进气装置也有助于迅速加热。温度超过 $800℃$ 时，催化活化层就会开始老化。温度超过 $1\ 000\ ℃$ 时，催化转换器就会过热损坏。这种情况可能由于点火断火，使未燃烧的燃油进入催化转换器并在此处燃烧造成。

含铅汽油会使催化活化层中毒并导致催化转换器失效。活塞环损坏时，发动机油的燃烧残留物也会造成这种后果。图 2-6-20 展示了几种三元催化失效的情况。

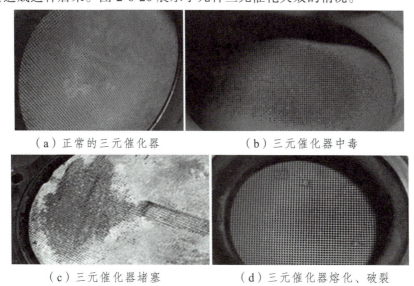

（a）正常的三元催化器　　　　　（b）三元催化器中毒

（c）三元催化器堵塞　　　　　（d）三元催化器熔化、破裂

图 2-6-20　三元催化失效

（五）消音器

消音器的任务是将震耳欲聋的燃烧噪声降至可以接受的程度。根据它在排气系统中的位置将其分为前消音器、中间消音器和后消音器。催化转换器通常执行前消音器的功能。

可以通过多种方式进行消音。可通过吸收、反射或叠加（干扰）实现消音目的，如图2-6-21所示。采用不同的消音措施是为了降低不同的噪声或声音频率。不同频率范围对各项消音措施的反应不同。

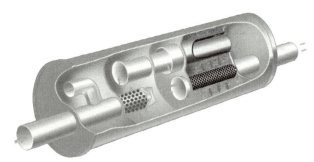

图 2-6-21　消音器工作原理

五、燃油系统检查保养

（一）检测喷油器电阻值

拔下喷油器线束插头，用万用表测量喷油器两端子之间的电阻，喷油器应为符合规定值，通常应在 13 ~ 16 Ω。

（二）检测喷油器电路

断开喷油器线束连接器，接通点火开关，但不启动发动机，用万用表测量其电源端子与搭铁间电压应为 12 V（有些车需启动发动机）。测量喷油器搭铁端子与发动机 ECU 端子之间的阻值应小于 1 Ω。

（三）检测电动燃油泵

断开电动燃油泵线束连接器，接通点火开关起动挡，用万用表测量其电源端子与搭铁间电压应为 12 V。测量电动燃油泵搭铁端子与车身之间的阻值应小于 1 Ω。

断开电动燃油泵线束连接器，检测电动燃油泵的电阻应符合规定值，通常阻值在 1 ~ 2 Ω。

（四）检测油路油压

首先将油路泄压，然后将油压表接入燃油管路中，起动发动机油压应符合规定值，如速腾 1.6 L 发动机怠速运转燃油系统压力应为 400 kPa。

发动机熄火后，等待一段时间，观察压力表的压力，应符合规定值。

（五）燃油管路的渗漏检查

（1）检查从燃油箱到喷油嘴之间的管路是否存在渗漏情况。

（2）可以通过闻汽油味道，或是否有油迹来判断是否存在泄漏。

（六）油箱内燃油滤清器的维护流程

（1）释放燃油管路中的燃油压力。

（2）拆卸后排座椅垫。

（3）打开燃油加注口盖，释放油箱中的压力。

（4）断开线束接头（见图 2-6-22）。

（5）拆下快速接头；用手指捏住油管接头，然后用力拉出快速接头；如果供油单元中的油管接头与油管卡滞，推拉几次，直到移动为止，然后拽出。

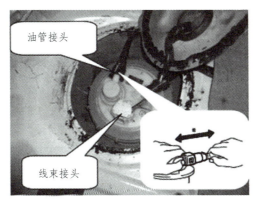

图 2-6-22 拆卸管路

（6）使用油箱锁环扳手（专用维修工具），拆卸燃油泵锁环，如图 2-6-23 所示。

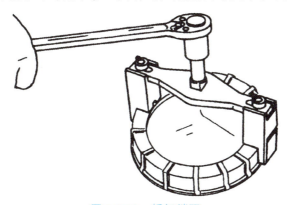

图 2-6-23 拆卸锁环

（7）拆卸燃油泵总成，如图 2-6-24 所示；拆卸时请勿弯曲燃油量传感器浮臂；笔直抽出燃油泵总成，放置接油盘。以免残余的燃油污染车内；处理元件时要避免碰撞和跌落。

图 2-6-24　取出燃油泵总成

（8）拆卸燃油量传感器、燃油滤清器，如图 2-6-25 所示。

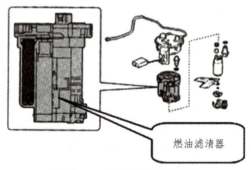

燃油滤清器

图 2-6-25　拆卸燃油滤清器

（9）拆卸后检查确保集滤器没有异物进入。如果发现异物，予以清理或更换。安装燃油滤清器，按与拆卸相反顺序安装。安装燃油泵总成时；将 O 形圈安装到油箱时不要扭曲，如图 2-6-26 所示，安装燃油泵，使其与燃油箱上的标记对齐，锁止锁环。

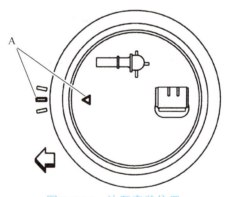

图 2-6-26　油泵安装位置

（10）安装燃油管路，连接线束头。检查是否有燃油泄漏；将点火开关转到"ON"位（发动机已关闭），然后对燃油管路施加燃油压力，检查连接处有无泄漏；起动发动机并提高转速，确认燃油系统连接处没有燃油泄漏。

六、排气系统检查保养

在对排气系统进行维护检查时，不仅需要对排气管的损坏情况、安装状况、排气管渗漏情况以及松动检查，还需要对三元催化器的情况进行检查。三元催化器检查是通过三元催化器前后温差情况来判断其工作是否正常。

（一）三元催化器前后温度差的检查

催化器在正常工作的状态下会因为氧化反应产生大量的反应热，因此可以通过温度差对比来判断催化器性能的好坏。

（1）起动发动机，预热至正常工作温度，操作人员 A 坐到驾驶席，将发动机转速维持在 2 500 r/min 左右。

（2）将汽车举升至高位，操作人员 B 进入车辆下方，用红外数字式温度计分别测量催化器进口和出口的温度，比较进口和出口的温度，对比差值是否符合要求，如图 2-6-27 所示。

（3）提示：数字式温度计需要尽量靠近催化器 50 mm 内；催化器出口的温度应该至少高于进口温度 10%～15%。

图 2-6-27　用红外温度计测量三元催化器入口温度

（二）排气背压的检查

排气背压对发动机的动力性、经济性和排放性能都有重要影响。通常，背压增大将导致发动机燃料燃烧效率下降，经济性变差，同时动力性下降，排放也变差。所以，现代的发动机采用多气门技术。多进气门可增加进气量；多排气门可增大排气流通面积，减小排气背压，使得排气阻力小，在自由排气阶段即可排除大部分废气，同时在强制排气阶段活塞上行排气消耗功也少，因此扭矩高，动力性提高，同时缸内残余废气少，下个循环的进气量会增加，对动力性、经济性和排放都有好处。

排气管中装备有三元催化器，而在三元催化器工作的过程中，很多颗粒可能会附着在三元催化器的网状催化器上，时间长了就会造成堵塞。为了避免这种情况的出现，就得提前进行检查和避免。在出现颗粒附着时，排气背压就会增大，一旦检查发现超过规定值，就会发现三元催化器可能已经有堵塞的前兆了。

　　在进行排气背压检测之前，应当首先确认点火正时和配气相位正确、气门间隙正确、进气系统无泄漏和堵塞现象。

　　利用背压表检测背压的时候，具体操作流程如下：

　　（1）启动发动机，并使发动机工作温度达到正常的工作温度。

　　（2）将发动机熄火，并举升车辆，拆下前氧传感器（三元催化器前面）。

　　（3）在该处接上排气背压表，注意确认背压表的测量范围应该为 0~30 kPa。

　　（4）启动发动机，将发动机的转速稳定在 2 500 r/min。

　　（5）读取气压表的读数，即为排气管的背压值。

　　（6）测出的背压值应该在 13.8 kPa 以下才正常，如图 2-6-28 所示，否则说明排气系统存在堵塞的情况。

图 2-6-28　检查排气系统的背压

 巩固提升

一、选择题

1. 废气涡轮增压器的循环空气减压阀在下列哪种情况下会开启（　　）。

　　A. 在高转速低负荷情况下　　　　　　　　B. 在高转速情况下节气门关闭时

　　C. 在低转速满负荷情况下　　　　　　　　D. 在达到最大增压压力时

2. 大多数正常工作的三元催化转化器出口的温度一般比进口温度（　　）。

　　A. 高　　　　　　　B. 低　　　　　　　C. 相同　　　　　　　D. 不一定

3. 拔下进气压力传感器的线束插头，打开点火开关，测量电源端和接地端电压，电压值应为（　　）。

　　A. 0~1 V　　　　　　B. 4~6 V　　　　　　C. 8~10 V　　　　　　D. 1~13 V

4. 热膜式空气流量传感器采用（　　　）原理来检测空气流量。

　　A. 霍尔效应　　　　B. 电磁感应　　　　C. 热平衡　　　　D. 压敏效应

5. 压敏电阻式进气压力传感器硅膜片上的应变电阻连接电路是（　　　）。

　　A. 串联　　　　　B. 并联　　　　　C. 三角形接法　　D. 惠斯通电桥

二、判断题

1. 进气压力传感器的功用是检测节气门之后的进气歧管真空度，来间接测量进气量。

　　　　　　　　　　　　　　　　　　　　　　　　　　　　（　　　）

2. 空气流量传感器出现故障时，发动机一定会出现无法起动的故障现象。　（　　　）

3. 当点火开关接通时，检测进气压力传感器供电电压应为 4.5 ~ 5.5 V。　（　　　）

4. 节气门位置传感器电压信号反映节气门开度大小和变化速率。　（　　　）

5. 直喷发动机高压泵出现故障发动机将无法起动。　（　　　）

项目二任务六
巩固提升答案

项目三

手动变速器的检查保养

传统能源汽车上广泛采用的是活塞式内燃机，其转矩变化范围较小，而汽车实际行驶的道路条件非常复杂，要求汽车的牵引力和行驶速度必须能够在相当大的范围内变化。另外，任何发动机的曲轴总是沿同一方向转动，而汽车实际行驶过程中常常需要倒向行驶。为此，在传统能源汽车传动系中设置了变速器。

手动变速器（Manual Transmission，MT）又称机械式变速器，必须用手扳动变速杆（俗称"挡把"）才能改变变速器内的齿轮啮合位置，以及改变传动比，从而达到变速的目的。手动变速器由变速传动机构和操作机构两大部分组成，如图 3-0-1 所示。手动变速器结构简单、性能可靠、制造和维护成本低廉、传动效率高、纯机械控制、换挡反应快，可以更直接地反映驾驶员的意愿，具有驾驶乐趣，维修费用低。

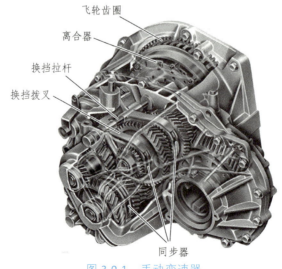

飞轮齿圈

离合器

换挡拉杆

换挡拨叉

同步器

图 3-0-1　手动变速器

学习目标

◎知识目标

1. 能够描述手动变速器的功用、分类及工作原理。

2. 能够描述手动变速器的变速传动机构的组成与工作原理。

3. 能够描述手动变速器操纵机构的组成与工作原理。

◎技能目标

1. 能够完成手动变速器的检查保养。

2. 能够完成手动变速器的拆装。

◎思政目标

1. 培养良好的职业道德和工匠精神。

2. 培养安全意识和团队协作精神。

3. 培养自我管理和自主学习能力。

任务一 认识汽车手动变速器

情景导入

客户王先生驾驶一辆手动挡轿车，在行驶过程中，很难换挡，并且换挡过程中还伴随着齿轮撞击声。经 4S 店维修技师检测及路试检查，初步怀疑是变速器内部换挡机构损坏。为了确定故障原因，需对变速器做进一步检测，作为汽车维修技师，请仔细查看服务顾问提供的汽车问诊表（见表 3-1-1），并针对故障进行后续处理。

表 3-1-1 接车问诊表

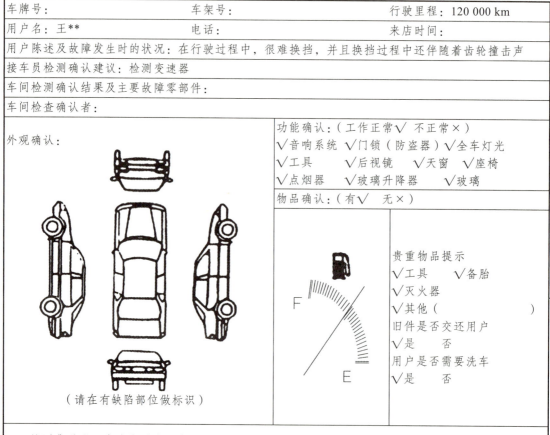

车牌号：	车架号：	行驶里程：120 000 km
用户名：王**	电话：	来店时间：
用户陈述及故障发生时的状况：在行驶过程中，很难换挡，并且换挡过程中还伴随着齿轮撞击声		
接车员检测确认建议：检测变速器		
车间检测确认结果及主要故障零部件：		
车间检查确认者：		

外观确认：

（请在有缺陷部位做标识）

功能确认：（工作正常√ 不正常×）
√音响系统 √门锁（防盗器）√全车灯光
√工具 √后视镜 √天窗 √座椅
√点烟器 玻璃升降器 √玻璃

物品确认：（有√ 无×）

贵重物品提示
√工具 √备胎
√灭火器
√其他（ ）
旧件是否交还用户
√是 否
用户是否需要洗车
√是 否

· 检测费说明：本次检测的故障如用户在本店维修，检测费包含在修理费用内；如用户不在本店维修，请您支付检测费。本次检测费：¥ 元。

· 贵重物品：在将车辆交给我店检查修理前，已提示将车内贵重物品自行收起并保存好，如有遗失恕不负责。

接车员：李** 用户确认：王**

理论要点

认识汽车
手动变速器

一、变速器的功用与分类

（一）功 用

（1）实现变速变矩。改变传动比，扩大驱动轮转矩和转速的变化范围，以适应频繁变化的行驶条件，同时使发动机在有利的（功率较高而耗油率较低）工况下工作。

（2）实现倒车行驶。发动机曲轴始终是向同一方向转动，通过变速器设置倒挡，满足汽车行驶过程中的倒车行驶。

（3）实现动力中断。变速器还具有使动力与驱动轮脱离的功能，通过设置空挡，便于汽车起动、怠速、换挡和动力输出。

（二）分 类

现在汽车上所采用的变速器有多种结构形式，一般可按传动比和操纵方式进行分类。

1. 按传动比的变化方式分类

变速器按传动比的级数不同，可分为有级式、无级式和综合式三种。

（1）有级变速器。目前使用最广的一种变速器。它采用齿轮传动，具有若干个定值传动比。轿车和轻、中型货车变速器的传动比通常有 3~6 个前进挡和 1 个倒挡，每个挡位对应一个传动比，重型货车变速器的挡位则更多。

（2）无级式变速器。无级式变速器的传动比在一定的数值范围内可连续变化，目前的无级变速器一般都是采用金属带传递动力，通过主、从动带轮直径的变化实现无级变速。

（3）综合式变速器。综合式变速器是由液力变矩器和齿轮式有级变速器组成的液力机械式变速器，其传动比可在最大值与最小值之间的几个间断的范围内做无级变化。

2. 按变速器操纵方式分类

变速器按其操纵方式不同，可分为手动变速器、自动变速器和手自一体变速器三种。

（1）手动变速器。通过驾驶员用手操纵变速杆来选定挡位，并直接操纵变速器的换挡机构进行挡位变换。齿轮式有级变速器大多数都采用强制操纵的换挡方式。

（2）自动变速器。这种变速器的传动比选择和换挡是自动进行的。所谓"自动"，是指机械变速器挡位的变换是借助反映发动机负荷和车速的信号系统来控制换挡系统的执行元件而实现的，驾驶员只需操纵加速踏板以控制车速。

（3）手自一体式变速器。这种变速器既可以自动换挡，也可以手动换挡。

二、变速器的工作原理

（一）变速原理

普通齿轮变速器是利用不同齿数的齿轮啮合传动实现转速和转矩改变的。由齿轮传动的原理可知，一对齿数不同的齿轮啮合传动时可以变速，而且两齿轮的转速与齿轮的齿数成反比。图 3-1-1 所示为一对齿轮啮合传动，设主动齿轮转速为 n_1，齿数为 z_1，从动齿轮转速为 n_2，齿数为 z_2。主动齿轮（即输入轴）转速与从动齿轮（即输出轴）转速之比值称为传动比，用字母 i 表示，即

$$i = \frac{n_1}{n_2} = \frac{z_2}{z_1}$$

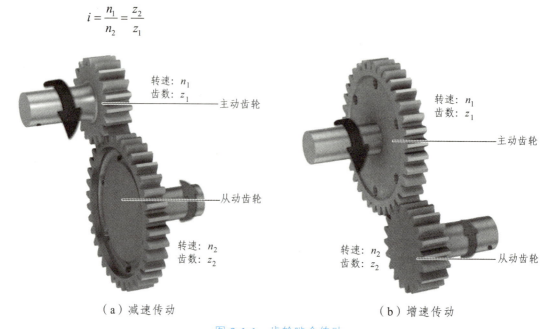

（a）减速传动　　　　　　　　（b）增速传动

图 3-1-1　齿轮啮合传动

如图 3-1-1（a）所示，当小齿轮为主动齿轮，带动大齿轮转动时，输出转速降低，即 $n_2 < n_1$，称为减速传动，此时传动比 $i>1$，用于变速器低速挡；如图 3-1-2（b）所示，当大齿轮驱动小齿轮时，输出转速升高，即 $n_1 < n_2$，称为增速传动，此时传动比 $i<1$，用于变速器高速挡；当主动齿轮与从动齿轮同样大小时，输入输出转速相等，即 $n_2 = n_1$，称为等速传动，此时传动比 $i = 1$，用于变速器直接挡。对于多级齿轮传动，总传动比等于各级传动比的乘积：

$$i = i_1 \times i_2 \times \cdots \times i_n$$

轴功率公式为 $P = \dfrac{M \cdot n}{9550}$，由该公式可知转速和转矩成反比，传动比变化时，降速则增矩，增速则降矩。

（二）换挡原理

在变速器中，一对齿轮传动得到一个固定的传动比，从而构成一个挡位，变速器每次只能以一个挡位工作，挡位的改变称为换挡。换挡时，将啮合的一对齿轮副脱开，然后使另一对齿轮副进入啮合，从而使传动比发生变化，实现换挡。汽车变速器就是通过换挡来改变输出转矩和转速的，以适应汽车行驶阻力的变化，并得到不同的转速变化范围。

（三）变向原理

由于相啮合的一对齿轮旋转方向相反，所以每经过一对齿轮，转动方向便改变一次。这样改变齿轮传动中的齿轮对数，就可以改变输出轴的旋转方向。啮合齿轮对数为偶数时，输出轴与输入轴的旋转方向相反，这就是变速器改变方向的原理。如图 3-1-2 所示，3 个齿轮组成 2 对齿轮副实现倒挡的情况，在主动齿轮与从动齿轮间加上中间齿轮，则增加了一对齿轮，因而从动齿轮连接的输出轴与主动齿轮连接的输入轴旋转方向相反。

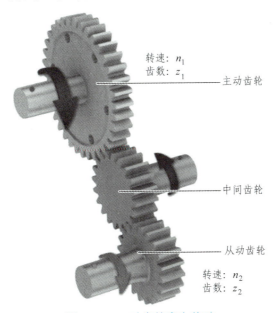

转速：n_1
齿数：z_1 —— 主动齿轮

—— 中间齿轮

—— 从动齿轮

转速：n_2
齿数：z_2

图 3-1-2　2 对齿轮变向传动

三、变速器的变速传动结构

变速器包括变速传动机构和换挡操纵机构两部分。变速传动机构是变速器的主体，主要由轴、相互啮合的齿轮副、壳体及支撑件组成。其功用是改变转速、转矩及旋转方向。换挡操纵机构的功用是实现换挡。按照工作轴数量（不含倒挡轴），变速器可分为三轴式变速器和二轴式变速器。

三轴式变速器
动力传递路线

（一）三轴式变速器

三轴式变速器通常用于发动机前置后轮驱动的汽车。下面以三轴六挡变速器为例进行介绍，其结构简图如图 3-1-3 所示。它由第一轴（输入轴）、第二轴（输出轴）、中间轴、齿轮变速机构、壳体等组成，所以称为三轴式变速器。另外，其还有倒挡轴。三轴式六挡变速器有 6 个前进挡和 1 个倒挡，在该变速器上，各轴上倒挡齿轮均为直齿圆柱齿轮，采用移动齿轮换挡方式。其余各齿轮全部为斜齿圆柱齿轮，具有传动平稳的特点，并且全部采用同步器换挡。

各挡位动力传递路线如下：

（1）空挡：第二轴上的各接合套、传动齿轮均处于中间空转位置，动力不传给第二轴，如图 3-1-3 所示。

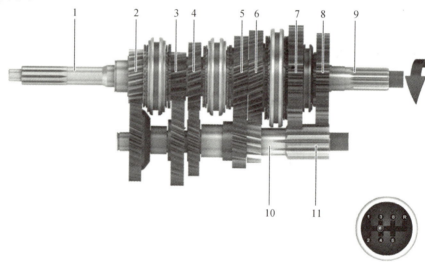

1—第一轴；2—五挡齿轮；3—六挡齿轮；4—四挡齿轮；5—三挡齿轮；6—二挡齿轮；
7—一挡齿轮；8—倒挡齿轮；9—第二轴；10—中间轴；11—倒挡齿轮。

图 3-1-3　三轴式六挡式变速器结构

（2）一挡：后移第二轴一/二挡齿轮中间的接合套与第二轴一挡齿轮的接合齿圈接合。动力经第一轴上的五挡齿轮、中间轴常啮合齿轮与中间轴、中间轴一挡齿轮、第二轴一挡齿轮、一/二挡齿轮中间的接合套与花键毂传给第二轴，第二轴顺时针旋转，如图 3-1-4 所示。

图 3-1-4　一挡动力传递路线

（3）二挡：前移第二轴一/二挡齿轮中间的接合套与第二轴二挡齿轮的接合齿圈接合。动力经第一轴上的五挡齿轮、中间轴常啮合齿轮与中间轴、中间轴二挡齿轮、第二轴二挡齿轮、一/二挡齿轮中间的接合套与花键毂传给第二轴，第二轴顺时针旋转，如图 3-1-5 所示。

接通二挡

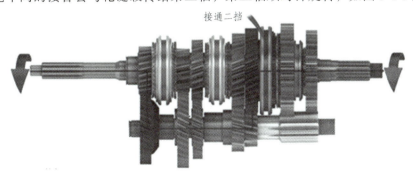

图 3-1-5　二挡动力传递路线

（4）三挡：后移第二轴三/四挡齿轮中间的接合套与第二轴三挡齿轮 5 的接合齿圈接合。动力经第一轴上的五挡齿轮 2、中间轴常啮合齿轮与中间轴、中间轴三挡齿轮、第二轴三挡齿轮 5、三/四挡齿轮中间的接合套与花键毂传给第二轴，第二轴顺时针旋转，如图 3-1-6 所示。

接通三挡

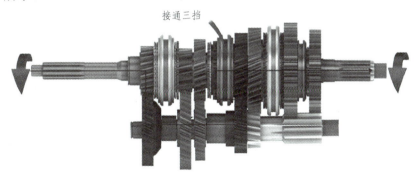

图 3-1-6　三挡动力传递路线

（5）四挡：前移第二轴三/四挡齿轮中间的接合套与第二轴四挡齿轮的接合齿圈接合。动力经第一轴上的五挡齿轮、中间轴常啮合齿轮与中间轴、中间轴四挡齿轮、第二轴四挡齿轮、三/四挡齿轮中间的接合套与花键毂传给第二轴，第二轴顺时针旋转，如图 3-1-7 所示。

接通四挡

图 3-1-7　四挡动力传递路线

（6）五挡：前移第二轴五/六挡齿轮中间的接合套与第一轴五挡齿轮的接合齿圈接合。动力经第一轴上的五挡齿轮、五/六挡齿轮中间的接合套与花键毂传给第二轴，第二轴顺时针旋转，如图3-1-8所示。

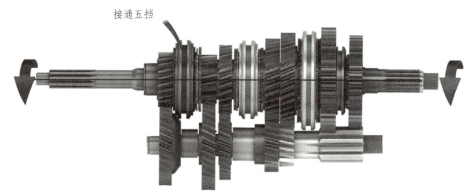

图 3-1-8　五挡动力传递路线

（7）六挡：后移第二轴五/六挡齿轮中间的接合套与第二轴六挡齿轮的接合齿圈接合。动力经第一轴上的五挡齿轮、中间轴常啮合齿轮与中间轴、中间轴六挡齿轮、第二轴六挡齿轮、五/六挡齿轮中间的接合套与花键毂传给第二轴，第二轴顺时针旋转，如图3-1-9所示。

图 3-1-9　六挡动力传递路线

（8）倒挡：后移第二轴倒挡齿轮接合套与第二轴倒挡齿轮的接合齿圈接合。动力经第一轴上的五挡齿轮、中间轴常啮合齿轮与中间轴、中间轴倒挡齿轮、倒挡惰轮、第二轴倒挡齿轮、倒挡齿轮接合套与花键毂传给第二轴，第二轴逆时针旋转。

（二）二轴式变速器

二轴式变速器用于发动机前置前驱的汽车，并且一般与驱动桥（前桥）合称为手动变速驱动桥。目前，我国常见的轿车多采用这种变速器。前置发动机有纵向布置和横向布置两种形式，因此与其配用的二轴式变速器也有两种不同的结构形式。当发动机纵向布置时，主减速器为一对圆锥齿轮，当发动机横向布置时，主减速器采用一对圆柱齿轮，如大众捷达轿车。

二轴式变速器的变速传动机构有一轴（输入轴）和二轴（输出轴），二轴平行布置，输入轴也是离合器的从动轴，输出轴也是主减速器的主动锥齿轮轴，如图3-1-11所示。该变速器具有5个前进挡和1个倒挡，全部采用锁环式惯性同步器换挡。输入轴上有一/二挡主动齿轮，其中一/二挡主动齿轮与轴制成一体，三/四/五挡主动齿轮通过滚针轴承空套在轴上。输入轴上还有倒挡主动齿轮，它与轴制成一体。三/四挡同步器和五挡同步器也装在输入轴上。输出轴上有一至五挡从动齿轮，其中一/二挡从动齿轮通过滚针轴承空套在轴上，三/四/五挡齿轮通过花键套装在轴上。一/二挡同步器也装在输出轴上，倒挡从动齿轮与一/二挡接合套制成一体。在变速器壳体的右端还装有倒挡轴，上面通过滚针轴承套装有倒挡中间齿轮。

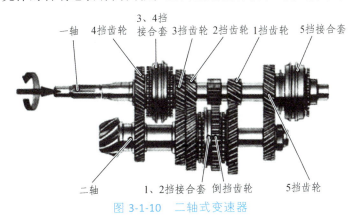

图 3-1-10　二轴式变速器

各挡位动力传递路线见表3-1-2。

表 3-1-2　二轴变速器动力传递路线

挡位	传递路线	传递路线示意图
1挡	左移一/二挡接合套，与一挡接合齿圈接合；动力传递路线：一轴→一轴一挡齿轮→二轴一挡齿轮→一/二挡接合套→一/二挡花键毂→二轴	
2挡	右移一/二挡接合套，与二挡接合齿圈接合；动力传递路线：一轴→一轴二挡齿轮→二轴二挡齿轮→一/二挡接合套→一/二挡花键毂→二轴	
3挡	左移三/四挡接合套，与三挡接合齿圈接合；动力传递路线：一轴→三/四挡花键毂→三/四挡接合套→一轴三挡齿轮→二轴三挡齿轮→二轴	

挡位	传递路线	传递路线示意图
4 挡	右移三、四挡接合套，与四挡接合齿圈接合；动力传递路线：一轴→三、四挡花键毂→三/四挡接合套→一轴四挡齿轮→二轴四挡齿轮→二轴	
5 挡	右移五挡接合套，与五挡接合齿圈接合；动力传递路线：一轴→五挡花键毂→五挡接合套→一轴五挡齿轮→二轴五挡齿轮→二轴	
倒挡	移动倒挡惰轮，与一/二轴倒挡齿轮啮合；动力传递路线：一轴→一轴倒挡齿轮→倒挡惰轮→二轴倒挡齿轮（一/二挡接合套）→一/二挡花键毂→二轴	

（三）同步器

汽车在换挡过程中，要顺利换挡，必须使啮合的一对齿轮轮齿的圆周速度相等，或者使接合套内外花键齿圈的圆周速度相等，才会使之平顺地进入啮合而挂挡。如果不同步，即强行挂挡，将在挂挡时产生冲击力和噪声，不但不易挂上挡，而且会加速齿轮的磨损，严重时还会损坏齿轮，因此变速器上广泛采用同步器。

同步器的作用是使接合套与待啮合的齿圈迅速同步，以缩短换挡时间，并防止待啮合的齿轮达到同步之前产生轮齿冲击，简化换挡过程，使换挡操作简洁而轻便。目前，广泛采用的同步器几乎都是摩擦式惯性同步器。惯性式同步器又分为锁环式同步器和锁销式同步器两种。锁环式惯性同步器主要由同步器花键毂、接合套、锁环（也称同步环）、3个滑块和滑块弹簧等组成，如图 3-1-11 所示。

图 3-1-11　锁环式惯性同步器

接合套、锁环和待接合齿轮的接合齿圈上均有倒角（锁止角），锁环的内锥面与待接合齿轮接合齿圈外锥面接触产生摩擦。锁止角与锥面在设计时已做了适当选择，锥面摩擦使得待啮合的接合套与接合齿圈迅速同步，同时又会产生一种锁止作用，防止齿轮在同步前进行啮合。当锁环内锥面与待接合齿轮接合齿圈外锥面接触后，在摩擦力矩的作用下齿轮转速迅速降低（或升高）到与同步锁环转速相等，两者同步旋转，齿轮相对于同步锁环的转速为零，因而惯性力矩也同时消失，这时在作用力的推动下，接合套不受阻碍地与锁环齿圈接合，并进一步与待接合齿轮的接合齿圈接合而完成换挡过程。

四、变速器的换挡操作机构

（一）功　用

变速器操纵机构的功用是保证驾驶员根据使用条件，准确可靠地使变速器挂入所需要的挡位工作，并可随时使之退入空挡。

（二）对变速器操纵机构的要求

要使操纵机构可靠工作，应满足下列要求：

（1）变速器不应自行脱挡或自行挂挡，要保证轮齿以全齿长啮合，即应有自锁装置。

（2）变速器不应同时挂入两个挡位，即应有互锁装置。

（3）变速器不应误挂入倒挡，即应有倒挡锁装置。

（三）类　型

变速器操纵机构根据其变速操纵杆（简称变速杆）与变速器的相互位置的不同，可分为直接操纵式和远距离操纵式两种类型。

1. 直接操纵式

直接操纵式变速器操纵机构布置在驾驶员座椅旁。变速杆由驾驶室地板伸出，变速杆及所有操纵装置都设置在变速器壳体上，如图 3-1-12 所示。驾驶员可以直接操纵变速器进行换挡。其具有换挡位置易确定、换挡快、换挡平稳等优点。

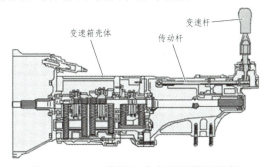

图 3-1-12　直接操纵式变速器操纵机构

2. 远距离操纵式

在有些汽车上，由于总体布置的需要，变速器的安装位置离驾驶员座位较远，因而变速杆不能直接布置在变速器盖上，为此在变速杆与变速器之间加装了一套传动杆件（或拉索）构成远距离操纵的形式，如图3-1-13所示。其具有变速杆占据的驾驶室空间小、驾驶室乘坐方便等优点，但换挡操作的准确性和可靠性稍差。

图 3-1-13　远距离操纵式变速器操纵机构

（四）构　造

变速操纵机构通常由换挡拨叉机构和定位锁止装置两部分组成。

1. 换挡拨叉机构

图3-1-15所示为解放CA1091中型货车六挡变速器直接操纵式操纵机构。变速杆的上部为驾驶员直接操纵的部分，伸到驾驶室内，其中间通过球节支承在变速器盖顶部的球座内，变速杆能够以球节为支点前后左右摆动。变速杆的下端球头插在叉形拨杆的球座内。叉形拨杆由换挡轴支承在变速器盖顶部支承座内，可随换挡轴轴向前后滑动或绕轴线转动，其下端的球头则伸入各挡位拨块的顶部凹槽中。各挡位拨块分别与相应的拨叉轴固定在一起，4 根拨叉轴的两端支承在变速器盖上相应的轴承孔中，可以轴向滑动；4 个拨叉的上端通过螺钉固定在拨叉轴上（其中三、四挡拨叉的上端与拨块制成一体，顶部制有凹槽），各拨叉的下端的叉口则分别卡在相应挡位的接合套(包括同步器的接合套,或滑动齿轮的环槽)内。图3-1-14所示位置变速器处于空挡，各个拨叉轴和拨块都处于中间位置，变速杆及叉形拨杆均处于正中位置。变速器要换挡时，驾驶员首先向左右横向摆动变速杆，使叉形拨杆下端球头置于所选挡位拨块的凹槽内，然后再向前或向后纵向摆动变速杆，使叉形拨杆下端球头通过拨块带动拨叉轴及拨叉向前或向后移动，从而可实现换挡。

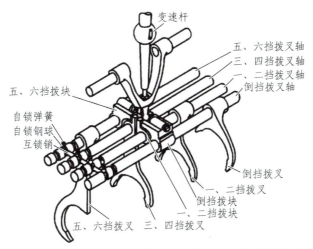

图 3-1-14　解放 CA1091 型中型货车六挡变速器直接操纵式操纵机构

2. 定位锁止装置

自锁装置。自锁装置的功用是对各挡拨叉轴进行轴向定位锁止，以防止其自动产生轴向移动而造成自动挂挡或自动脱挡，并保证各挡传动齿轮以全齿长啮合。多数变速器的自锁装置都是由自锁钢球和自锁弹簧组成，如图 3-1-15 所示。每根拨叉轴的上表面沿轴向分布有 3 个凹槽，当任何一根拨叉轴连同拨叉轴向移动到空挡或某一工作挡位的位置时，必有一个凹槽正好对准自锁钢球。于是自锁钢球在自锁弹簧的压力作用下嵌入该凹槽内，拨叉轴的轴向位置即被固定，从而拨叉连同接合套也被固定在空挡或某一工作挡位上，不能自行脱出。换挡时，驾驶员对拨叉轴施加一定的轴向力，克服自锁弹簧的压力将钢球由拨叉轴的凹槽中挤出推回孔中，拨叉轴和拨叉轴向移动。

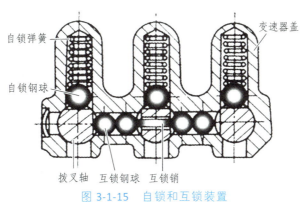

图 3-1-15　自锁和互锁装置

互锁装置。互锁装置功用是阻止两个拨叉轴同时移动，防止同时挂入两个挡位，避免因同时啮合的两挡齿轮其传动比不同而互相卡住，造成运动干涉甚至零件损坏。当变速器处于空挡时，所有拨叉轴的侧面凹槽同互锁钢球、互锁销都在一条直线上。如图 3-1-16（a）所示，当移动中间拨叉轴 3 时，拨叉轴 3 两侧的内钢球从其侧凹槽中被挤出，而两个外钢球则分别嵌入拨叉轴 1、拨叉轴 2 的侧面凹槽中，因而将拨叉轴 1 和拨叉轴 2 锁止在其空挡位置。若欲移动拨叉轴 2，则应先将拨叉轴 3 退回到空挡位置。于是当移动拨叉 2 时，钢球便从拨叉轴 2 的凹槽中被挤出，同时通过互锁顶销和其他钢球将拨叉轴 3、拨叉轴 1 均锁止在空挡位置，如图 3-1-16（b）所示。同理，当移动拨叉轴 1 时，拨叉轴 3 和拨叉轴 2 被锁止在空挡位置，如图 3-1-16（c）所示。

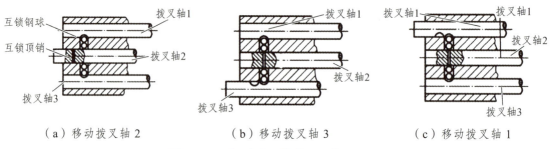

（a）移动拨叉轴 2　　　　　　　（b）移动拨叉轴 3　　　　　　　（c）移动拨叉轴 1

图 3-1-16　钢球式互锁装置工作原理图

倒挡锁。倒挡锁装置用于防止误挂倒挡。图 3-1-17 所示为常见的锁销式倒挡锁装置。当驾驶员想挂倒挡时，必须用较大的力使变速杆下端压缩弹簧，将锁销推入锁销孔内，才能使变速杆下端进入倒挡拨块的凹槽中进行换挡。

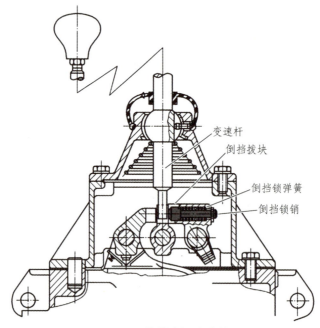

图 3-1-17　锁销式倒挡锁装置

巩固提升

一、选择题

1. 变速器（　　　）具有最大的扭矩。

　　A. 一挡　　　　　　　B. 二挡　　　　　　　C. 三挡　　　　　　　D. 四挡

2. 手动变速器车辆，挂入倒挡，传动比应该是（　　　）。

　　A. 小于 1　　　　　　B. 大于 1　　　　　　C. 等于 1　　　　　　D. 等于 0

3. 变速器实现防止同时挂入两个挡位的装置是（　　　）。

　　A. 前进锁　　　　　　B. 互锁　　　　　　　C. 倒挡锁　　　　　　D. 自锁

4. 手动变速器前进挡齿轮结构形式通常是（　　　）。

　　A. 斜齿轮　　　　　　B. 直齿轮车　　　　　C. 锥齿轮　　　　　　D. 行星齿轮

5. 手动变速器的主要组成部分有（　　　）。

　　A. 变速传动机构　　　　　　　　　　　B. 操作机构

　　C. 主动机构　　　　　　　　　　　　　D. 从动机构

二、判断题

1. 为了防止误挂倒挡，所以手动变速器操纵机构中设置了倒挡锁装置。　　　　　（　　　）

2. 装备手动变速器的车辆，在低速前进时可以直接挂入倒挡，车辆将会减速停驶，然后再倒车行驶。　　　　　（　　　）

3. 手动变速器中轴与挡位齿轮通过滚针轴承连接的方式称为刚性连接。　　　　　（　　　）

4. 手动变速器的挡位数，指的是前进挡个数加上倒挡个数的总和。　　　　　（　　　）

5. 手动变速器操纵机构的作用是实现换挡。　　　　　（　　　）

项目三任务一
巩固提升答案

任务二 手动变速器检查保养

 情景导入

客户王先生驾驶一辆手动挡轿车，高速行驶过程中，车辆时常发出"嗡、嗡、嗡"的响声，经 4S 店维修技师检查，发现变速器内部油液不足且脏污。作为汽车维修技师，请仔细查看服务顾问提供的汽车问诊表（见表 3-2-1），并对变速器进行油液更换。

表 3-2-1　接车问诊表

车牌号：		车架号：		行驶里程：120 000 km
用户名：王**		电话：		来店时间：
用户陈述及故障发生时的状况：高速行驶过程中，车辆时常发出"嗡、嗡、嗡"的响声				
接车员检测确认建议：更换变速器油液				
车间检测确认结果及主要故障零部件：				
车间检查确认者：				
外观确认：		功能确认：（工作正常✓　不正常✕）		
		✓音响系统　✓门锁（防盗器）✓全车灯光		
		✓工具　　✓后视镜　✓天窗　✓座椅		
		✓点烟器　✓玻璃升降器　✓玻璃		
		物品确认：（有✓　无✕）		

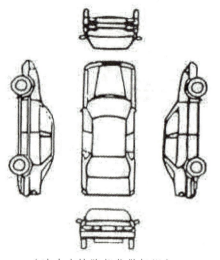

贵重物品提示
✓工具　　✓备胎
✓灭火器
✓其他（　　　）
旧件是否交还用户
✓是　否
用户是否需要洗车
✓是　否

（请在有缺陷部位做标识）

・检测费说明：本次检测的故障如用户在本店维修，检测费包含在修理费用内；如用户不在本店维修，请您支付检测费。本次检测费：¥　　　元。

・贵重物品：在将车辆交给我店检查修理前，已提示将车内贵重物品自行收起并保存好，如有遗失恕不负责。

接车员：李**　　　　　　　　　　　用户确认：王**

理论要点

一、手动变速器技术状况的变化

变速器在汽车行驶时，通过齿轮减速增矩将运动和动力传至万向传动装置。齿轮齿面间的接触，在理论上只是线接触，接触压力很大，使齿面磨损或产生疲劳剥落等现象。同时，汽车行驶时需要根据行驶条件选择合适的挡位，对恶劣道路上行驶的车辆来讲，由于换挡频繁，又会产生冲击载荷，破坏零件的润滑条件；加之使用和维修不当，更加剧变速器零件的损伤，出现换挡困难、换挡异响、自行脱挡、噪声及渗漏等故障。因此，必须对变速器进行正确的维护，以维持变速器良好的技术状况，延长其使用寿命。

二、手动变速器油

（一）变速器油的作用

手动变速器中变速齿轮啮合紧密，不添加齿轮油容易导致齿轮磨损剧烈，影响手动变速器使用寿命。手动变速箱油的主要功用如下：

（1）降低变速器齿轮之间、拨叉等零件的磨损，延长齿轮寿命。

（2）降低变速器齿轮之间的摩擦，减少发动机功率损失。

（3）分散变速器齿轮摩擦产生的热量，起一定的冷却作用。

（4）防止变速器齿轮和变速器壳体的腐蚀和生锈。

（5）降低变速器齿轮换挡工作时的噪声、减少振动及齿轮间的冲击作用。

（6）冲洗污物，特别是冲去齿面间污物，减轻变速器齿轮的磨损。

当手动变速器油不足或变质后，如果不及时更换，容易导致齿轮表面疲劳，如麻点、剥落、压光、波纹、擦伤、刮伤、黏着、胶合、咬死、磨蚀、磨损，严重时将导致齿轮折断。

（二）变速器油的性能与分类

参照美国 API（美国石油学会）提出的齿轮油性能分类，我国齿轮油分为普通车辆齿轮油（GL-3）、中负荷车辆齿轮油（GL-4）、重负荷车辆齿轮油（GL-5）三级，质量分别与美国的 GC-3、GC-4、GC-5 级油相当，一般情况下油质与性能的良好顺序为 GL-3 至 GL-5。

按黏度分类：我国车辆齿轮油黏度分类采用美国汽车工程师学会（SAE）黏度分类法，分为 70 W、75 W、80 W、85 W、90、140、250 七个黏度级，其中"W"代表冬用，无"W"字则为非冬用油，90、140 均为夏用油，见表 3-2-2。

表 3-2-2　齿轮油黏度分类

黏度等级	黏度为 150 Pa·s 的最高温度/°C	100 °C 时的运动黏度/（mm²/s）	
		最小	最大
70 W	− 55	4.1	—
75 W	− 40	4.1	—
80 W	− 26	7.0	—
85 W	− 12	11.0	—
90	—	13.5	<21.0
140	—	24.0	<41.0
250	—	41.0	—

　　将两个适当的单级油进行组合，可得到同时符合两个黏度等级的多级油，主要有 80 W-90、85W-90、85W-140 等，如图 3-2-1 为 80W-90 等级的变速箱油。

图 3-2-1　80W-90 等级的变速箱油

（三）齿轮油的选用

　　（1）手动变速器油应按制造厂家的规定合理选用。
　　（2）不同性能级别的手动变速器油不能混用，不同厂家相同黏度级别的手动变速器油不能混用，添加剂不同的也不能混用。
　　（3）根据齿轮工作条件的苛刻程度选用使用等级。
　　（4）依据季节气温选择黏度等级。

三、手动变速器检查

　　手动变速器检测主要包括操作机构检查与外观检查。

手动变速器齿轮
传动机构检修

（1）手动变速器操纵机构的检查。检查手动变速器换挡操纵机构，应操纵灵活、轻便、无异响。

（2）手动变速器外观检查。检查变速器壳体表面无损坏，各密封部位应无渗漏油现象，如图 3-2-2 所示。

图 3-2-2　检查变速器壳体接合和油封处是否漏油

四、手动变速器保养

以本 201 款本田思域为例，介绍检查变速箱保养。根据其维修手册，手动变速箱油 3 年/60 000 km 进行更换。

（一）变速器油量与油品检查

手动变速箱油液检测时始终停止发动机运转，如果变速器运转过，油液温度可能较高，需要留出时间冷却油液。检查时，拆下机油检查螺栓和密封垫圈，将一根类似螺丝刀的细杆或 L 形铁丝插入加油口内，以检查油位，如图 3-2-3 所示。

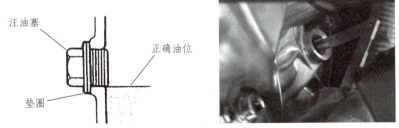

图 3-2-3　变速器油量检查

如果液位低到无油液黏附到杆上，说明液位过低或不足，则检查是否有泄漏应检查变速器内换挡杆油封处、壳体接合处、变速器前油封、两侧半轴油封、变速箱放油塞孔周围是否有漏油现象，若有，需更换衬垫和油封。如果没有发现泄漏，则进行更换。如果油液（黏附在杆上）污浊或含有金属碎屑，说明油液有变质，则必须予以更换，如图 3-2-4 所示。检查完油液后安装加油螺塞，须更换其垫圈。

图 3-2-4　变速器油品检查

检查和更换
手动变速器油

（二）手动变速器油的更换

变速箱油的更应在充分暖机后进行，具体操作步骤如下：

（1）安装车轮挡块。

（2）安装车内防护，套座椅套、方向盘套、换挡杆套，铺地板垫。

（3）拉起发动机舱盖释放杆，打开发动机舱盖，安装车外防护，铺翼子板布和前格栅布。

（4）拉起驻车制动，降下主驾驶位车窗玻璃。

（5）检查挡位，手动变速器应在空挡。

（6）将车辆举升置适当高度，并将举升机锁止，举升后清洁地面。

（7）拆下放油螺塞和密封垫圈，图 3-2-5 为变速器注油塞和放油塞位置，排空手动变速箱油，如图 3-2-6 所示。

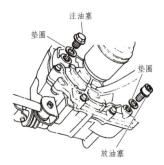

图 3-2-5　变速器注油塞和放油塞位置

图 3-2-6　排出手动变速箱油

（8）清理排油孔周围，重新安装带新密封垫圈的放油螺塞，按规定力矩拧紧。

（9）拆下注油螺塞和密封垫圈。

（10）向变速器重新加注新的手动变速器油至合适的液位，如图 3-2-7 所示。

（11）重新安装带新密封垫圈的注油螺塞，将注油塞拧紧至规定的力矩。

（12）用干净抹布擦净放油螺栓和加油螺栓周围油迹。

（13）将汽车降至轮胎离开地面 20 cm 高度，起动发动机，变换变速器挡位，让汽车带挡运行 2 ~ 3 min。

（14）将变速器手柄置于空挡位置，关闭点火开关，拉紧驻车制动器操纵杆，将汽车举升到适当高度，落下举升机安全锁。

（15）检查手动变速器放油螺栓处是否有油液泄漏，如图 3-2-8 所示。

（16）确认没有泄漏后将汽车降落至地面，关闭发动机舱盖。

（17）升车窗玻璃，拆除车内防护、车外防护、车轮挡块。

（18）对车内、外做好 5S。

图 3-2-7　加注手动变速器油　　　图 3-2-8　检查变速器放油螺栓有无泄漏

 巩固提升

一、选择题

1. 对于手动变速器油，维护检查的周期间隔一般是（　　）km。

　A. 30 000　　　　B. 15 000　　　　C. 90 000　　　　D. 60 000

2. 手动变速箱油功用包括（　　）。

　A. 降低变速器齿轮之间的摩擦　　　B. 具有冷却作用

　C. 防止腐蚀和生锈　　　　　　　　D. 冲洗污物

3. 手动变速器油液不足时，应检查（　　）。

　A. 换挡杆油封处　　　　　　　　　B. 壳体接合处

　C. 两侧半轴油封　　　　　　　　　D. 变速箱放油塞孔

4. 手动变速器采用的润滑方式一般是（　　）。

　A. 压力　　　　B. 飞溅　　　　C. 喷射　　　　D. 润滑脂

5. 将油液分为 70 W、75 W、80 W、85 W、90、140、250 七个级别，该分类依据是（　　）。

　A. 性能　　　　B. 沸点　　　　C. 黏度　　　　D. 冰点

二、判断题

1. 手动变速箱油液检测时始终停止发动机运转。　　　　　　　　　　（　　）

2. 手动变速箱油液可多加，但不能少加。　　　　　　　　　　　　　（　　）

3. 性能级别相同的手动变速器油能混用。　　　　　　　　　　　　　（　　）

4. 手动变速器检查主要包括操纵机构和外观的检测。　　　　　　　　（　　）

5. 将变速器加完油液后，还需检查手动变速器放油螺栓处是否有油液泄漏。（　　）

项目三任务二
巩固提升答案

任务三 手动变速器总成的拆装

 情景导入

　　客户王先生驾驶一辆手动挡轿车，在行驶的时候出现挂挡不进的现象，并且车主感觉发动机舱有异响。车主将车开到 4S 店进行检查，经过维修师傅的初步检查，怀疑是手动变速器变速传动机构出现故障，现需拆装手动变速器箱进行检查。作为汽车维修技师，请仔细查看服务顾问提供的汽车问诊表（见表 3-3-1），并针对故障进行后续处理。

表 3-3-1　接车问诊表

车牌号：		车架号：		行驶里程：120 000 km
用户名：王**		电话：		来店时间：
用户陈述及故障发生时的状况：在行驶的时候出现挂挡不进的现象，并且车主感觉发动机舱有异响				
接车员检测确认建议：检查汽车变速箱				
车间检测确认结果及主要故障零部件：				
车间检查确认者：				

外观确认：	功能确认：（工作正常✓　不正常✕）
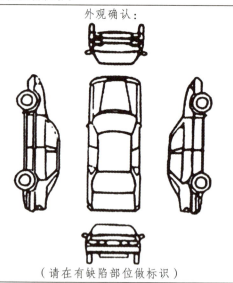（请在有缺陷部位做标识）	✓音响系统　✓门锁（防盗器）✓全车灯光 ✓工具　　　✓后视镜　　✓天窗　✓座椅 ✓点烟器　　✓玻璃升降器　✓玻璃 物品确认：（有✓　无✕） 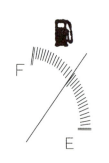贵重物品提示 ✓工具　　　✓备胎 ✓灭火器 ✓其他（　　　） 旧件是否交还用户 ✓是　否 用户是否需要洗车 ✓是　否

　·检测费说明：本次检测的故障如用户在本店维修，检测费包含在修理费用内；如用户不在本店维修，请您支付检测费。本次检测费：¥　　　元。
　·贵重物品：在将车辆交给我店检查修理前，已提示将车内贵重物品自行收起并保存好，如有遗失恕不负责。
　接车员：李**　　　　　　　　　　　　　用户确认：王**

理论要点

一、任务实施方案

（一）质量要求

参照 2012 款本田思域轿车厂家的质量标准要求。

（二）组织方式

每 6 位同学 1 组，能够使用手动变速器拆装工具，对手动变速器按照企业岗位操作规范进行拆装作业。每组作业时间为 80 min。

（三）作业准备

1. 技术要求与标准

（1）正确使用压力机、夹具等工具，防止意外发生。
（2）拆下零件应按顺序摆放整齐。
（3）密封胶、刮刀、替换件的准备。
（4）正确使用工具。

2. 场地设施

具有消防设施的场地。

3. 设备设施

2012 款本田思域手动变速器、相关专用工具、压力机、夹具、工具车、零件车、标保工具车、垃圾桶等。

4. 耗　材

干净抹布、清洁剂、密封胶等。

（四）注意事项

（1）装配前必须对零件进行认真清洗，除去污物、毛刺、铁屑等，尤其要注意齿轮润滑油孔的畅通。
（2）装配轴承时，应用润滑油进行预润滑。总成修理时，应更换所有的滚针轴承。
（3）零件的工作表面不能用硬金属直接锤击，避免轮齿出现运转噪声。
（4）注意同步器锁环或锥环的装配位置。在装配过程中，如有旧件时应原位装复，以保证两元件的接触面积。在变速器解体时，应对同步器各元件做好装配记号，以免装错。
（5）组装输入轴和输出轴时，应注意各挡齿轮，同步器花键毂、止推垫圈的方向及位置，以保证齿轮的正确啮合。

（6）安装轴承时，只允许用压套垂直压在轴承的内圈上，缓加压力，禁止施加冲击载荷，轴承内圈圆角最大的一侧必须朝向齿轮；

（7）装入油封前，需在油封的刃口上涂少量的润滑脂，要垂直压入，并注意安装方向。

（8）变速器装配后，要检查各齿轮的轴向间隙和各齿轮副的啮合间隙及啮合印痕。

（9）装配密封衬垫时，应在密封衬垫的两侧涂密封胶，以确保密封效果。

（10）安装变速器盖时，各齿轮和拨叉均应处于空挡位置，必要时，可分别检查各个常用挡的齿轮副是否处于全长啮合。

（11）按技术规范要求的力矩拧紧各部位螺栓。

（12）分解手动变速器时不能用铁锤直接敲击零件，必须使用铜棒或硬木垫进行敲击。

二、手动变速箱的拆解与组装

2012 款本田思域手动变速器的壳体分解如图 3-3-1 所示。拆解与组装步骤见表 3-3-2。

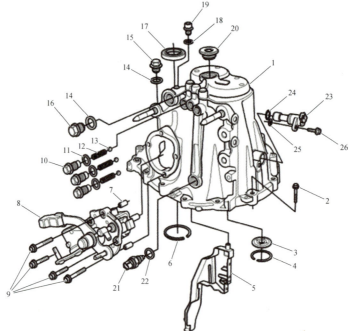

手动变速器的分解与装配

1—变速器壳体；2—8 mm 法兰螺栓 27 N·m（2.8 kgf·m，20 lbf·ft）；3—机油导向板 M；4—52 mm×62 mm 垫片；5—油槽板；6—80 mm 垫片；7—8×10 mm 定位销；8—换挡杆总成；9—6 mm 法兰螺栓 12 N·m（1.2 kgf·m，9lbf·ft）；10—止动螺栓 22 N·m（2.2 kgf·m，16lbf·ft）；11—12 mm 密封垫更换；12—止动球弹簧；13—钢制滚珠；14—20 mm 密封垫圈；15—注油螺塞 44 N·m（4.5 kgf·m，32lbf·ft）；16—20 mm 螺栓 44 N·m（4.5 kgf·m，32lbf·ft）；17—40×56×8 mm 油封；18—14 mm 密封垫圈；19—放油螺塞 39 N·m（4.0 kgf·m，29lbf·ft）；20—32 mm 密封盖 34 N·m（3.5 kgf·m，25lbf·ft）；21—倒车灯开关 29 N·m（3.0 kgf·m，21lbf·ft）；22—18 mm 密封垫圈；23—输出轴（副轴）转速传感器；24—O 形圈；25—平垫圈；26—6×22 mm 法兰螺栓 12 N·m（1.2 kgf·m，9 lbf·ft）。

图 3-3-1　变速箱壳体分解图

表 3-3-2　手动变速箱的拆解与组装步骤

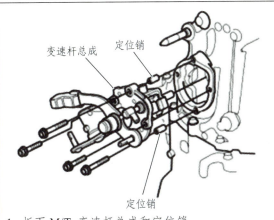 1. 拆下 M/T 变速杆总成和定位销	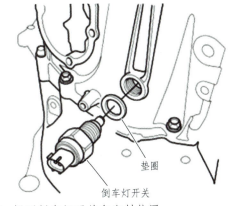 2. 拆下倒车灯开关和密封垫圈
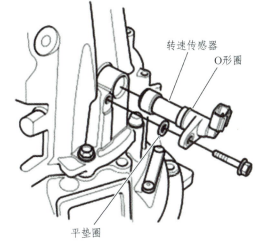 3. 拆下输出轴转速传感器、平垫圈和 O 形圈	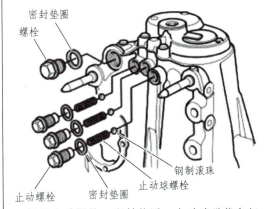 4. 拆下止动螺栓、密封垫圈、止动球弹簧和钢制滚珠，拆下螺栓和密封垫圈
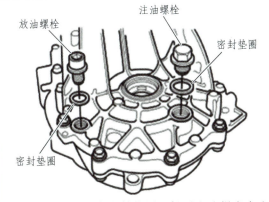 5. 拆下放油螺塞和密封垫圈，拆下注油螺塞和密封垫圈	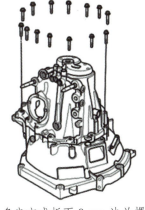 6. 以交叉多步方式拆下 8 mm 法兰螺栓

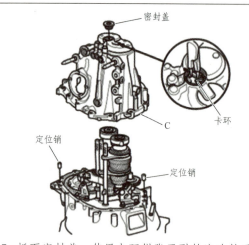

7. 拆下密封盖，使用卡环钳张开副轴滚珠轴承的卡环，举升变速器壳体；松开卡环钳，并拆下变速箱壳体；拆下定位销

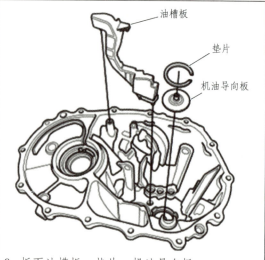

8. 拆下油槽板、垫片、机油导向板

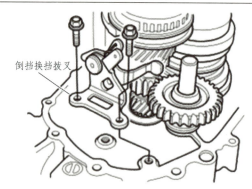

9. 拆下倒挡换挡拨叉

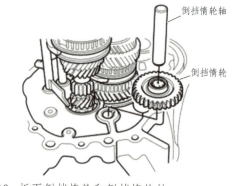

10. 拆下倒挡惰轮和倒挡惰轮轴

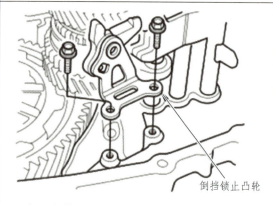

11. 拆下倒挡锁止凸轮

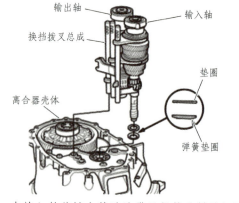

12. 在输入轴花键上粘贴胶带以保护密封件（注意：胶带不要贴得太厚，以免损坏油封），将带换挡拨叉总成的输入轴总成和输出轴轴总成从离合器壳体上拆下，拆下垫圈和弹簧垫圈

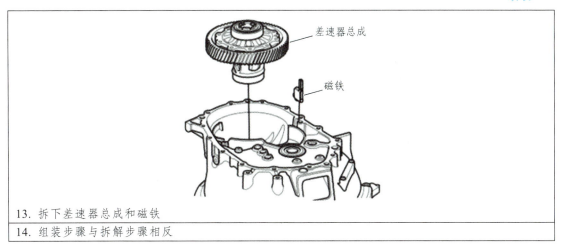

| 13. 拆下差速器总成和磁铁 |
| 14. 组装步骤与拆解步骤相反 |

三、输出轴的拆解与组装

2012 款本田思域手动变速器的输出轴分解如图 3-3-2 所示。具体的拆解步骤见表 3-3-3，组装步骤见表 3-3-4。

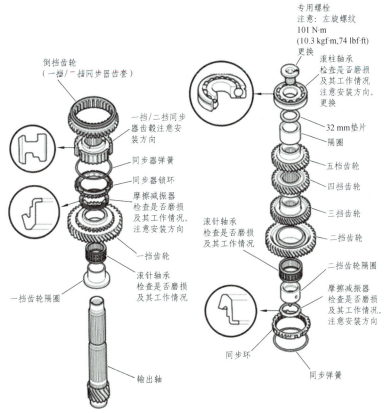

图 3-3-2　输出轴分解图

表 3-3-3　输出轴拆解步骤

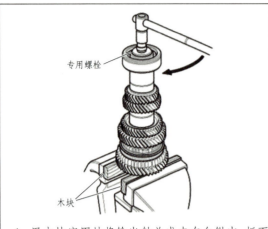

1. 用木块牢固地将输出轴总成夹在台钳中,拆下专用螺栓（B）（左旋螺纹）

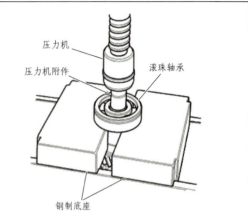

2. 在钢制底座上支撑滚珠轴承,使用压力机和附件,从滚珠轴承内压出输出轴

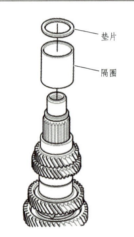

3. 拆下垫片和隔圈

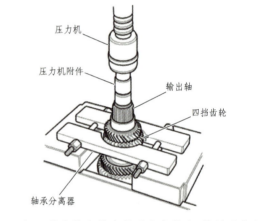

4. 把四挡齿轮支撑在轴承分离器上,使用附件和压力机将输出轴压出四挡齿轮和五挡齿轮

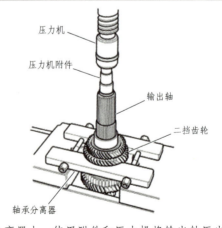

5. 把二挡齿轮支撑在轴承分离器上,使用附件和压力机将输出轴压出二挡齿轮和三挡齿轮

表 3-3-4　输出轴组装步骤

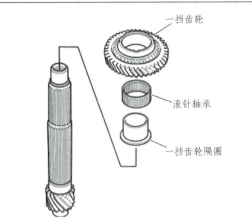

1. 安装一挡齿轮隔圈、滚针轴承、一挡齿轮

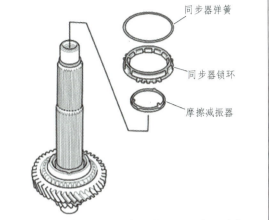

2. 安装摩擦减振器、同步器锁环、同步器弹簧

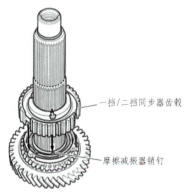

3. 将摩擦减振器销钉对准一挡/二挡同步器花键毂槽，安装一挡/二挡同步器花键毂

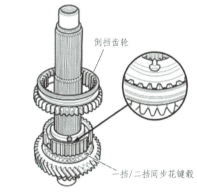

4. 通过对齐倒挡齿轮和一挡/二挡同步花键毂安装倒挡齿轮（注意：确保如图所示对齐一挡/二挡同步轮毂中的槽）

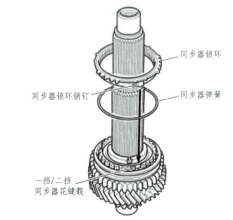

5. 安装同步器弹簧，将同步器锁环销钉对准一挡/二挡同步器花键毂槽，安装同步器锁环，检查一挡/二挡同步器花键毂组件的工作情况

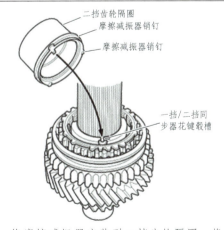

6. 将摩擦减振器安装到二挡齿轮隔圈，将摩擦减振器销钉对准一挡/二挡同步器花键毂的槽，安装二挡齿轮隔圈和摩擦减振器

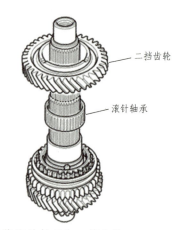

7. 安装滚针轴承和二挡齿轮

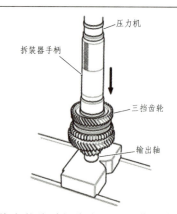

8. 将输出轴放到钢块上，然后使用内径拆装器手柄和压力机安装三挡齿轮（注意：请勿超过最大压力）。安装四、五挡齿轮类似

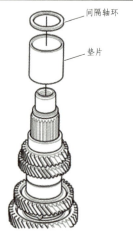

9. 安装间隔轴环和垫片

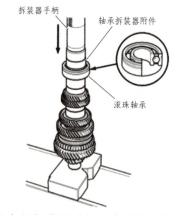

10. 用内径拆装器手柄、内径轴承拆装器附件和压力机临时安装用过的滚珠轴承

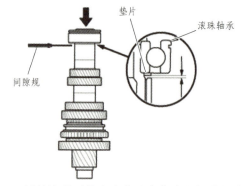

11. 用间隙规测量滚珠轴承和垫片之间的间隙。该间隙标准为 0.04～0.10 mm，如不在范围内则应更换合适厚度的垫片

12. 用木块牢固地将副轴总成夹在台钳中，紧固新专用螺栓（左旋螺纹）。注意：在螺栓螺纹和法兰上涂抹新的手动变速器油

 **课程育人**

大国工匠：长安汽车首席技能大师刘源

刘源重庆长安汽车股份有限公司维修电工高级技师，1971 年出生，国家级技能大师工作室领衔人。先后获得中华技能大奖、全国劳动模范、中国质量工匠、国务院政府特殊津贴、全国技术能手、国家人才培养突出贡献奖、国资委首批百名杰出工匠、兵器装备集团技能带头人等多项荣誉称号。

汽车工业是技术、资金、人才高度密集，高度全球化，高度竞争的现代化大工业，代表着一个国家工业化水平的实力。长安汽车作为我国汽车工业自主品牌的佼佼者，正不断书写划时代的新华章，尤其在新能源汽车领域更是蒸蒸日上。按照公司最新披露，今年前 9 个月，长安自主品牌汽车销量超过 132 万辆，而其自主品牌新能源 9 月销量 30 046 辆，同比增163.15%；1—9 月累计销量 15.63 万辆，同比增 117.85%。

劳动者素质对一个国家、一个民族、一个产业发展至关重要。当今世界，综合国力的竞争归根到底是人才的竞争、劳动者素质的竞争。这些年来，中国制造、中国创造、中国建造共同发力，不断改变着中国的面貌。

执着专注、精益求精、一丝不苟、追求卓越的工匠精神是我们宝贵的精神财富，是新时代的精神指引，是中国共产党人精神谱系的重要组成部分。刘源，就是这样一位倾力打造民族汽车品牌的技能大师。

2013 年 10 月，长安汽车刘源国家级技能大师工作室成立。2016 年，人社部高度评价刘源工作室人才培养工作，并在全国推广长安汽车"创新机制拓展技能人才职业发展路径"做法。2019 年以来，刘源先后培养出全国技术能手 5 名、中央企业技术能手 4 名、高技能人才120 余名。

除此以外，刘源还先后受邀参与国家及行业标准制订与评审，担任国家职业技能鉴定研究课题成果终审专家，并参与主编汽车行业培训教材多部。

【思考】如何实现技能报国？

巩固提升

一、选择题

1. 手动变速器的操纵机构除了换挡拨叉机构外，一般还包含（　　　）。
   A. 变速传动装置　　　　　　　　　B. 定位锁止装置
   C. 同步器　　　　　　　　　　　　D. 输出轴

2. 如果手动变速器的换挡操纵机构调整不良，那么造成的变速器故障是（　　　）。
   A. 异响　　　　　　　　　　　　　B. 换挡困难
   C. 跳挡　　　　　　　　　　　　　D. 以上都有可能

3. 下列传动比中，表示超速挡的是（　　　）。
   A. 2.25∶1　　　　B. 0.85∶1　　　　C. 1∶1　　　　D. 0

4. 手动变速器中加入的齿轮油，其黏度比维修手册规定的要大，那造成的变速器故障是（　　　）。
   A. 跳挡　　　　　B. 换挡困难　　　　C. 异响　　　　D. 齿轮损坏

5. 下列项目中，属于二轴式变速器结构特点的有（　　　）。
   A. 结构合理　　　B. 布置紧凑　　　C. 自身质量小　　　D. 换挡轻便

二、判断题

1. 一个同步器最多只能为一个挡位提供同步换挡。　　　　　　　　　　（　　　）
2. 手动变速器操纵机构的作用是实现换挡。　　　　　　　　　　　　　（　　　）
3. 手动变速器各轴的轴向或径向间隙过大，可能会造成掉挡故障。　　　（　　　）
4. 常用的摩擦惯性式同步器，主要有锁环式和锁销式两种。　　　　　　（　　　）
5. 手动变速器的操纵机构中，防止自动换挡和自动脱挡的装置为互锁装置。（　　　）

项目三任务三
巩固提升答案

项目四

自动变速器的检查保养

由于手动变速器在每次换挡时驾驶人都要采取一系列的换挡动作，这就大大增加了驾驶人的劳动强度，尤其是在交通复杂的路况时，对驾驶人的体力和精力都是一种严峻的考验。自动变速器可以省去一系列麻烦的换挡动作，让换挡变得轻松。

顾名思义，所谓自动变速器就是能自动改变挡位的变速器。它没有离合器踏板，在汽车行驶前或行驶时，驾驶人根据行驶条件来选择合适的挡位，即驾驶室内变速杆旁的前进挡 D 位、2 位、L 位或倒挡 R 位。例如，驾驶人将变速杆置于 D 位，则变速器微机会根据节气门位置传感器和车速传感器两个主控信号以及其他参考信号，来控制变速器自动在 D1、D2、D3、D4 挡之间切换，即通常所说的自动换挡。这样，可以大大减轻驾驶人的驾驶疲劳，提高汽车行行的安全性。图 4-0-1 所示为自动变速器内部结构。

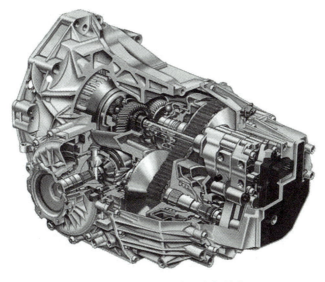

图 4-0-1　自动变速器内部结构

学习目标

◎ **知识目标**

1. 能够描述自动变速器的功用、分类及工作原理。

2. 能够描述自动变速器的液力变矩器、行星齿轮机构的组成与工作原理。

3. 能够描述自动变速器控制系统的组成与工作原理。

◎ **技能目标**

1. 能够执行并完成自动变速器的检查保养。

2. 能够执行并完成自动变速器换挡机构的检查保养。

◎ **思政目标**

1. 培养良好的职业道德和工匠精神。

2. 培养安全意识和团队协作精神。

3. 培养自我管理和自主学习能力。

任务一 认识汽车自动变速器

 情景导入

客户王先生驾驶一辆自动挡轿车行驶至上坡路段时，发现加速无力，动力不足。车辆送至 4S 店后，经服务顾问接车检查后，初步判断为自动变速器故障。维修技师王师傅准备将这一检修工作交予你实施，在此之前，他将考察你关于自动变速器相关知识。请你回顾并梳理有关自动变速器的相关知识。

 理论要点

一、自动变速器的特点与分类

（一）特 点

自动变速器组成

变速器在汽车传动系中主要起改变转速和转矩的作用。传统的手动变速器具有传动效率高、工作可靠、结构简单和价格低廉等优点，但它也存在以下缺点：

（1）不能充分利用发动机功率。

（2）换挡操作复杂，增加了行车不安全因素。

（3）换挡操作产生动载荷影响发动机和传动系统的寿命。

（4）不易把握换挡的最佳时机，影响汽车的行驶性能并增加了油耗。

（5）换挡操作使行车不平稳，影响乘坐舒适性。

自动变速器由电子控制系统控制自动换挡，与手动变速器相比具有以下优点：

（1）操作简化且省力。采用自动变速器可取消离合器踏板及变速杆，使驾驶操作大大简化。驾驶人控制车速时，只需控制好加速踏板，必要时用制动踏板予以配合即可。其操纵简单省力，大大降低了对驾驶人员操作水平的要求。

（2）提高乘坐舒适性。采用液力自动变速器的汽车，在起步时，驱动轮上的驱动转矩是逐步增加的，防止很大的振动与冲击，减少车轮的打滑，使起步容易，且更加平稳。通过液力传动或微机控制换挡，可以消除或降低动力传动系统中的冲击和动载，提高了汽车的乘坐舒适性。

（3）获得最佳换挡时机。对于经验丰富的驾驶员，能准确地操作变速杆、油门踏板与离合器，正确选择挡位与合适的换挡时机，使发动机尽可能处在经济工作区域，这一点，并不是所有驾驶员都能做到的。而采用自动变速器，只要根据不同的道路条件合理选择选挡手柄位置，自动变速器便可按最佳换挡规律自动换挡，获得最佳的燃油经济性、动力性和低的污染排放。

（4）提高发动机与传动系统的使用寿命。采用液力自动变速器的汽车与采用手动变速器的汽车相比，由于发动机与传动系之间由液体工作介质"软"性连接，液力传动能够吸收、衰减扭转振动和冲击，使传动系受力条件得到改善。例如，当负荷突然增大时，可防止发动机过载和突然熄火。汽车在起步、换挡或制动时，能减少发动机和传动系所承受的冲击载荷，因而提高了相关零部件的使用寿命。

（5）提高汽车通过性。采用液力变矩器的汽车，在起步时，驱动轮上的驱动转矩是逐渐增加的，防止产生很大的振动，减少车轮的打滑倾向，使起步变得容易，且更加平稳，汽车的稳定车速可以降得很低，提高汽车在不良路面上的通过性。

（6）具有良好的自适应性。装有液力变矩器的自动挡汽车，能自动适应汽车驱动轮阻力的变化。当行驶阻力增大时，车速会降低，此时变矩器会使驱动轮转矩增加；当行驶阻力减小时，变矩器减小驱动力矩，增加车速。变矩器能在一定范围内实现无级变速，大大减少行驶过程中的换挡次数，有利于提高汽车的动力性和平均车速。

自动变速器具有很多优点，但也有缺点，主要有：结构比较复杂、制造精度要求较高，成本高。大多数自动变速器装有液力元件，传动效率较低，一般液力传动的传动效率最高只能达到 86%～90%，比机械传动效率要低 8%～12%。因此，在自动变速器上增加液力变矩器锁止机构、直接挡、超速挡等以提高其传动效率。

（二）分 类

1. 按传动比变化是否连续分类

按传动比变化是否连续，自动变速器可分为有级自动变速器和无级自动变速器。有级自动变速器的各挡位传动比是一个定值，传动比不连续，采用齿轮变速机构。按其齿轮机构的类型不同，有级自动变速器又可分为普通齿轮式和行星齿轮式两种。无级自动变速器的传动比的变化连续，采用钢带或链条传动，可以实现一定范围内的无级变速。

2. 按变速方式分类

按变速方式可分为电控液力自动变速器（AT）、无级自动变速器（CVT）、双离合器自动变速器（DSG）和机械式自动变速器（AMT）等。

1）电控液力自动变速器（AT）

电控液力自动变速器是将发动机的机械能传给车轮的液力机械装置，其以良好的乘坐舒适性、方便的操纵性、优越的动力性、良好的安全性奠定了在汽车变速器领域的主导地位。但其效率低、制造困难、制造和维修成本高。带有变矩器的 AT 车几乎都是电子控制的，且带有锁止机构，并扩大了闭锁范围及缩短了锁止结合时间；锁止离合器分离时，能量损失大，必须利用适当的滑差控制以改善传动效率；锁止离合器完全工作时可以提高燃料经济性，但会增加振动和冲击。

2）无级自动变速器（CVT）

无级变速器（Continuously Variable Transmission，CVT）是传动比可以在一定范围内连续变化的变速器，采用传动带和工作直径可变的主、从动轮相配合来传递动力，可以实现传动比的连续改变，从而得到传动系统与发动机工况的最佳匹配，最大限度地利用发动机的特性，提高汽车的动力性和燃油经济性。目前，常见的无级变速器是金属带式无级变速器（VDT-CVT），这也是一种具有广阔发展前景的自动变速器，目前日系车型中本田轿车和日产轿车常有使用。

3）双离合器自动变速器（DCT）

双离合器式自动变速器（Dual Clutch Transmission，DCT），也称为直接换挡变速器（DirectShift Gearbox，DSG）。双离合器式自动变速器是基于手动变速器发展而来的，其工作原理是通过将变速器挡位按奇、偶数分开布置，分别与两个离合器连接，通过切换两个离合器的工作状态，就可以完成换挡动作。

4）机械式自动变速器（AMT）

机械式自动变速器（Automated Mechanical Transmission，AMT），它是在原有手动、有级、普通齿轮变速器（几个有限定值传动比）的基础上增加了电子控制系统，自动控制离合器的接合、分离和变速器挡位的变换。有级自动变速器由于原有的机械传动结构基本不变，所以齿轮传动固有的传动效率高、结构紧凑、工作可靠等优点被很好地继承下来，在轿车上被广泛运用，在重型车辆和一些工程机械上也有很好的发展前景。

二、自动变速器总体构造

不同类型的自动变速器在结构上有很大的差异。电控液力自动变速器结构最具代表性，应用也最为广泛，通常所说的自动变速器就是指这一类。自动变速器由液力变矩器、行星齿轮变速机构、冷却滤油装置、液压控制系统、电子控制系统和壳体等组成，如图4-1-1所示。

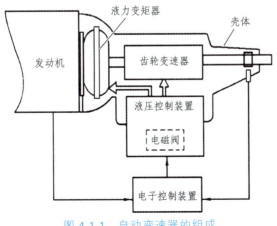

图 4-1-1　自动变速器的组成

（一）液力变矩器

液力变矩器安装在发动机与变速器之间，它是一个通过自动变速器油（Automatic Transmission Fluid，ATF）传递动力的装置，将发动机的转矩传给变速器输入轴，可在一定的范围内实现增扭和无级变速。

（二）机械变速装置

机械变速装置采用行星齿轮式变速器。该变速器是用行星排机构来达到变速的目的，它依靠离合器和制动器根据行车需要来连接或止动行星排的不同元件，从而实现变速器的不同速比。其作用是进一步增扭减速，通过变换挡位实现不同的传动比，以提高汽车的适应能力。

（三）液压控制单元

液压控制单元有传递、控制、操纵、冷却和润滑等功能，它主要由油泵、主调压阀、节流阀、手控阀、电液比例阀等组成。液压控制系统受电控系统的控制，改变变速器速比，达到行车要求。

（四）电子控制系统

电控自动变速器是通过各种传感器，将发动机的转速、节气门开度、车速、发动机水温、自动变速器油温等参数信号输入 ECU。ECU 根据这些信号，按照设定的换挡规律，向换挡电磁阀、油压电磁阀等发出动作控制信号。换挡电磁阀和油压电磁阀再将 ECU 的动作控制信号转变为液压控制信号，阀板中的各控制阀根据这些液压控制信号，控制换挡执行元件的动作，从而实现自动换挡过程。图 4-1-2 所示为电控自动变速器的组成和原理。

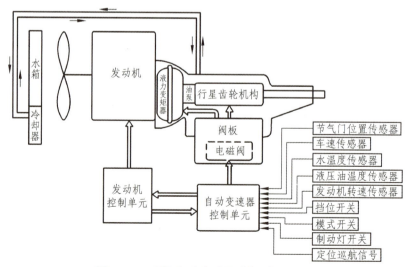

图 4-1-2　电控自动变速器的组成和原理

三、液力变矩器

（一）功　用

液力变矩器工作原理

液力变矩器位于发动机和机械变速之间，是一种液力传动装置，以自动变速器油（ATF）为工作介质，主要完成以下功用。

（1）传递转矩。发动机的转矩通过液力变矩器的主动元件，再通过 ATF 传给液力变矩器从动元件，可以在一定范围内实现转速和转矩的无级变化，最后传给变速器。

（2）缓冲振动。因为液力变矩器是靠液力来传递动力的，所以可减小发动机扭力振动和由车辆传动系传至发动机的振动。

（3）自动离合。液力变矩器由于采用 ATF 传递动力，当踩下制动踏板时，发动机也不会熄火，此时相当于离合器分离；当拾起制动踏板时，汽车可以起步，此时相当于离合器接合。

（4）充当飞轮。液力变矩器可以增加发动机飞轮的转动惯量，起到与飞轮相同的作用，可以使发动机运转平稳。

（5）驱动油泵。ATF 在工作的时候需要油泵提供一定的压力，而油泵是由液力变矩器驱动的。同时，由于采用 ATF 传递动力，液力变矩器的动力传递柔和，且能防止传动系统过载。

（二）组成和工作原理

液力变矩器由泵轮、涡轮和导轮等三个基本元件组成，结构示意图如图 4-1-3 所示，组成如图 4-1-4 所示。泵轮为主动元件，与变矩器壳连成一体并用螺栓固定在发动机曲轴后端的凸缘上，它将发动机输出的机械能转换为 ATF 油的动能。涡轮为从动元件，通过输出轴与变速器相连，它将液体的动能又还原为机械能输出。导轮处于泵轮与涡轮中间，通过单向离合器与变速器壳体单向固定。

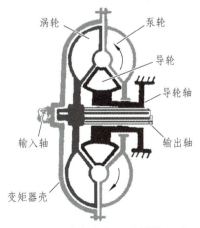

图 4-1-3　液力变矩器的结构示意

图 4-1-4　液力变矩器的组成

液力变矩器总成封在一个钢制壳体（变矩器壳体）中，内部充满 ATF 油。依靠 ATF 在三元件之间的循环流动来传递动能，如图 4-1-5 所示。液力变矩器不仅能传递转矩，而且能在泵轮转矩不变的情况下，随涡轮转速的不同自动地改变涡轮轴上输出转矩的值，兼起离合器和变速器的作用。

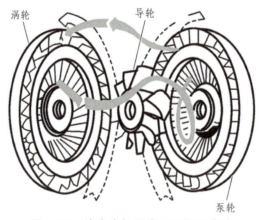

图 4-1-5　液力变矩器内 ATF 循环流动

当涡轮转速较低时，从涡轮流出的液压油从正面冲击导轮叶片，对导轮施加一个朝逆时针方向旋转的力矩。但由于单向离合器在逆时针方向具有锁止作用，将导轮锁止在导轮固定套上固定不动，因此这一部分来自涡轮的回流工作液便经过导轮的折射（由于导轮停转）直接冲击在泵轮叶片的背面（非工作面），此时泵轮不但受到发动机的带转同时又受到这部分液流的推动（形成两个力，导轮的液流推动力就是增扭的力）。

当涡轮转速增大到某一数值时，液压油对导轮的冲击方向与导轮叶片之间的夹角为零，此时涡轮上的输出扭矩等于泵轮上的输入扭矩。若涡轮转速继续增大，液压油将从反面冲击导轮，对导轮产生顺时针方向的扭矩，由于单向离合器在顺时针方向没有锁止作用，可以像轴承一样滑转，所以导轮在液压油的冲击作用下开始朝顺时针方向旋转。由于自由转动的导轮对液压油没有反作用力矩，液压油只受到泵轮和涡轮的反作用力矩的作用，因此这时该变矩器不能起增扭作用，其工作特性和液力耦合器（只有泵轮与涡轮，无导轮，不能增扭）相同。这时涡轮转速较高，该变矩器处于高效率的工作范围，导轮开始空转的工作点称为偶合点。由上述分析可知，液力变矩器在涡轮转速由零至偶合点的工作范围内按液力变矩器的特性工作，在涡轮转速超过偶合点转速之后按液力耦合器的特性工作。

（三）带锁止离合器的液力变矩器

变矩器是利用液力来传递汽车动力的，而液压油的内部摩擦会造成一定的能量损失，因此传动效率较低。为提高汽车的传动效率减少燃油消耗，现代所有轿车的自动变速器均采用带锁止离合器的综合式液力变矩器。车辆达到一定车速时，控制系统使锁止离合器接合，液力变矩器的输入部分和输出部分连成一体，发动机动力以机械传递的方式直接传入齿轮变速器，提高了传动效率，改善了汽车的燃油经济性。

带锁止离合器的液力变矩器由 4 部分组成，它们分别是与发动机直接连接的主动轮——泵轮，与自动变速器输入轴相连接的从动轮——涡轮，介于泵轮和涡轮之间与自动变速器壳体相连接改变发动机输出扭矩的导轮（导轮上有单向离合器），以及通过机械方式来连接泵轮和涡轮的锁止离合器总成，如图 4-1-6 所示。

图 4-1-6 带锁止离合器的液力变矩器

带锁止离合器的液力变矩器内有一个由液压油操纵的锁止离合器，锁止离合器的主动盘即为变矩器壳体，从动盘是一个可做轴向移动的压盘（锁止离合器活塞），它通过花键套与涡轮连接。压盘背面的液压油与变矩器泵轮、涡轮中的液压油相通，保持一定的油压；压盘左侧（压盘与变矩器壳体之间）的液压油通过变矩器输出轴（即变速器输入轴）中间的控制油道与阀体总成上的锁止控制阀相通。锁止控制阀由自动变速器电脑通过驱动锁止电磁阀来控制，实际上就是电脑通过控制电磁阀驱动锁止控制阀改变锁止离合器活塞两端的压差来实现机械和液压传动控制。

四、行星齿轮机构

行星齿轮组认知

（一）组成与工作原理

在行星排中，太阳轮、齿圈和行星架称为行星排的 3 大基本元件，其结构如图 4-1-7 所示。行星齿轮支承在固定于行星架的行星齿轮轴上，并同时与太阳轮和齿圈啮合。当行星齿轮机构运转时，空套在行星架上的行星齿轮轴上的几个行星齿轮一方面可以绕着自己的轴线旋转，另一方面又可以随着行星架一起绕着太阳轮回转，就像天上行星的运动那样，兼有自转和公转两种运动状态（行星齿轮的名称即因此而来）。在单个行星齿轮机构中，太阳轮齿数最少，齿圈齿数大于太阳轮齿数，行星架上没有齿，若将行星轮归于行星统称行星架，则行星架齿数最多。

行星架　　　　太阳轮

内齿圈

图 4-1-7　行星排的组成

根据行星齿圈、太阳轮和行星齿轮的运动关系，太阳轮与行星轮属于外啮合，因此两轮的旋转方向永远是相反的。而行星轮与齿圈的啮合属内啮合，行星轮与齿圈的旋转方向是相同的。通过离合器、制动器和单向离合器将各元件进行不同的连接、锁止的组合，任选两个分别作为主动件和从动件，而使另一个元件固定不动（使该元件转速为零）或使其运动受一定约束（使该元件的转速为某一定值），则整个轮系即以一定的传动比传递动力。在单排单级行星齿轮机构中，太阳轮、行星架和内齿圈 3 个构件中，用不同的连接和固定方案可得到不同的传动比，3 个基本元件的不同组合可产生 6 种组合方案，加上直接挡和空挡，共有 8 种传动方案，见表 4-1-1。

表 4-1-1　单个行星排的传动方案

序号	固定元件	输入元件	输出部件	旋转方向	挡位
1	齿圈	太阳轮	行星齿轮架	相同	降速挡
2	齿圈	行星齿轮架	太阳轮	相同	超速挡
3	太阳轮	齿圈	行星齿轮架	相同	降速挡
4	太阳轮	行星齿轮架	齿圈	相同	超速挡
5	行星齿轮架	太阳轮	齿圈	相反	倒挡（降速）
6	行星齿轮架	齿圈	太阳轮	相反	倒挡（超速）
7	任意两个	任意一个	第三元件	同向同速	直接挡
8	无	不定	不定	不转动	空挡

　　自动变速器中的行星齿轮变速器一般是采用 2～3 排行星齿轮机构传动,其各挡传动比就是根据单排行星齿轮机构传动特点进行合理组合得到的。常见的行星齿轮变速器有辛普森式和拉维娜式。辛普森式行星齿轮机构由共用一个太阳轮的两组行星齿轮、两个行星架和两个内齿圈组成,拉维娜式行星齿轮机构由一个公用齿圈和行星架、一大一小两个互相独立的太阳轮、3 个长行星齿轮和 3 个短行星齿轮组成。

（二）A341E 型自动变速器

1. 组　成

　　A341E 型自动变速器装配于丰田轿车上,为 3 排行星齿轮的 4 速辛普森式自动变速器,共有 10 个换挡执行元件,包括 3 个离合器、4 个制动器和 3 个单向离合器。位于前面一行星排为超速行星排,中间一行星排为前行星排,后面一行星排为后行星排,如图 4-1-8 所示。图中字母 C 表示离合器,字母 B 表示制动器,字母 C 表示单向离合器,具体功能见表 4-1-2。

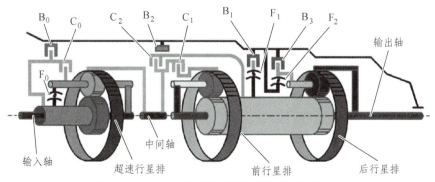

图 4-1-8　A341E 自动变速器行星齿轮机构示意

表 4-1-2　换挡执行元件及其功能

换挡执行元件		功能
离合器	超速挡离合器 C_0	用于连接超速行星排的太阳轮和行星架
	前进挡离合器 C_1	用于连接中间轴与前行星排齿圈，所有前进挡均参与工作
	倒挡、直接挡离合器 C_2	用于连接中间轴与前后行星排共用太阳轮
制动器	超速挡制动器 B_0	用于固定超速行星排太阳轮
	二挡滑行制动器 B_1	用于固定前后行星排共用太阳轮
	二挡制动器 B_2	当 F_1 也起作用时，防止共用太阳轮逆时针转动
	倒挡制动器 B_3	用于固定后行星架
单向离合器	超速挡单向离合器 F_0	用于使超速太阳轮和超速行星架同步
	二挡单向离合器 F_1	当 B_2 工作时，防止前后行星排太阳轮，逆时针转动
	低速挡单向离合器 F_2	用于阻止后行星架逆时针旋转

2. A341E 型自动变速器行星齿轮机构挡位传递路线

A341E 型自动变速器在各挡位工作时，换挡执行元件在不同挡位的工作情况见表 4-1-3，具体的动力传递情况如下：

表 4-1-3　A341E 型自动变速换挡执行元件在不同挡位的工作情况

	挡位	C_0	C_1	C_2	B_0	B_1	B_2	B_3	F_0	F_1	F_2
P	驻车	○									
R	倒挡	○		○				○	○		
N	空挡	○									
D	一挡	○	○						○		○
	二挡	○	○			○			○	○	
	三挡	○	○	○		●			○		
	四挡		○	○	○	●					
2	一挡	○	○						○		○
	二挡	○	○			●	○		○	○	
	三挡	○	○			●					
L	一挡	○	○					○	○		○
	二挡	○	○			○			○	○	

注：○表示接合且传递动力；●表示接合但不传递动力。

驻车挡：此时没有动力的传递，工作的元件是超速挡离合器 C_0 和超速挡单向离合器 F_0，超速行星排做空转运动，变速器相当于空挡，驻车锁止机构把输出轴锁止。

空挡状态：这时和驻车时一样，只有 C_0、F_0 起作用，动力不向后传递。

一挡（D_1、21）：由于 C_0、F_0 的作用，超速行星排整体顺时针转动，此时超速行星排直接挡转动。发动机传递过来的动力经离合器 C_1 传递给前内齿圈并顺时针转动，前内齿圈带动前行星齿轮顺时针转动，前行星轮带动共用太阳轮逆时针转动，共用太阳轮则带动后行星齿轮顺时针转动，并导致后行星架有逆时针转动的趋势。由于 F_2 锁止后行星架逆时针转动，顺时针旋转的后行星齿轮驱动后此圈顺时针旋转，输出动力，实现减速传动。动力传递路线如图 4-1-9 所示。

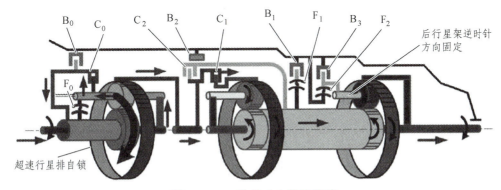

图 4-1-9　一挡的动力传递路线

二挡（D_2、22）：C_0 和 F_0 工作使超速行星排整体顺时针转动。发动机动力经离合器 C_1 传递给前内齿圈驱动并使其顺时针转动，前内齿圈驱动前行星齿轮顺时针转动。由于 B_1 和 F_1 工作，固定共用太阳轮，前行星轮驱动前行星架顺时针转动输出动力。二挡动力传递的实质是辛普森行星齿轮机构前齿圈输入，前行星架与后齿圈组件作为输出，动力传递路线如图 4-1-10 所示。

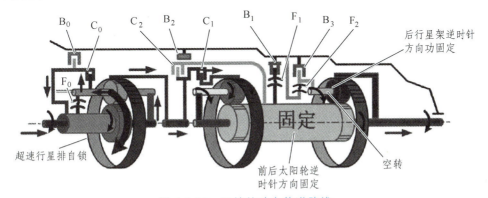

图 4-1-10　二挡的动力传递路线

三挡（D_3、23）：C_0 工作，将超速行星排的太阳轮和行星架连接在一起；F_0 工作，用于使超速太阳轮和超速行星架同步。此时，前面的超速行星排整体按顺时针旋转。C_1 工作，连接中间轴与前行星排齿圈；C_2 工作，将中间轴与前后行星排共用太阳轮连接在一起。前行星排被固定锁止，使前齿圈和共用太阳轮顺时针按相同的速度转动，发动机动力经液力变矩器、超速行星排、前齿圈、传递给共用太阳轮，再通过输出轴输出。三挡是直接挡，传动比为1，动力传递路线如图 4-1-11 所示。

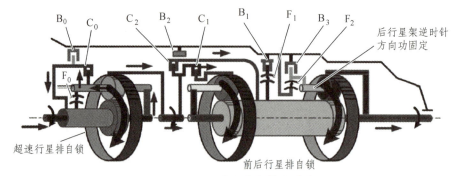

图 4-1-11　三挡的动力传递路线

四挡（D_4）：超速制动器 B_0 工作，固定超速太阳轮，发动机动力经液力变矩器从超速行星架输入，超速行星排齿圈输出，超速行星排传动比小于 1。前行星排和后行星排的动力传递与三挡相同。C_1 工作，连接中间轴与前行星排齿圈；C_2 工作，将中间轴与前后行星排共用太阳轮连接在一起。前行星排被固定锁止，使前齿圈和共用太阳轮顺时针按相同的速度转动为直接挡传动。发动机动力经液力变矩器、超速行星架、超速行星排齿圈、前齿圈、前排行星轮、共用太阳轮，再通过输出轴输出。整个变速器的行星齿轮机构传动比小于 1，为超速挡，动力传递路线如图 4-1-12 所示。

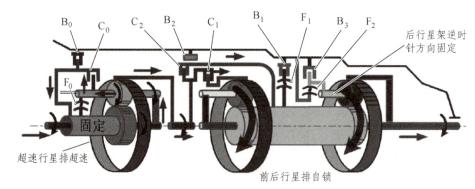

图 4-1-12　四挡的动力传递路线

R 挡：C_0 和 F_0 工作使超速行星排整体顺时针转动。发动机动力经离合器 C_2 传递给太阳轮顺时针转动，太阳轮驱动后行星齿轮逆时针转动。由于 B_3 工作，固定后行星架，后齿圈逆时针转动输出动力。

L_1 挡：L_1 挡动力传动路线与 D_1、2_1 挡相同。不同处使用制动器 B_3 代替单向离合器 F_2，使汽车产生了发动机制动效果。这是因为单向离合器 F_2 工作时后行星架能够顺时针转动。松开加速踏板，车辆制动时，在后行星排 3 个元件的运动都没有受到限制，可自由旋转，因此汽车制动力无法通过输出组件后齿圈向前传递，没有发动机制动。而当制动器 B_3 工作时，后行星架被固定，制动力可以通过后齿圈向前传递给共用太阳轮和前齿圈，再经离合器 C_1、超速行星排、液力变矩器传递给发动机，产生发动机制动效果。

L_2 挡：L_2 挡与 D_2、22 挡传动比相同，区别在于制动器 B_1 代替了制动器 B_2 和单向离合器 F_1，使汽车产生发动机制动效果。这是因为汽车制动时制动力经输出组件传递给共用太阳轮，制动器 B_2 和单向离合器 F_1 作用时不能阻止共用太阳轮顺时针旋转，导致前行星排各个组件可以自由顺时针转动，车辆制动力无法向前传递发动机没有制动。而制动器 B_1 工作时，共用太阳轮被固定，输出组件上顺时针旋转，将制动力传递给前齿圈，再经离合器 C_1、超速行星排，最终传递到发动机，产生制动效果。

五、控制系统

电子控制自动变速器采用电液式控制系统，这种控制系统由电子控制装置和阀板两大部分组成。电子控制装置是这种自动变速器控制系统的作用核心，利用各种先进的电子手段对自动变速器以及发动机的工作进行检测，并根据检测结果和相应的控制程序来操纵阀板中各种控制阀的工作，以驱动离合器、制动器及锁止离合器等液力执行元件，从而实现对自动变速器的全面控制。

（一）液压控制系统

液压控制系统主要由阀体、油泵、散热器及滤清器等组成，如图 4-1-13 所示。

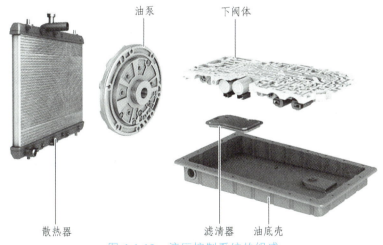

图 4-1-13　液压控制系统的组成

阀体主要由主供油路、控制信号、换挡控制、换挡品质控制、执行元件、润滑冷却和锁止控制等几个部分组成。

（1）主供油路。主供油路是整个液压控制系统的动力源，主要由油泵和调压阀组成。它向液压控制系统提供足够压力和流量的工作介质，而且压力大小可以随发动机的负荷、车速及挡位等不同而相应变化。

油泵的作用是使液压油产生一定的压力和流量，供给液力变矩器和液力操纵系统，并保证行星齿轮机构的润滑需要。其技术状况的好坏，对自动变速器的使用性能有很大影响。油泵通常安装在液力变矩器的后方，由液力变矩器壳后端的轴套驱动。在发动机运转时，不论汽车是否行驶，油泵都在运转，为自动变速器提供压力油。常见的形式有啮合齿轮泵、摆线转子泵、叶片泵。本节主要介绍内啮合齿轮泵。内啮合齿轮泵主要由主动齿轮、从动齿轮、月牙、壳体、油封等组成，如图 4-1-14 所示。从动齿轮为环形齿圈。泵体的内齿轮槽内有一月牙，把主、从动齿轮不啮合的部分隔开，形成了 2 个工作腔，分别为吸油腔和压油腔。当液力油泵工作时，油泵的入口容积增大产生负压，ATF 被吸入，而随着油泵的转动，油泵的出口处容积减小压力增加，ATF 被压出油孔。

图 4-1-14　油泵的组成

（2）控制信号。控制信号主要来自手动阀，手动阀与手动变速杆相连，它是手动换挡的控制依据。

（3）换挡控制。换挡控制是由几个换挡控制阀组成的。它是自动换挡操纵系统中的核心机件。实际上它是一个油路开关，可以根据控制信号的指令，实现油路的转换，进而达到换挡的目的。

（4）换挡品质控制。换挡品质控制部分的作用是保证换挡过程平顺、无冲击，防止产生大的动载荷，以免造成机件的损伤和换挡过程中不舒适的感觉。它是由在通向执行元件的油路中增加的蓄压器、缓冲阀、定时阀、压力调节阀、节流孔、节流球和节流片等组成。

（5）执行元件主要指离合器和制动器。虽然执行元件是安装在齿轮变速装置中的，但它却是液压控制系统的一部分。液压控制系统最终要通过执行元件，才能实现齿轮变速机构的挡位变换。

（6）润滑冷却。润滑冷却部分的主要作用是润滑液力传动装置和齿轮变速装置的所有机件以及冷却工作介质，保证正常工作温度。它由次调压阀和润滑油路以及冷却器和冷却油路组成。

（7）锁止控制。锁止控制的作用是在不同挡位下达到一定车速时，使液力变矩器的泵轮和涡轮锁止，以提高变矩器的效率。它由锁止信号阀和锁止中继阀等组成。

（二）电子控制系统

1. 组　成

电子控制系统包括信号输入装置、电子控制系统和执行机构三部分，如图 4-1-15 所示。

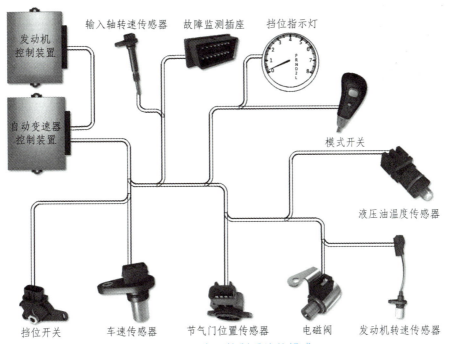

图 4-1-15　电子控制系统的组成

信号输入装置：包括传感器和信号开关装置。信号输入装置负责将汽车行驶的有关状态信息转变为电信号，以便控制电路接受。传感器通常有节气门位置传感器、车速传感器、输入轴转速传感器、发动机冷却温度传感器、发动转速传感器及自动变速器油温传感器，开关信息有模式开关、驻车/空挡起动开关、强制降挡开关、超速挡控制开关及制动灯开关等。

电子控制单元(ECU)是电子控制系统的核心，它接收传感器检测到的汽车行驶状态信息和驾驶员给出的干预信息，并进行比较运算，再按照某种规律发出指令，自动控制传动系统工作。ECU 主要由输入通道、控制器和输出通道 3 部分组成。输入通道接收各种输入信号；控制器将这些信号与内存中的数据进行对比，根据对比结果做出是否换挡等决定；输出装置将控制信号处理或直接输送给电磁阀等执行机构。

电控自动变速器的执行器主要是指各种电磁阀,其功用是根据自动变速器 ECU 的指令接通、切断或部分接通、部分切断液压油回路，以实现自动变速器的换挡、液力变矩器的锁止、主油路油压的调节和发动机制动等。常见的电磁阀有开关式电磁阀和脉冲式电磁阀两种。

2. 工作原理

电子控制系统的工作原理是传感器（含控制开关）向电子控制单元输入信号，电子控制单元对输入的信号进行处理，并将处理的结果向执行器发出，指挥执行器工作。自动变速器电子控制系统的控制是一个闭环控制，反馈系统对执行器的工作情况进行实时检测，将检测结果反馈给电子控制单元。如果执行器的工作出现偏差，电子控制单元会及时修正执行器的动作，直至达到要求。主要包括以下控制：

1）换挡控制

换挡控制即控制自动变速器的换挡时刻，也就是在汽车达到某一车速时，让自动变速器升挡或降挡。自动变速器 ECU 控制可以让自动变速器在汽车的任何行驶条件下都按最佳换挡时刻进行换挡，从而使汽车的动力性和经济性等指标达到最佳。汽车自动变速器的换挡杆或模式开关处于不同位置时，对汽车的使用要求不同，换挡规律也不同，通常计算机将汽车在不同使用要求下的最佳换挡规律以自动换挡图的形式储存在存储器中。

2）车速控制

电子车速控制系统能自动控制车速，使汽车按选定的速度稳定行驶，无须驾驶员反复调节节气门开度。当然，在必要时也可脱开这种自动方式，转而由驾驶员控制车速。

3）自动模式控制

在有模式开关的电子控制自动变速器上，驾驶员可以通过该开关来改变自动变速器的控制模式。

4）锁止离合器控制

自动变速器 ECU 内储存有不同行驶模式下控制锁止离合器工作的程序，根据车速传感器和节气门位置传感器发出的信号，自动变速器 ECU 可以控制锁止电磁阀的开和关，从而控制锁止离合器的接合或分离。

5）换挡品质控制

在自动变速器换挡时，自动变速器 ECU 发出延迟发动机点火的信号，通过控制发动机转矩保证换挡平顺。另外，自动变速器 ECU 还可通过调压电磁阀调节行星齿轮系统执行机构的工作压力，使执行元件柔和地接合，进一步提高换挡品质。

6）发动机制动控制

现在一些新型电控式自动变速器的强制离合器或强制制动器（为利用发动机的制动作用而设置的执行元件）的工作也是由计算机通过电磁阀来控制的。计算机按照设定的控制程序，在操纵手柄位置、车速、节气门开度等满足一定条件时，向强制离合器电磁阀或强制制动器电磁阀发出电信号，打开强制离合器或强制制动器的控制油路，使之接合或制动，让自动变速器具有反向传递动力的能力，从而在汽车滑行时可以实现发动机制动。

7）故障自诊断系统

为了能够及时发现系统故障，在系统内设有专门的子系统——故障自诊断系统。在汽车行驶过程中，故障自诊断系统会不停地监测自动变速器电子控制系统中所有传感器和执行器的工作情况。一般情况下，故障自诊断系统一旦发现某个传感器或执行器有故障或工作异常，仪表盘上的自动变速器故障警告灯会亮起，以提醒驾驶员及时将汽车送至修理厂维修。

8）失效保护

在自动变速器 ECU 中一般会设有失效保护程序，该程序主要是为了在自动变速器电子控制系统出现故障后，能够保持汽车的基本行驶能力。当然，在这种状态下，自动变速器的工作性能会受到一些影响。

六、其他类型的自动变速器

（一）无级自动变速器（CVT）

无级自动变速器主要由金属带、工作轮、液压系统、电子控制系统组成，如图 4-1-16 所示。

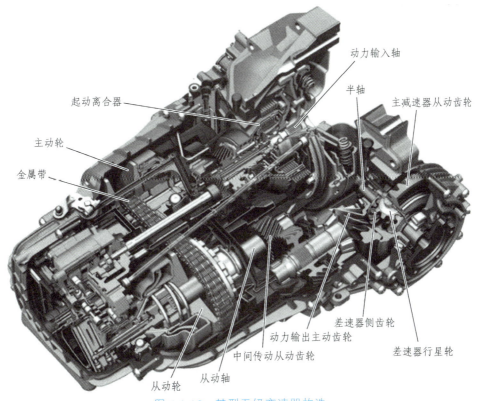

图 4-1-16　某型无级变速器构造

（1）金属带。它由多个金属片（280~400 片）和两组金属环组成。金属片用厚度为 1.5~1.7 mm 的工具钢片制成，每组金属环由数片（10~12 片）厚度为 0.18 mm 的带环组成，金属带在两侧工作轮挤压力的作用下实现动力传递。

（2）工作轮。工作轮由固定部分和可移动部分组成，可移动部分在液压控制系统的作用下可做轴向移动，能够连续改变金属带的工作半径，从而实现无级变速传动。

（3）液压系统。由液压泵，液压控制单元，主、从动工作轮液压油缸，前进挡离合器和倒挡离合器等组成。

（4）电子控制系统。电控单元（ECU）根据发动机转速、车速、制动信号、节气门开度和挡位选择信号，向液压控制单元发出指令，控制主、从动工作轮液压油缸中的油液压力，使其可部分轴向移动，从而改变其工作半径，实现无级自动变速。

动力传动路线：发动机的动力经液力变扭器→行星齿轮机构→金属带无级变速器→主减速器→差速器→半轴→驱动车轮。汽车的前进与逆向行驶是通过对控制前进挡离合器与倒挡离合器的接合、分离来实现的。

（二）双离合器自动变速器（DCT）

双离合自动变速器基于手动变速箱基础之上研发而出。而与手动变速箱所不同的是，双离合器自动变速器中的 2 副离合器与 2 根输入轴相连，换挡和离合操作都是通过集成电子和液压元件的机械电子模块来实现的。而不再通过离合器踏板操作。就像液力自动变速器一样，驾驶员可以手动换挡或将变速杆处于全自动 D 挡（舒适型，在发动机低速运行时换挡）或 S 挡（任务型，在发动机高速运行时换挡）模式。此种模式下的换挡通常由挡位和离合执行器实现。两副离合器各自与不同的输入轴相连。如果离合器 1 通过实心轴与挡位一/三/五相连，那么离合器 2 则通过空心轴与挡位二/四/六和倒挡相连。通俗地说就是，这种变速箱形式就有两个离合器，一个控制一/三/五挡，一个控制二/四/六挡。使用一挡的时候二挡已经准备好了，所以换挡时间大大缩短，没有延时，如图 4-1-17 所示。

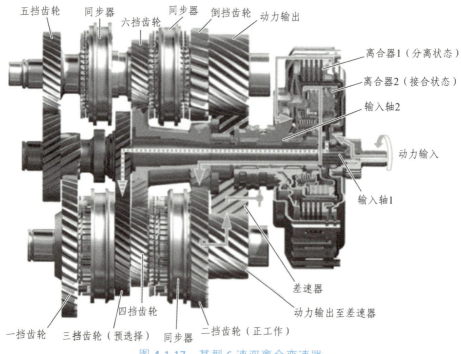

图 4-1-17　某型 6 速双离合变速器

双离合变速器的技术关键就在于双离合，也就是有两个离合器。可以想象为将两台手动变速箱的功能合二为一，并建立在单一的系统内，它没有液力变矩器也没有行星齿轮组。从齿轮部分乍一看很像一台手动变速器，但不同的是它用"双"离合器控制与发动机动力的通断，这两台自动控制的离合器，由电子控制及液压推动，能同时控制两组离合器的运作。

 巩固提升

一、选择题

1.（单选）无级变速器 CVT 内，传递动力的机械结构形式是（　　　）。

　　A. 行星齿轮　　　　B. 普通齿轮　　　　C. 链条或钢带　　　D. 液力变矩器

2.（单选）液力变矩器中，与飞轮刚性连接的部件是（　　　）。

　　A. 泵轮　　　　　　B. 涡轮　　　　　　C. 导轮　　　　　　D. 锁止离合器

3. 单排行星齿轮机构中，齿数最少的元件是（　　　）。

　　A. 齿圈　　　　　　B. 行星架　　　　　C. 太阳轮　　　　　D. 以上都不是

4.（多选）与手动变速器相比，自动变速器的优点有（　　　）。

　　A. 操作简化且省力　　　　　　　　　B. 提高乘坐舒适性

　　C. 能获得最佳换挡时机　　　　　　　D. 提高了发动机与传动系的使用寿命

5.（多选）单排行星齿轮机构的三元件，主要的组成部分有（　　　）。

　　A. 行星齿轮与行星架　　　　　　　　B. 离合器及制动器

　　C. 太阳轮　　　　　　　　　　　　　D. 齿圈

二、判断题

1. 液力变矩器内的锁止离合器，一般是在路况较差时锁止，以利于动力的传递。

（　　　）

2. 自动变速器内的离合器，主要功用是制动行星齿轮机构中的某个元件。　（　　　）

3. 液力变矩器中，安装单向离合器和锁止离合器可以改善变矩器的使用性能。

（　　　）

4. 安装在曲轴上的液力变矩器，其中的泵轮与涡轮，泵轮离发动机更近。　（　　　）

5. 装备自动变速器的车辆，在行驶过程中是可以空挡滑行的。　　　　　　（　　　）

项目四任务一
巩固提升答案

任务二 自动变速器液压系统检查保养

 情景导入

客户王先生有一辆自动挡轿车，行驶了 120 000 km，来店做保养。作为汽车维修技师，请仔细查看服务顾问提供的汽车问诊表（见表 4-2-1），为王先生变速器做保养。

表 4-2-1　接车问诊表

车牌号：		车架号：		行驶里程：120 000 km
用户名：王**		电话：		来店时间：
用户陈述及故障发生时的状况：保养				
接车员检测确认建议：变速器保养				
车间检测确认结果及主要故障零部件：				
车间检查确认者：				

外观确认：	功能确认：（工作正常✓　不正常✕）
	✓音响系统　✓门锁（防盗器）✓全车灯光
	✓工具　　　✓后视镜　✓天窗　✓座椅
	✓点烟器　✓玻璃升降器　✓玻璃
	物品确认：（有✓　无✕）
（请在有缺陷部位做标识）	贵重物品提示 ✓工具　　✓备胎 ✓灭火器 ✓其他（　　　　　） 旧件是否交还用户 ✓是　否 用户是否需要洗车 ✓是　否

・检测费说明：本次检测的故障如用户在本店维修，检测费包含在修理费用内；如用户不在本店维修，请您支付检测费。本次检测费：¥　　　元。

・贵重物品：在将车辆交给我店检查修理前，已提示将车内贵重物品自行收起并保存好，如有遗失恕不负责。

接车员：李**　　　　　　　　　　　　　　用户确认：王**

理论要点

一、自动变速器油

自动变速器油的
性能

（一）自动变速器油的功用

自动变速器油（AutomaticTransmissionFluid，ATF），是指专用于自动变速器的油液。ATF对自动变速器的工作、使用性能以及使用寿命都有非常重要的影响。汽车自动变速器保养的主要内容就是对 ATF 进行检查和更换。ATF 主要有以下功用：

（1）传递动力：通过液力变矩器将发动机动力传递给变速器；通过电控、液控系统传递压力和运动，完成对各换挡元件的操纵。

（2）冷却：齿轮之间的相互作用产生大量的热量，需要靠润滑油来散热。

（3）润滑：对行星齿轮机构和摩擦副强制润滑，使挡位结合更加顺畅。

（4）清洁：维持排挡系统的清洁，延长传动装置的寿命。

（二）自动变速器油的特性

由于 ATF 工作特点的不同，在性能上有别于其他油液，其主要有以下特性：较高的黏温性、防腐防锈性、抗泡沫性、抗磨性、剪切稳定性。

（1）较高的黏温性：黏度过大过小都会使变速器传动效率下降，而黏度又随温度而变化。因此，要求 ATF 低温时黏度不要太大，高温时黏度不能太小。

（2）较高的热氧化安定性：自动变速器在工作中其离合器等零件温度高达 300 ℃。在高温下油液与空气作用生成一种胶质黏附在阀体及各运动零件上，影响系统的正常工作。因此，要求 ATF 具有较高的氧化安定性。

（3）防腐防锈性：在传动装置和冷却器中安装有铜接头、黄铜轴瓦、黄铜过滤器及止推垫圈等部件。这些部件中均含有大量的有色金属，因此自动变速箱油必须要保证不会引起铜腐蚀和其他金属生锈。

（4）良好的抗泡沫性：油液中的泡沫影响传动油的正常循环，并有可能使各挡离合器一直处于不能彻底分离或不能完全结合的状态，使自动变速器无法正常工作。

（5）抗磨性：要求 ATF 既能良好地润滑各运动部件，但摩擦系数又不能太小，否则离合器将难以结合。

（6）剪切稳定性：液力变矩器中，传动油受到强大的剪切力，如油的剪切稳定性差，变矩器则会出现打滑现象，降低了变矩器的传递效率，还会出现换挡不平稳、脱挡等故障。

（三）自动变速器油的类型

目前，根据自动变速器结构的不同，市场上主要有 AT、CVT、DCT 等几类自动变速器。它们使用的变速器油都是不同的。AT 变速器油根据挡位数的不同，选用的标准也是不同的，较早的一些 6 挡以内的自动变速器用油，和目前宝马、奔驰的 8AT、9AT 用油有着很大的不同，主要表现在黏度和油液的颜色上，具体需查阅相关维修手册。

CVT 类的自动变速器用油大体上可以分为两类，一类是以日产、丰田为代表的钢带式 CVT，还有一类是早期奥迪及斯巴鲁车型上应用的链条式 CVT，两类 CVT 的自动变速器油不能混用。

DCT 经过由湿式到干式再回到湿式的发展过程，DCT 用油也是不同的，干式类似于手动变速器油的成分，湿式类似于 ATF 的成分，两者之间也不能混用，具体车型以厂家维修资料为准。

（四）自动变速器油品选择的原则

不同型号的自动变速器油是不能混用的，因为不同型号的自动变速器油的流动速率、密度、动态与静态摩擦性能、膨胀系数都有所不同。部分厂家根据自动变速器的特性推出了相匹配的自动变速器油，建议按照要求选择相应的型号进行更换，不得自行更换其他型号，并需要应遵循以下原则：

（1）优先选择原厂售后服务用油，并且对号入座。

（2）也可选择自动变速器生产商或整车生产厂家配套的初装油。

（3）选择替代用品的机油级别要等于或高于原厂级别，同时要符合原厂用油的标准。

用于自动变速器的油液应通过严格的台架实验和道路实验，具备上述的各种性能。各个国家对 ATF 均有严格的规定。目前，应用广泛的 ATF 是 DEXRON 与 DEXRON Ⅱ 和 Ⅲ 型，主要应用于美国通用、克莱斯勒，日本和德国的大部分车型上。福特汽车公司使用的是 F 型，国产轿车使用的 ATF 主要是 8 号自动传动油。目前，国内机油企业针对汽车厂家及售后市场开发出一系列不同标准的自动变速器油，几乎可以适用国内市场中的 95% 以上的自动变速器。图 4-2-1 所示为自动变速器油。

图 4-2-1　自动变速器油

二、自动变速器油检查

（一）油液数量对自动变速器的影响

一般加入自动变速器中的油液数量，应保证在液力变矩器及各操纵油缸充满以后，变速器中油面的高度低于行星齿轮等旋转件的最低点，高出阀体与变速器壳体的接合面。油液过少或过多都会对变速器造成相应的影响。

1. 自动变速器油面过低的影响

（1）自动变速器油面过低，油泵吸入空气或油液中渗入空气，会降低液压回路的油压，使各控制滑阀和执行元件动作失准，操纵失灵。

（2）自动变速器油面过低而引起的液压回路油压降低，还会引起离合器、制动器打滑，不但降低了传动效率，而且加剧了磨损。

（3）自动变速器油面过低，变速器内运动部件得不到充分可靠的润滑和冷却，可能因过热而引发运动部件卡滞以及过度磨损；同时，也会加速自动变速器油液的氧化变质。

2. 自动变速器油面过高的影响

（1）当油面过高时，会由于机械搅拌而产生大量泡沫，这些泡沫进入液压控制系统，会引发与油面过低而产生的相同问题（降低液压回路的油压，各控制滑阀和执行元件动作失准，还会引起离合器、制动器打滑）。

（2）如果控制阀体浸没于自动变速器油液中，则液压管路中的离合器、制动器的泄油口会被自动变速器油液阻塞，施加于离合器、制动器的油压就不能完全释放或释放速度太慢，使离合器、制动器动作迟缓（比如：升降挡动作迟滞），增大换挡冲击。

（3）在坡路上行驶时，由于过多的油液在油底壳中晃动，可能从加油管往外窜油。

（二）油面高度的检查

正常情况下，自动变速器的液面高度是在液力变矩器及换挡执行元件的液压缸被充满油液之后，留在油底壳里的液面应在行星排等旋转零件的最低位置以下，以免在运行中油液被剧烈地搅动而产生泡沫，但液面必须高于阀板总成与变速器壳体的安装结合面，以免空气渗入。汽车在行驶了 10 000 km 后，或至少行驶 6 个月后，应检查液面高度。其方法是：

（1）汽车停放在水平地面上，之后拉紧驻车制动，让发动机怠速运转至发动机和自动变速器处于正常工作温度下，油液温度 70 ~ 80 ℃。

（2）踩住制动踏板，将变速杆拨至倒挡（R）、前进挡（D）、前进低挡（S、L 或 2、1）等位置，并在每个挡位上停留几秒，使液力变矩器和所有换挡执行元件中都充满自动变速器油，最后将变速杆拨至停车挡（P）位置。

（3）从加油管内拔出油尺，擦干净后再插入油管后再拔出，检查油尺上的油面高度。图 4-2-2 所示为自动变速器油尺位置。如果自动变速器处于冷态（即冷车刚刚起动，自动变速器油的温度较低，为室温或低于 25 ℃），油面高度应在油尺刻线的下限附近；如果自动变速器处于热态（如低速行驶 5 min 以上，自动变速器油温度已达 70 ℃ ~ 80 ℃），油面高度应在油尺刻线的上限附近，图 4-2-3 所示为自动变速器油尺标记。

若油面过低，应向加油管中加入自动变速器油，直至油面高度符合标准为止。继续运转发动机，检查自动变速器油底壳、油管接头等处有无漏油。如有漏油，应立即予以修复。

图 4-2-2　自动变速器油尺位置

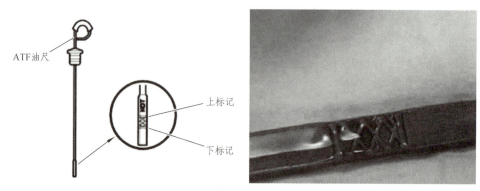

图 4-2-3　自动变速器油尺标记

（三）油质的检查

从自动变速器的油质状况，可以判断自动变速器损坏情况。油质状况主要从以下几方面判断。

1. 颜　色

ATF 的正常颜色为鲜亮、透明的红色。如果颜色发黑说明变质或有杂质；如果呈粉红色或白色则说明已进水。若颜色不正常，应对自动变速器检修。图 4-2-4 所示为自动变速器油颜色对比。

旧油　　更换后变速箱油　　新变速箱油

图 4-2-4　自动变速器油颜色对比

2. 气　味

正常 ATF 没有气味，从油尺上闻一闻油液的气味，如果有焦煳味，说明过热，有摩擦材料烧蚀。在修理自动变速器后，应冲洗冷却系统。

3. 油　质

用油尺在手指上点少许油液，用手指互相摩擦查看是否有颗粒，或将油尺上的油液滴在干净的白纸上，检查油液的颜色及气味。如果有胶质状油，说明 ATF 因油温过高或使用时间过长而变质。如果有金属切屑或含有摩擦材料（离合器和制动带）等，说明有元件严重磨损或损伤，应在修理后更换 ATF 散热器，并用清洁剂和压缩空气冲洗 ATF 冷却管路。

三、自动变速器油更换

汽车自动变速箱油一般每 3 年或每行驶 60 000 km 更换一次。但由于车型不同，车型要求也不一样，一般都是建议 50 000 ~ 60 000 km 更换一次，高速行驶较多的车辆建议 40 000 km 左右更换一次。

变速器油液及
滤清器更换

（一）重力更换法

（1）将汽车举升至轮胎离开地面 20 cm 高度，注意检查汽车是否水平。
（2）启动汽车，怠速运行 2 ~ 3 min。
（3）将变速器手柄置于 P 挡位置，关闭点火开关，拉紧驻车制动器操纵杆。
（4）将汽车举升到适当高度，落下举升机安全锁。
（5）拆下汽车底板。
（6）将废油回收桶推至自动变速器下方，对正放油螺栓，如图 4-2-5 和图 4-2-6 所示。

图 4-2-5　拆下自动变速器放油油螺栓

图 4-2-6　放出自动变速器油

（7）用套筒拧松自动变速器放油螺栓，放出自动变速器油。

（8）用新密封垫圈重新安装放油螺塞。

（9）将 ATF 机油尺拆下，并用清洁的抹布擦干净。

（10）用匹配的自动变速器油重新注入油尺孔。将 ATF 的液位大约处于 ATF 机油尺上标记和下标记之间，如图 4-2-7 所示。

（11）将车辆举升，检查自动变速器放油螺栓处是否有油液泄漏，如图 4-2-8 所示。

图 4-2-7　加注自动变速器油

图 4-2-8　检查放油螺栓处是否有油液泄漏

（二）循环机更换法

通过循环机器模拟变速器循环散热的原理，连接变速箱的进油管与回油管，采取新油注入旧油排出的方式更换，更换率高达 95% 以上，并能有效的清洁变速箱内部阀体、齿轮组、摩擦片、箱体内的油泥杂质，让变速箱时刻保持最佳工况工作。图 4-2-9 所示为变速器油循环机。

图 4-2-9　变速器油循环机

巩固提升

一、选择题

1. （单选）对于自动变速器油，更换周期间隔一般是（　　）km。

　　A. 30 000　　　　　　B. 15 000　　　　　　C.90 000　　　　　　D.60 000

2. （多选）自动变速箱油功用包括以下哪些选项（　　）。

　　A. 传递动力　　　　B. 冷却　　　　　　　C. 润滑　　　　　　　D. 清洁

3. （单选）检测自动变速器油面高度是要让工作温度处于（　　）℃。

　　A. 70 ~ 80　　　　　B. 80 ~ 90　　　　　　C. 90 ~ 100　　　　　D. 100 ~ 110

4. （多选）属于 ATF 特性要求的是（　　）。

　　A. 较高的黏温性　　B. 防腐防锈性　　　　C. 抗泡沫性　　　　　D. 抗磨性

5. （多选）属于自动变速器油更换方法的是（　　）。

　　A. 重力更换法　　　B. 循环机更换法　　　C. 倒吸法　　　　　　D. 引流法

二、判断题

1. 装备自动变速器的车辆在保养时，每次都可以将自动变速器油一次性换完。（　　）

2. 自动变速器中油泵只为液力变矩器供油。　　　　　　　　　　　　　　（　　）

3. 自动变速器油过多对变速器性能无影响。　　　　　　　　　　　　　　（　　）

4. ATF 正常颜色为鲜亮、透明的红色。　　　　　　　　　　　　　　　　（　　）

5. AT 与 CVT 油液可以混用。　　　　　　　　　　　　　　　　　　　　（　　）

项目四任务二
巩固提升答案

任务三 自动变速器换挡机构检查保养

 情景导入

　　客户王先生驾驶一辆自动挡轿车，出现挂挡不行驶现象，现将车送至 4S 店进行检查，经过维修师傅的初步诊断，怀疑是自动变速器换挡机构出现故障，现需进行检查与调整。作为汽车维修技师，请仔细查看服务顾问提供的汽车问诊表（见表 4-3-1），并针对故障进行后续处理。

表 4-3-1　接车问诊表

车牌号：		车架号：		行驶里程：120 000 km
用户名：王**		电话：		来店时间：
用户陈述及故障发生时的状况：挂挡不行驶				
接车员检测确认建议：检查自动变速器换挡机构				
车间检测确认结果及主要故障零部件：				
车间检查确认者：				

外观确认： （请在有缺陷部位做标识）	功能确认：（工作正常✓ 不正常✕） ✓音响系统 ✓门锁（防盗器）✓全车灯光 ✓工具 ✓后视镜 ✓天窗 ✓座椅 ✓点烟器 ✓玻璃升降器 ✓玻璃
	物品确认：（有✓ 无✕） 贵重物品提示 ✓工具 ✓备胎 ✓灭火器 ✓其他（　　　） 旧件是否交还用户 ✓是 否 用户是否需要洗车 ✓是 否

　·检测费说明：本次检测的故障如用户在本店维修，检测费包含在修理费用内；如用户不在本店维修，请您支付检测费。本次检测费：¥　　元。
　·贵重物品：在将车辆交给我店检查修理前，已提示将车内贵重物品自行收起并保存好，如有遗失恕不负责。
　接车员：李**　　　　　　　　　　　　　用户确认：王**

一、自动变速器变速杆的检查

（一）变速杆的使用

图 4-3-1 所示为自动变速器变速杆，其功能具体如下：

P 位：驻车挡。变速杆置于此位置时，驻车锁止机构将自动变速器输出轴锁止。

R 位：倒挡。变速杆置于此位置时，液压系统倒挡油路被接通，驱动轮反转，实现倒向行驶。

N 位：空挡。变速杆置于此位置时，机械变速器的齿轮机构空转，不能输出动力。

D 位：前进挡。随着行驶条件的变化，在前进挡中自动升降挡，实现自动变速功能。

S 位：运动模式。在这个模式下变速器可以自由换挡，但是换挡时机会延迟，使发动机在高转速上保持较长时间，即时输出大扭力，使车辆动力加大。

只有当变速杆置于 N 位或 P 位时，才能起动发动机，此功能靠空挡起动开关来实现。

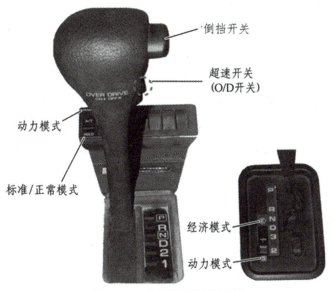

图 4-3-1　自动变速器变速杆

（二）变速杆位置检查

变速杆调整不当会使变速杆的位置与自动变速器阀板中手动阀的实际位置不符，造成挂不进停车挡或前进挡，或变速杆的位置与仪表板上挡位指示灯的显示不符，甚至造成在空挡或停车挡时无法起动发动机。换挡杆位置检查步骤如下：

（1）将换挡杆置于 P 位置，并将点火开关转到"ON"位置，但不要起动发动机。

（2）检查确认踩下制动踏板时，换挡杆能移到 P 以外的其他位置，同时确认仅当踩下制动踏板时换挡杆能从 P 位置移开。

（3）移动换挡杆并检查是否存在外力、摩擦、噪声或振动。

（4）检查确认换挡杆在各挡位置移动时，每到一个挡位都能平滑接合，检查换挡杆的实际位置是否与换挡位置指示器和变速器壳体显示的位置一致。

（5）将换挡杆正确移动至各挡位置的方法。

（6）检查确认换挡杆置于 R 位置时，倒车灯才亮起；确认当换挡杆处于 P 或 N 位置时，即使将其向前推动到 R 位置，但不按下换挡杆按钮，倒车灯也不亮起。

（7）检查确认换挡杆在 P 和 N 位置时才可以起动发动机。

（8）检查确认在 P 位置完全锁止。

二、换挡机构的检查与调整

自动变速器
车下检测维修

（一）换挡机构的检查与调整

将换挡手柄按正常操作顺序挂入每一个挡位，通过操作时的感觉来判断换挡机构工作是否正常，手感是否清晰，手柄进入各挡位时是否灵活自如，阻力是否适当。进入挡位后手柄是否有锁止功能，仪表指针指示是否正确等。如有问题，应逐一进行检查，直至符合要求为止。

自动变速器的变速杆直接控制挡位开关，变速杆一般有 7 个不同的位置，如 P、R、N、D、S、2（D 挡的一种，自动变速器设定的最大换挡挡位不超过 2 挡）、L 等，变速杆可将挡位开关拉动到各个位置，通过挡位开关，将与挡位开关联动的变速器内的手控阀拉到相应的挡位。

挡位开关除将变速器内的手控阀推入相应的挡位，以便打开对应挡位的离合器、制动器的油道，把压力油送往离合器和制动器的活塞缸内，在电控液压控制系统中，它还负责将变速器的挡位信号送给电控单元，以便微机根据挡位信号控制换挡电磁阀和锁止离合器系统。由此可知，挡位开关的位置的准确性是十分重要的。此外，挡位开关还把挡位信号送给仪表板，使仪表板上的变速器挡位指示灯显示变速器的挡位。

因变速器内手控阀体积很小，各挡间的移动距离也很小，这就要求挡位开关的调整必须十分准确，如果手控阀的实际位置与挡位指示位置不符，会造成挂不进空挡或停车挡，使发动机无法起动。如果挡位与手控阀位置不准，还会造成发动机升挡延迟或升挡提前，变速器换挡冲击。

（二）换挡拉线的调整

以 2012 款思域车为例，对换挡拉线的调整进行说明，见表 4-3-2。

表 4-3-2　换挡拉线的调整

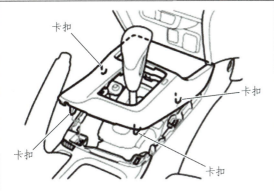

1. 脱开卡扣

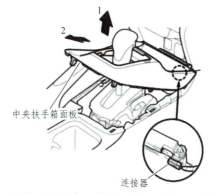

2. 如带无钥匙进入系统，断开连接器，按所示数字顺序拆下中央扶手箱面板，取拆下中央扶手箱饮料架面板总成

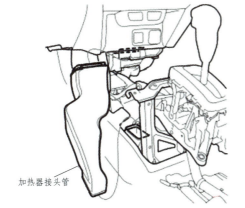

3. 拆下中央扶手箱、加热器接头管及其他接头

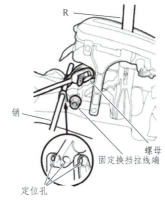

4. 将换挡杆换挡到 R 位置，将销插入定位孔内，拆下固定换挡拉线端的螺母

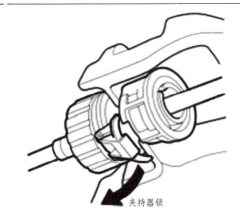

5. 解锁夹持器锁

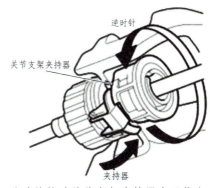

6. 逆时针转动关节支架夹持器直至停止，并将夹持器锁推入关节支架夹持器以将夹持器锁止

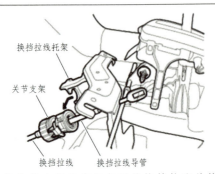

7. 将关节支架滑离托架以将换挡拉线从换挡拉线托架上拆下。注意：不要通过拉动换挡拉线导管来拆下换挡拉线

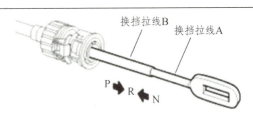

8. 推动换挡拉线 A 直至停止，然后松开拉线。将换挡拉线拉回一步，使换挡位置处于 R 位置。注意：不要握着换挡拉线 B 调节换挡拉线。将点火开关转至"ON"（Ⅱ）位置或按下"ENGINE START/STOP"按钮选择"ON"模式，检查 R 位置指示灯是否亮起。

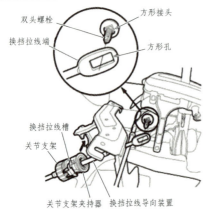

9. 将关节支架和夹持器之间的换挡拉线槽对准换挡拉线托架上的开口，然后通过将方形孔对准双头螺栓底部的方形接头，将换挡拉线端安装到双头螺栓上时，将支架滑入托架

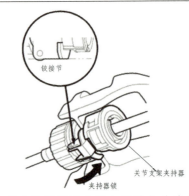

10. 将夹持器锁完全推入以锁住关节支架夹持器，确保将夹持器锁装入铰接节。如果夹持器锁与铰接节边缘不贴合，逆时针旋转关节支架夹持器同时推动夹持器锁直到它锁紧

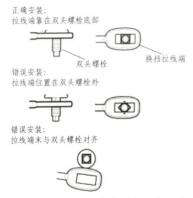

11. 确保换挡拉线端正确安装到双头螺栓上

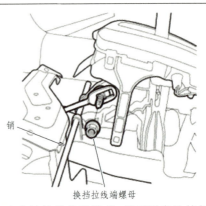

12. 安装换挡拉线端螺母，拆下固定换挡杆的销

续表

13. 将点火开关转至"ON"（Ⅱ）位置或按下"ENGINE START/STOP"按钮选择"ON"模式；将换挡杆移至各个位置，检查并确认 A/T 换位指示灯随变速箱挡位开关变化而变化；将换挡杆换至 P 位置；检查并确认换挡锁止正常工作，推动换挡锁止释放装置，检查并确认换挡杆松开；同时检查并确认换挡杆换回 P 位置时锁止。
14. 按照拆卸相反的步骤进行安装

三、空挡起动开关和强制降挡开关的检查

（一）空挡起动开关的检查

为保证汽车的安全性，防止汽车误起动造成安全事故，在自动变速器换挡机构中设置了空挡起动开关，使汽车在 P 挡和 N 挡以外的其他挡位均不能起动发动机。常见的空挡起动开关是触点式开关，在 P 或 N 挡时，触点式开关闭合，传感器线路正极端通过触点与负极端点接通，这时可以启动发动机。

多数自动变速器的空挡启动开关与挡位指示开关为一个整体，构成扇形的空挡起动开关，安装于自动变速器壳体上的选挡转轴外（位于转轴摇臂内或转轴摇臂的另一端），活动触点臂随转轴转动而摆动。

（二）强制降挡开关检查

为提高汽车在加速时的动力性，在自动变速器中设有强制降挡功能，当节气门开度超过一定比例时（一般为 80%左右）而强制降低一个挡位。但有些变速器采用由节气门踏板联动装置上的开关操纵电磁阀强制降挡。当节气门开度很大时，由开关输出信号给电磁阀迫使变速器立即降挡。强制降挡开关的主要检查项目有：

（1）安装位置的检查。强制降挡开关一般都装在加速器踏板的踏板上或加速踏板杠杆上端的支架上，强制降挡开关应锁紧，并良好地固定在底板或支架上。检查时将加速踏板逐渐踩到底，并注意在踏板将到最低时是否发出敲击声。如敲击声出现过早，说明踏板接触开关太早，变速器在节气门开度不大时就会降挡；如没有听到敲击声，说明开关没有闭合。调整时放松锁紧螺母，并调整开关位置直到踏板连杆能在规定的位置接触到开关。

（2）开关的检查。如强制降挡开关接合而自动变速器并不降挡，可用万用表检查开关的接触情况，开关的电阻值在正常情况下只有小阻值（接通）和大阻值（断开）两种状态。除了使用万用表检查以外，也可以用试灯检查强制降挡开关接通或断开时的变化，如试灯出现亮灭变化说明开关没有故障。

227

课程育人

突破！国产自主 6 速自动变速器量产

2017 年 6 月 20 日，国内首款自主研发的 6 速自动变速器（6AT）在哈尔滨东安汽车发动机制造有限公司下线。

自动变速器是我国汽车发展的软肋，但经过几代汽车人的努力，盛瑞 8AT 自动变速器已经量产并大批量装备国产汽车，东安自主 6AT 的下线丰富了国产 AT 系列，必将为国产自动变速器市场的拓展做出贡献。

东安汽发 6AT 产品已成功搭载 10 余个整车项目，核心关键零部件经过了 300 件百万次的个性多类型耐久考核，整机耐久一次 600 小时，800 个循环，考核近百台，其中仅 NVH 测试就达到 20 余台次。整车道路试验 100 多台次，包含 2 轮次最为极端的 pascar 规范考核，在莫干山、歌乐山、吴家后山等特殊山地进行了近 20 次大负载特殊山路试验，道路试验行驶里程总计近 100 万千米，经受住了 – 30 ℃ 至 40 ℃ 的极寒酷暑的考验，才做出了高品质产品。

【思考】在学习自动变速器的同时，请列举你所知道的中国汽车人艰苦奋斗的故事。

 巩固提升

一、选择题

1.（单选）变速杆的 R 位，是指（　　　）。

A. 驻车挡　　　　　　　　　　　B. 前进挡

C. 倒车挡　　　　　　　　　　　D. 空挡

2.（单选）自动变速器中，带有制动功能的挡位是（　　　）。

A. P 挡　　　　B. N 挡　　　　　C. R 挡　　　　　　D.D 挡

3.（单选）为保证汽车的安全性，防止汽车误起动造成安全事故，在自动变速器换挡机构中设置了（　　　）。

A. 强制降挡开关　B. 运动模式开关　　C. 空挡起动开关　D. 经济模式开关

4.（单选）自动变速器的运动模式与普通模式相比，升挡点会（　　　）。

A. 变早　　　　B. 变晚　　　　　C. 变快　　　　　D. 以上都不是

5.（多选）在正常情况下强制降挡开关的电阻值为小电阻时表示开关处于（　　　）。

A. 接通状态　　B. 断开状态　　　C. 雪地模式　　　D. 动力模式

二、判断题

1. 装备自动变速器的部分车辆，换挡杆要解除 P 挡锁止，其条件之一是必须踩下制动踏板。　　　　　　　　　　　　　　　　　　　　　　　　　　　　　　（　　　）

2. 变速杆调整不当可能会造成挂不进驻车挡和前进挡。　　　　　　（　　）

3. 当换挡杆处于 P 或 N 位置时，将换挡杆向前推动到 R 位置，倒车灯点亮。（　　）

4. 换挡杆处于任意位置时，发动机都能被起动。　　　　　　　　　　（　　）

5. 为提高汽车在加速时的动力性，在自动变速器中设有强制降挡功能，当节气门开度超过一定比例时而强制降低一个挡位。　　　　　　　　　　　　　　（　　）

项目四任务三
巩固提升答案

传动与分动功能检查保养

汽车的传动与分动功能主要是靠分动箱、万向传动装置以及驱动桥来实现，具体结构如图 5-0-1 所示。

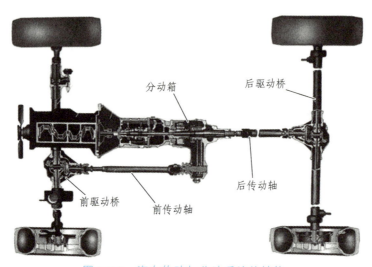

图 5-0-1　汽车传动与分动系统的结构

分动箱是将变速器输出的动力进行分配的装置，它可以将动力输出到后轴，或者同时输出到前后轴。带有分动箱的汽车，都是将动力先由变速器传递到分动箱，再由分动箱分别传递到前轴和后轴，并且可以在后驱和四驱之间切换，多使用在硬派越野车上。随着科技的发展，现在的分动箱根据各种车型，设计成不同的类型。

万向传动装置主要由万向节和传动轴组成，将动力从变速器或分动箱传递给驱动桥。

驱动桥处于动力传动系的末端，其基本功能是增大由传动轴或变速器传来的转矩，并将动力合理地分配给左右驱动轮，另外还承受作用于路面和车架或车身之间的垂直力、纵向力和横向力。驱动桥一般由主减速器、差速器、半轴和驱动桥壳等组成。

学习目标

◎ 知识目标

1. 能够正确描述分动箱、齿圈与主动小齿轮、半轴、传动轴与万向节、差速器的功用。
2. 能够正确描述分动箱、齿圈与主动小齿轮、半轴、传动轴与万向节、差速器的类型。
3. 能够正确描述分动箱、齿圈与主动小齿轮、半轴、传动轴与万向节、差速器的结构与工作原理。

◎ 技能目标

1. 能够根据维修手册，对分动箱、齿圈与主动小齿轮、半轴、传动轴与万向节、差速器进行检查。
2. 能够根据对分动箱、齿圈与主动小齿轮、半轴、传动轴与万向节、差速器的检查结果确定维修方案。
3. 能够根据维修手册，对分动箱、齿圈与主动小齿轮、半轴、传动轴与万向节、差速器进行维修。

◎ 思政目标

1. 培养良好的职业道德和工匠精神。
2. 培养安全意识和团队协作精神。
3. 培养自我管理和自主学习能力。

任务一 **分动箱检查保养**

分动箱是四驱汽车的重要组成部分，位于变速器与车桥之间，将变速器输出的动力分配给前轴和后轴，分动箱的安装位置如图 5-1-1 所示。

四轮驱动方式有分时四驱、全时四驱和适时四驱之分。通常由动力传递部分（输入轴、输出轴、传动齿轮和链条）、操纵部分（四驱挡杆、四驱按键）、执行机构（换挡电机、拨叉）等组成。

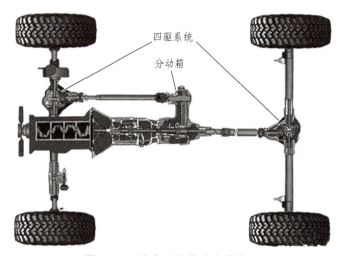

四驱系统

分动箱

图 5-1-1　汽车分动箱的安装位置

 情景导入

客户张先生驾驶一辆四驱越野车，在行驶中切换至低速四驱模式下，车辆底部发出较大噪声。经 4S 店维修技师检测及路试检查，初步怀疑故障是分动箱润滑不足所致。为了确定故障原因，需对分动箱做进一步检查。作为汽车维修技师，请仔细查看服务顾问提供的汽车问诊表（见表 5-1-1），并针对故障进行后续处理。

表 5-1-1 接车问诊表

车牌号:	车架号:	行驶里程: 100 000 km
用户名: 张**	电话:	来店时间:

用户陈述及故障发生时的状况: 在行驶中切换至低速四驱模式下, 车辆底部发出较大噪声

接车员检测确认建议: 检查汽车分动箱

车间检测确认结果及主要故障零部件:

车间检查确认者:

外观确认:

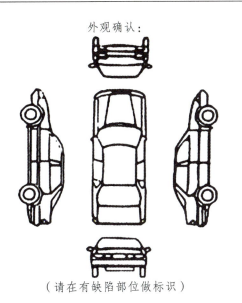

(请在有缺陷部位做标识)

功能确认:(工作正常✓ 不正常×)
✓音响系统 ✓门锁(防盗器) ✓全车灯光
✓工具 ✓后视镜 ✓天窗 ✓座椅
✓点烟器 ✓玻璃升降器 ✓玻璃

物品确认:(有 v 无×)

贵重物品提示
✓工具 ✓备胎
✓灭火器
✓其他(   )
旧件是否交还用户
✓是 否
用户是否需要洗车
✓是 否

· 检测费说明: 本次检测的故障如用户在本店维修, 检测费包含在修理费用内; 如用户不在本店维修, 请您支付检测费。本次检测费: ¥   元。

· 贵重物品: 在将车辆交给我店检查修理前, 已提示将车内贵重物品自行收起并保存好, 如有遗失恕不负责。

接车员: 孙**   用户确认: 张**

理论要点

一、分动箱的功用

分动箱（见图 5-1-2）的功用是将变速器输出的动力分配到驱动桥，并且增大扭矩。分动器也是齿轮传动系统，它单独固定在车架上，其输入轴与变速器的输出轴相连接，分动器的输出轴有两根，分别经万向传动装置与各驱动桥相连。

图 5-1-2　汽车分动箱

由于越野车辆发动机输出的扭矩比较大，即使在高速运转时仍可输出较大的扭矩，加上变速箱的传动比变化范围较大，能够很好地满足车辆的使用要求。因此，依据越野车的主要技术指标、发动机功率、转速和车辆行驶条件，来确定分动器的结构形式的选择、设计参数的选取及各大零部件的设计计算。

二、分动箱的类型

分动箱根据结构形式的不同可以分为不带轴间差速器的分动器、带轴间差速器的分动器和装超越离合器的分动器三类；根据驱动方式的时段不同可以分为分时驱动、全时驱动和适时驱动三类。

（一）不带轴间差速器的分动器

分动器各输出轴具有相同的转速，而转矩分配则与该驱动轮的阻力及其传动机构的刚度有关。不带轴间差速器的分动器在挂低速挡时同时接通前驱动桥，挂高速挡时前驱动桥与传动系分离，使其变为从动桥。

（二）带轴间差速器的分动器

分动器各输出轴可以以不同的转速旋转，而转矩分配则由差速器传动比决定。据此，可将转矩按轴荷分配等比例地分配到各驱动桥。使用这种分动器的汽车，不仅挂低速挡时，而且挂分动器高挡时都可以得到全轮驱动，以充分利用附着质量及附着力，提高汽车在各种路面上的牵引性能。轴间差速器可消除多桥驱动汽车的功率循环，但降低了汽车的抗滑能力，故常需加装差速锁。

（三）装超越离合器的分动器

分动器利用前后轮的转速差使当后轮滑转时自动接上前驱动桥，挂入倒挡时则用超越离合器工作。

（四）分时驱动（Part-time 4 WD）

如图 5-1-3 所示为分时四驱汽车结构。分时驱动是一种可以在两驱和四驱之间手动选择的四轮驱动系统，由驾驶员根据路面情况，通过接通或断开分动器来变换两轮驱动或四轮驱动模式，这也是一般越野车或四驱 SUV 最常见的驱动模式。分时驱动最显著的优点是可根据实际情况来选取驱动模式，比较经济，图 5-1-4 所示为分时四驱换挡杆。

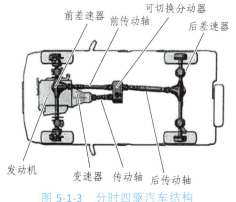

图 5-1-3　分时四驱汽车结构

图 5-1-4　分时四驱换挡杆

（五）全时驱动（Full-time 4 WD）

图 5-1-5 所示为全时驱动汽车结构。全时驱动系统不需要驾驶人选择操作，前后车轮永远维持四轮驱动模式，行驶时将发动机输出扭矩按 50：50 设定在前后轮上，使前后排车轮保持等量的扭矩。

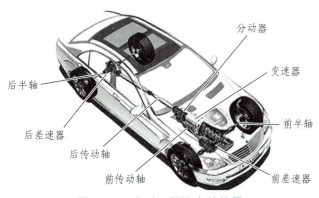

图 5-1-5　全时四驱汽车结构图

全时四驱多应用于中高端的 SUV 车型，具有出色的公路性能，不过结构复杂、价格高昂，可靠性不及分时四驱。

（六）适时驱动（Real-time 4 WD）

采用适时驱动系统的车辆可以通过微机来控制选择适合当下情况的驱动模式，如图 5-1-6 所示。在正常的路面，车辆一般会采用后轮驱动的方式，而一旦遇到路面不良或驱动轮打滑的情况，微机会检测并立即将发动机输出扭矩分配给前排的两个车轮，自然切换到四轮驱动状态，免除了驾驶人的判断和手动操作，应用更加简单。

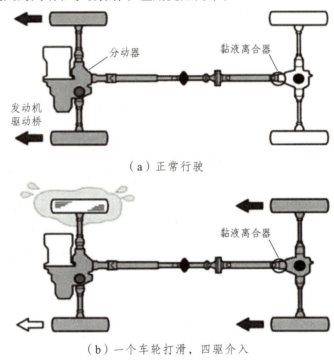

（a）正常行驶

（b）一个车轮打滑，四驱介入

图 5-1-6　适时四驱系统

三、分动器的基本结构

分动器的输入轴直接或通过万向传动装置与变速器第二轴相连，输出轴有两个或两个以上，通过万向传动装置分别与各驱动桥连接。分动器内除了具有高低两挡及相应的换挡机构外，还有前桥接合套及相应的控制机构。

以吉普大切诺基为例，其分动器由齿轮传动机构和操纵机构两部分组成。

（一）齿轮传动机构

分动器的齿轮传动机构是由壳体、行星架、同步器接合套、链轮、传动链条、输入轴、输出轴等零件组成，如图 5-1-7 所示。

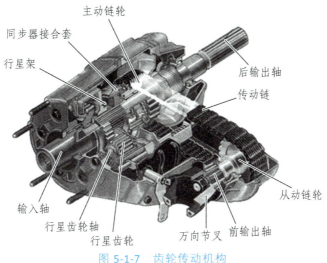

图 5-1-7　齿轮传动机构

（二）操纵机构

操纵机构由操纵杆、杠杆机构（或摆板机构）、拨叉轴、拨叉、自锁及互锁装置等组成。

四、分动器的特点

分动器的结构特点是前输出轴传动系统皆采用低噪声的多排链条传动。链传动相对齿轮传动具有传动平稳、噪声小、中心距误差要求低、轴承负荷较小及防止共振的优点。

分动器功能上的特点是转矩容量大、重量轻、传动效率高、噪声小、换挡轻便准确，大大改善了多驱动车辆的转矩分配，进而提高了整车性能。

由于现代车辆发动机输出的转矩比较大，即使在高速运转时仍可输出较大的转矩，加上变速箱的传动比变化范围较大，能够很好地满足车辆的使用要求。

五、分动器的工作原理

由于分动器的种类繁多，下面以适时四驱的工作原理为例进行讲解。

适时四驱分动器具有高速行驶过程中在 2H 与 4H 之间随意切换的优越性能，如 5-1-8 所示为适时四驱传动示意图，其工作原理是：当电控单元 ECU 接到驾驶员换 4H 挡位指令（旋钮开关）后，ECU 会控制分动器内部电磁线圈的电流，产生电磁力，使主动链轮与后输出轴同步，然后马达带动换挡机构结合主动链轮与后输出轴，将扭矩通过链条传递给被动链轮及前输出轴，从而带动前传动轴，实现 2H 与 4H 之间转换。

4H 与 4L 之间转换须驾驶员将车停稳，ECU 得到车速传感器的信号；踩下离合器，离合器踏板开关提供给 ECU 持续信号；驾驶员将换挡开关旋动后保持停车及离合器踩下 5 s，以确保 ECU 提供给马达电流，马达带动换挡机构使换挡完成。

来自变速箱的动力

多片离合器

往后轴

传递钢链

电控机构

往前轴

图 5-1-8　适时四驱传动示意图

六、分动器的检查与保养

（一）检查分动器固定连接情况

车辆在行驶中由于本身连续振动，会使分动器与车架之间及前后轴之间出现松动，因此，在使用中必须定期检查，并根据情况紧固螺栓，常见松动情况如图 5-1-9 所示。

图 5-1-9　分动器连接情况检查

（二）检查变速器和分动器及其操纵机构的工作情况

变速器和分动器在使用中，由于齿轮、齿轮轴和轴承，以及换挡与互锁机件的磨损和变形，其工作状况逐渐变坏，会产生一系列故障。因此，必须经常检查其工作情况，及时予以维护或检修。变速器和分动器的操纵机构由于环节较多，使用中可能因润滑不良，油泥增多或锈蚀严重，导致磨损和阻力增大。这不仅给操纵造成困难，甚至还可能使操纵失准，因此必须定期检查其灵活情况和挂、摘挡情况，必要时需对其进行去泥、除锈、润滑和检修，以保证变速器和分动器的正常工作。

（三）检查各轴油封和清洗通气器

变速器和分动器的油封唇口经使用会逐渐磨钝，其自紧弹簧的弹力会降低，这都会使油封的密封作用减弱而漏油。油封漏油时，变速器和分动器将因油平面降低而导致润滑不良，磨损增加，甚至使机件损坏。因此，应经常检查油封是否漏油，如冷车检查发现有显著的漏油痕迹，或热车后停车检查发现有滴油现象，均应更换油封。更换油封或清洗变速器和分动器时，应同时清洗通气器，因通气器一旦脏污、堵塞，也会使油封漏油。油封的检查如图5-1-10所示。

图 5-1-10　检查油封

（四）检查、添加或更换润滑油

变速器和分动器的润滑油平面应符合规定，过低会使润滑不良，磨损增加，甚至使机件损坏。因此，应定期进行检查，特别是变速器和分动器漏油时，更应进行检查。油平面的检查一般在冷车时进行，要求油平面与检视孔口平齐，或不低于检视孔口 10 mm，不足即添加。添加时，应加注原车规定的润滑油，切勿使油平面过高（油平面过高也会使油封产生漏油）。润滑油经过一定的使用期后，因氧化变质及轻油馏分减少，其黏度将增大，油中的杂质逐渐增多，因此，应根据使用情况及时予以更换。更换应在热车时进行，以便彻底放尽和带走金属杂物，同时，应用变速器和分动器容量 1/3 的柴油进行清洗。清洗时，顶起驱动桥，起动发动机，低速转动 1.5 ~ 2 min，并依次变换各挡位，然后放尽清洗油，再按规定加注新的润滑油。

七、分动器使用的注意事项

（1）使用分动器时必须挂挡到位，分动器未完全挂上挡不要开动车辆，否则易引起分动器损坏，造成功率损失或车辆失去控制。

（2）车辆在硬路面上行驶时不要长时间使用四轮驱动。在硬化路面上使用四轮驱动将使机件负荷增大引起早期损坏。另外，在干硬路面长时间行驶也易造成换挡困难。当出现这种情况时，可把车辆倒退几米或者把车辆驶离硬路面几分钟再进行换挡。

（3）车辆在湿滑路面、泥路面及冰雪路面行驶时，应使用四轮驱动，但速度不能过快，否则易造成车轮打滑，失去牵引力，且易造成车辆控制困难。

（4）在停车时，绝不能只把分动器置于 N（空）挡位置上，而不使用驻车制动器，否则，即使变速器挂上挡，遇到外部作用力时也会使车辆产生移动。

巩固提升

一、选择题

1. 分动器的基本构造是一个（　　）传动系统。

    A. 齿轮　　　　　　B. 皮带　　　　　　C. 链条　　　　　　D. 机械

2. 分动器是将（　　）输出的扭矩传递到各驱动桥的装置。

    A. 差速器　　　　　B. 变速器　　　　　C. 发动机　　　　　D. 离合器

3. 分动器（　　）是使分动器离合或换挡的控制机构。

    A. 传动机构　　　　B. 操纵机构　　　　C. 执行机构　　　　D. 分离机构

4. 分动器根据结构形式的不同可以分为（　　）种。

    A. 2　　　　　　　B. 3　　　　　　　C. 4　　　　　　　D. 5

5. 可以通过微机来控制选择适合当下情况的驱动模式的车辆采用的是（　　）。

    A. 分时驱动系统　　B. 半时驱动系统　　C. 适时驱动系统　　D. 全时驱动系统

二、判断题

1. 由于四轮驱动的汽车具有良好的动力性能，因此在这种汽车行驶时最好始终保持四驱的工作状态，才能发挥出它的优点。　　　　　　　　　　　　　　　　　　　（　　）

2. 越野汽车的传动系中的分动器是普通两驱汽车中所没有的装置。　　　　（　　）

3. 在沟坎较大、崎岖泥泞的山路上行驶时，应将分动器置于高速四驱挡位上。（　　）

4. 分动器的作用就是把动力分给前后驱动桥，但却无法改变汽车的行驶速度。（　　）

5. 在汽车实现四驱工作效果时，动力总是先经过中间轴齿轮传递到前后输出轴的。

                                                         （　　）

项目五任务一
巩固提升答案

任务二 齿圈和主动小齿轮检查保养

情景导入

客户张先生驾驶一辆手动挡轿车，在行驶时底盘下方发出异响，空挡滑行时异响明显减弱，偶尔消失。经 4S 店维修技师检测及路试检查，初步怀疑故障是主减速器主从动齿轮间隙问题导致的。为了确定故障原因，需对主减速器做进一步检测。作为汽车维修技师，请仔细查看服务顾问提供的汽车问诊表（见表 5-2-1），并针对故障进行后续处理。

表 5-2-1 接车与填写接车问诊表

车牌号：	车架号：	行驶里程：90 000 km
用户名：张＊＊	电话：	来店时间：
用户陈述及故障发生时的状况：行驶时底盘下方异响，空挡滑行异响明显减弱，偶尔异响消失		
接车员检测确认建议：检查汽车主减速器		
车间检测确认结果及主要故障零部件：		
车间检查确认者：		

外观确认：

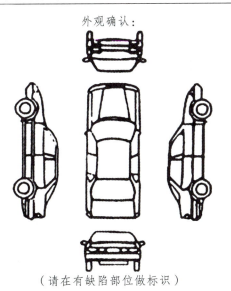

（请在有缺陷部位做标识）

功能确认：（工作正常✓ 不正常×）
✓音响系统 ✓门锁（防盗器）✓全车灯光
✓工具 ✓后视镜 ✓天窗 ✓座椅
✓点烟器 ✓玻璃升降器 ✓玻璃

物品确认：（有✓ 无×）

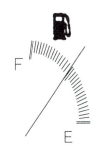

贵重物品提示
✓工具 ✓备胎
✓灭火器
✓其他（   ）
旧件是否交还用户
✓是 否
用户是否需要洗车
✓是 否

·检测费说明：本次检测的故障如用户在本店维修，检测费包含在修理费用内；如用户不在本店维修，请您支付检测费。本次检测费：¥   元。

·贵重物品：在将车辆交给我店检查修理前，已提示将车内贵重物品自行收起并保存好，如有遗失恕不负责。

接车员：王＊＊   用户确认：张＊＊

241

理论要点

主减速器

一、主减速器的功用

主减速器是由一对或几对减速齿轮副构成的,是驱动桥内能够将转矩和转速改变的机构,如图 5-2-1 所示。主减速器的主要作用有两个,一个是改变动力传输的方向,另一个就是作为变速器的延伸为各个挡位提供一个共同的传动比。总的来说主减速器的作用就是减速增扭。

之所以叫主减速器,就是因为不管变速器处在什么挡位上,这个装置的传动比都是总传动比的一个因子。有了这个传动比,可以有效地降低对变速器的减速能力的要求,这样设计的好处是可以有效减小变速器的尺寸,使车辆的总布置更加合理。

主减速器

图 5-2-1 汽车主减速器的安装位置

二、主减速器的类型

（一）按数目分

按参加减速传动的齿轮副数目分,主减速器可分为单级式主减速器和双级式主减速器,如图 5-2-2 所示。除了一些要求大传动比的中、重型车采用双级主减速器外,一般微、轻、中型车基本采用单级主减速器。

1. 双级主减速器

双级主减速器可以分为整体式和分开式两种。

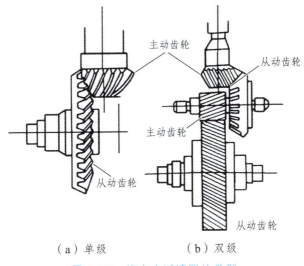

（a）单级　　　　　　（b）双级

图 5-2-2　汽车主减速器的类型

（1）整体式主减速器。双级主减速器中的两级减速机构装在一个壳体内称整体式主减速器。

（2）分开式主减速器。双级式主减速器中的第一级主减速器与第二级主减速器分开，并且各装在一个单独的壳体内，称分开式主减速器。当第一级主减速器安装在汽车左右轮中部时称中央减速器。

2. 单级主减速器

单级主减速器就是一个主动锥齿轮（俗称角齿）和一个从动伞齿轮（俗称盆角齿），如图 5-2-3 所示。主动锥齿轮连接传动轴，顺时针旋转，从动伞齿轮贴在其右侧，啮合点向下转动，与车轮前进方向一致。由于主动锥齿轮直径小，从动伞齿轮直径大，可达到减速的功能。

图 5-2-3　单级主减速器

（二）按结构形式分

按减速齿轮副结构形式分，主减速器可分为圆柱齿轮式、锥齿轮式和准双曲面齿轮式等。

1. 圆柱齿轮式主减速器

圆柱齿轮式主减速器（见图 5-2-4）的结构简单、加工容易，常使用斜齿圆柱齿轮。圆柱齿轮多用在发动机横置时的主减速器、轮边减速或者双级主减速器中。

图 5-2-4　圆柱齿轮式主减速器

2. 锥齿轮式主减速器

锥齿轮式主减速器，如图 5-2-5 所示。它的传动特点是主动齿轮轴线与从动齿轮轴线相互垂直交于一点。此外，这种减速器工作过程中同时啮合的齿数多，故工作平稳、噪声小、承载能力大，但对安装精度要求高，运用于发动机纵置的场合。

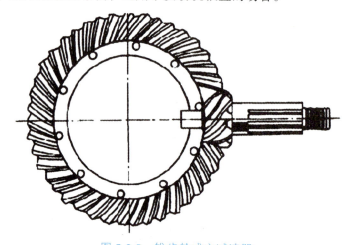

图 5-2-5　锥齿轮式主减速器

3. 准双曲面齿轮式主减速器

准双曲面齿轮式主减速器的传动特点是主动齿轮轴线与从动齿轮轴线相互垂直而不相交，如图 5-2-6 所示。主动齿轮轴线相对于从动齿轮轴线向上（下）偏移一距离 E，称偏移距。相同条件下即传动比一定，从动齿轮相同时双曲面齿轮有较高的强度，同时啮合的齿数多，工作平稳噪声小。利用两齿轮轴线允许偏移的特点可以调节汽车质心位置或提高离地间隙，改善汽车在坏路面上的通过能力。为防止使用过程中齿面过快磨损，必须用特种润滑油。目前，这种齿轮被广泛应用在发动机纵置的驱动桥中。

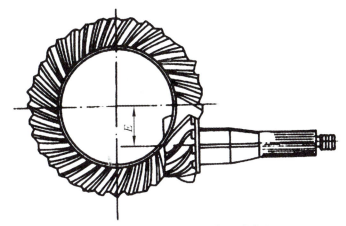

图 5-2-6　准双曲面齿轮式主减速器

4. 蜗轮蜗杆式主减速器

蜗轮蜗杆式主减速器工作非常平稳可靠、无噪声，轮廓尺寸及质量均小，可以得到大些的传动比，还有结构简单、拆装方便等优点。它的缺点是传动效率低。蜗轮蜗杆式减速器适用于发动机纵置场合，但应用较少。

现代汽车的主减速器，广泛采用螺旋锥齿轮和双曲面齿轮。双曲面齿轮工作时，齿面间的压力和滑动较大，齿面油膜易被破坏，必须采用双曲面齿轮油润滑，绝不允许用普通齿轮油代替，否则将使齿面迅速擦伤和磨损，大大降低其使用寿命。

三、主减速器的组成与工作原理

（一）组　成

不同类型的主减速器结构略有差异，其主要由主动锥齿轮和从动锥齿轮组成，如图 5-2-7 所示。主动锥齿轮通过两个圆锥滚子轴承和圆柱滚子轴承支撑在主减速器壳体上；主动锥齿轮前端的花键部分装有叉形凸缘，凸缘与传动轴的十字万向节相连，从动锥齿轮用螺栓固定在差速器壳体上，而差速器壳体又通过两个圆锥滚子轴承支撑在主减速器壳体上。

图 5-2-7　主减速器的结构

（二）工作原理

主减速器的工作原理是将变速器输出的动力再次减速，以增加转矩，同时改变动力传递方向，之后将动力传递给差速器。

降速原理：当动力从传动轴输入时，会带动小齿轮转动，而小齿轮会带动大齿轮运动。大齿轮的齿数比小齿轮多，大齿轮的转速比小齿轮慢，然后由大齿轮输出，起到减速的作用，以满足工作需要。

变向原理：汽车主减速器采用圆锥齿轮进行传动，动力从主动小齿轮输入后，传递给与之啮合的锥形大齿轮，则可以改变转矩旋转方向。

四、主减速器的拆装注意事项

以 2015 款长安牌面包车为例：

（1）主减速器解体前，应在差速器的左右轴承盖上做出标记，以免装配时装错。

（2）在装配压入轴承和座圈时，应使内外圈压到底，确保无间隙。

（3）在拧紧主动锥齿轮螺母时，应不断转动主动锥齿轮，使轴承滚子处于内外座圈表面的确定位置；按规定转矩拧紧螺母时，应以插上开口销为准，不能将螺母反转后插开口销。

（4）各密封垫表面必须涂上密封胶。

（5）从动锥齿轮的紧固螺栓是自动锁紧的，一经拆卸就必须更换。

五、主减速器的维修

以 2015 款长安牌面包车为例进行相关检查操作。

（一）主、从动圆锥齿轮齿面检查

（1）检查前必须把所有齿轮清洗干净，检查齿轮有无剥落，啮合印痕是否正确，磨损是否严重。

（2）若齿面上有轻微擦伤或毛刺，应用油石修磨后再使用，如图 5-2-8 所示。

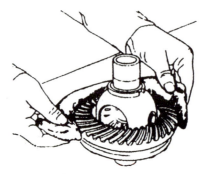

图 5-2-8　使用油石修磨主、从动圆锥齿轮齿面

（3）检查主动齿轮的花键部分是否磨损过度，如是应更换。

（4）如主动和从动齿轮疲劳性剥落，轮齿损坏超过齿长的 1/5 和齿高的 1/3 时，主动和从动齿轮应成对更换，不准新旧搭配使用。两齿轮同时更换应注意选择同一组编号的齿轮配对使用，配对编组号码是厂家用电刻在主、从动齿轮的端面上，选择齿轮时应注意。

（二）主减速器轴承检查

轴承应能自由转动，不应有受阻的感觉；如轴承内座圈、外座圈或滚柱损坏，磨损或间隙过大，剥落，支持架变形应更换轴承。

（三）主减速器轴承预紧度的检查与调整

轴承预紧度调整在装配时十分重要，要具有一定预紧度。调整齿轮轴承预紧度同时会影响主、从动锥齿轮的啮合印痕，首先应调整合适轴承预紧度，然后调整啮合间隙。

1. 检查方法

最简单方法是经验法：用手转动主、从动锥齿轮，应该转动自如，轴向推动无间隙。

另一种是测量法：用扭力扳手或弹簧秤拉动主、从动锥齿轮检查，如图 5-2-9 所示。当凸缘螺母以规定力矩拧紧后，用弹簧秤匀速旋转主动锥齿轮的力矩应在 0.5～1.5 N·m 为合适，否则要用调整垫片进行调整。

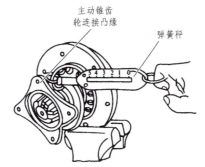

图 5-2-9　主动锥齿轮轴承预紧度的检查

2. 调整方法

主动锥齿轮轴承预紧度的调整：一般情况下都是通过调整垫片厚度大小来调整的。

从动锥齿轮轴承的预紧度调整：通过调整垫片厚度大小或调整螺母进行调整。

不论用哪种方法调整，必须先检查和调整合适轴承预紧度后，再进行主、从动锥齿轮啮合印痕和啮合间隙的检查与调整。

（四）主、从动锥齿轮啮合印痕检查与调整

主、从动锥齿轮啮合印痕大小和位置影响主、从动锥齿轮传递作用力和力矩，影响主减速器使用寿命，必须给予足够重视，并认真检查与调整。

1. 检查方法

在从动锥齿轮上相隔 120°的 3 处齿面上薄薄地涂上一层红丹油或红丹粉与机油的混合物，在齿轮的正反面各涂 2/3 个齿，再用手对从动锥齿轮稍施加阻力并正、反向转动主动齿轮数圈，观察从动锥齿轮上的啮合印痕。正确的啮合印痕如图 5-2-10 所示，接触面应位于齿高的中部且接近小端，并占齿宽 60%以上。

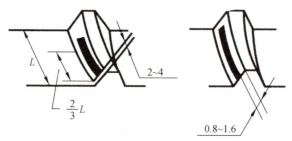

图 5-2-10　正确的齿轮啮合印痕示意图

2. 调整方法

通过检查，不良的接触面说明啮合印痕调整不当，要重新调整垫片厚度或调整螺母使其达到正常。

对于准双曲面齿轮，如果啮合印痕位置不正确，调整方法是移动主动锥齿轮。如果啮合间隙不符合要求，需要进行调整，方法是移动从动锥齿轮。

对于螺旋锥齿轮，先检查啮合印痕，若不符合要求，应进行调整。调整前先将主、从动锥齿轮安装好，并按规定调好轴承预紧度，然后根据检查所得的印痕情况通过主、从动锥齿轮向内或向外移动来调整，其调整方法可概括为"顶进主、根出主、大进从、小出从"，如图 5-2-11 所示。

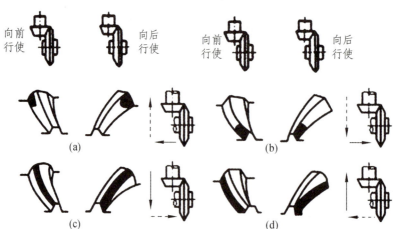

（图中标示的实线先调整，虚线后调整）

图 5-2-11　啮合印痕调整方法

注：图中标示的实线先调整，虚线后调整。

"顶进主"是指齿轮接触面靠近齿轮顶部，则应使主动锥齿轮靠近从动锥齿轮，否则相反。

"大进从"是指齿轮接触面靠近齿轮大端，就应使从动锥齿轮靠近主动锥齿轮，否则相反。

进、出主动锥齿轮是增减轴承座与主减速器壳之间的调整垫片实现的。进、出从动锥齿轮是调整差速器两端的调整螺母实现的，一端拧进多少圈，另一端就要拧出多少圈，保证差速器轴承预紧度不变。若需要通过调整垫片调整啮合间隙或啮合印痕时，一定要将减少一侧的垫片如数地加到另一侧去，从而确保轴承预松紧不变。在调整啮合印痕的过程中，可能会使已符合要求的啮合间隙变得不合要求，重新调整啮合间隙时又将破坏正确的啮合印痕。出现这些情况时，应以啮合印痕为主，而把啮合间隙放宽一些但放宽量最大不能超过 1 mm，否则应成对更换主、从动锥齿轮。此外，还应注意啮合印痕应以前进为主，适当兼顾齿轮倒向行驶面。

（五）主、从动齿轮的啮合间隙检查与调整

1. 检查方法

主、从动锥齿轮啮合间隙的检查方法有 3 种：

方法一：将装有百分表的支架固定于主减速器壳上，用百分表触针抵在从动锥齿轮正面的大端处，沿圆周均布不少于 4 个齿进行测量，并使百分表有一定的预压量。用手握住主动锥齿轮，周向往复摆转从动齿轮，百分表上反映的数值即为主、从动齿轮的啮合间隙，2015款长安牌面包车主减速器主从动锥齿轮正确的啮合间隙为 0.15 ~ 0.40 mm，而一对齿轮的啮合间隙变动范围为 0.15 mm。

方法二：用厚约 1.5 mm、宽约 5 mm、长约 5 mm 的铅条置于主、从动锥齿轮的轮齿之间，用手沿前进方向转动主动锥齿轮轴，铅条被碾压后，取出用游标卡尺测量被碾压的厚度，即为主、从动锥齿轮的啮合间隙。在圆周方向取至少 3 个点进行测量，取其平均值。

方法三：用厚薄规插入啮合的主、从动锥齿轮间测量齿隙。检查间隙时，应在从动齿轮圆周上每相隔 120°取 3 点进行测量，取其平均值。

2. 调整方法

调整方法因结构不同而不同，可通过交替拧动调整螺母或增减调整垫片来使啮合间隙达到规定值。注意调整时不能改变已调好的圆锥轴承预紧度，两侧调整螺母或调整垫片必须等量地旋出或旋入，一侧拧入多少，另一侧就要拧出多少。主、从动齿轮的啮合间隙调整合适后，用规定力矩拧紧轴承盖或调整螺母。

巩固提升

一、选择题

1. 下列选项中不属于主减速器作用的是（　　　　）。
    A. 降低转速
                   B. 增大输出扭矩
    C. 改变传动旋转方向
        D. 承受燃烧室压力

2. 轿车上常采用的主减速器是（　　　　）。
    A. 双级主减速器
            B. 单级主减速器
    C. 双速主减速器
            D. 轮边主减速器

3. 单级主减速器中，从动锥齿轮两侧的圆锥滚子轴承预紧度的调整应在齿轮啮合调整（　　　　）。
    A. 之前进行
            B. 之后进行
    C. 同时进行
            D. 之前、之后进行都可

4. 不能改变发动机转矩旋转方向的主减速器机构是（　　　　）。
    A. 圆柱齿轮传动
            B. 弧齿锥齿轮传动
    C. 准双曲面锥齿轮传动
      D. 蜗轮蜗杆传动

5. 主减速器的主、从动锥齿轮啮合间隙正确的啮合间隙为（　　　　）mm。
    A. 0.10～0.25   B. 0.15～0.30   C. 0.15～0.40   D. 0.20～0.45

二、判断题

1. 主减速器是传动系中的一个重要机件，它担负着增加转速、增大输出扭矩和改变传动旋转方向的作用。（　　　　）

2. 正确啮合的印迹位置可通过主减速器壳与主动锥齿轮轴承座之间的调整垫片宽度而获得。（　　　　）

3. 后桥主减速器的传动比越大，汽车的动力性越好、经济性越好。（　　　　）

4. 主减速器的调整主要是指轴承预紧度的调整和锥齿轮啮合的调整。（　　　　）

5. 当主减速器采用准双曲面齿轮传动时，必须采用含有防刮伤添加剂的准双曲面齿轮油进行润滑。（　　　　）

项目五任务二
巩固提升答案

任务三 半轴检查保养

情景导入

　　客户李先生驾驶一辆轿车，行驶到 60 km/h 时车身激烈地振动，速度越快振动的频率越快。经 4S 店维修技师检测及路试检查，初步怀疑是半轴故障导致的。为了确定故障原因，需对半轴做进一步检测。作为汽车维修技师，请仔细查看服务顾问提供的汽车问诊表（见表 5-3-1），并针对故障进行后续处理。

表 5-3-1　接车问诊表

车牌号：		车架号：		行驶里程：70 000 km

车牌号：　　　　车架号：　　　　行驶里程：70 000 km

用户名：李**　　电话：　　　　来店时间：

用户陈述及故障发生时的状况：行驶到 60 km/h 时车身激烈地振动，速度越高振动的频率越快

接车员检测确认建议：检查汽车传动系统

车间检测确认结果及主要故障零部件：

车间检查确认者：

外观确认：

功能确认：（工作正常✓　不正常×）
✓音响系统　✓门锁（防盗器）✓全车灯光
✓工具　　✓后视镜　✓天窗　✓座椅
✓点烟器　✓玻璃升降器　✓玻璃

物品确认：（有✓　无×）

贵重物品提示
✓工具　　✓备胎
✓灭火器✓
其他（　　　　　　）
旧件是否交还用户
✓是　否
用户是否需要洗车
✓是　否

（请在有缺陷部位做标识）

　·检测费说明：本次检测的故障如用户在本店维修，检测费包含在修理费用内；如用户不在本店维修，请您支付检测费。本次检测费：¥　　元。
　·贵重物品：在将车辆交给我店检查修理前，已提示将车内贵重物品自行收起并保存好，如有遗失恕不负责。
　接车员：王**　　　　　　　　用户确认：李**

理论要点

　　半轴是汽车传动系统的重要组成部件之一，位于差速器与车轮之间，将差速器输出的动力传递给左右两轮，并能随车轮的跳动而改变传动角度，以保证动力源源不断地传递给车轮。

　　半轴的组成部件因悬架形式的不同而有所差异，以独立式悬架为例，其由半轴、万向节和防尘罩等组成，如图 5-3-1 所示。

图 5-3-1　汽车半轴

一、汽车半轴的功用

　　半轴是汽车传动系统中的重要组成部件之一，位于差速器与车轮之间，是汽车传动系统中传递转矩的部件。其功用包括：

　　（1）将万向传动装置传来的发动机转矩通过主减速器、差速器、半轴等传到驱动车轮，实现降速增大转矩。

　　（2）通过主减速器圆锥齿轮副改变转矩的传递方向。

　　（3）通过差速器实现两侧车轮差速作用，保证内、外侧车轮以不同转速行驶。

　　（4）通过桥壳体和车轮实现承载及传递力矩。

二、半轴的类型

（一）全浮式半轴

　　工作时仅承受转矩，两端不承受任何弯矩的半轴称全浮式半轴，如图 5-3-2 所示。半轴的外端用螺栓紧固到轮毂上，因工作可靠而被广泛应用在商用车上。

　　全浮式半轴外端的凸缘用螺栓与轮毂相连接，而轮毂又由两个圆锥滚子轴承支撑在半轴套管上，通过轴承连接车轮承载重量，因此地面的冲击完全被车桥承受，而半轴此时在理论上仅承受来自发动机的扭矩。这种半轴拆卸时也更加容易，只需要拧下半轴凸缘上的螺母，就可以将半轴从半轴套管中抽出，此时车轮和整体桥壳照样可以支撑起整辆汽车。因此，总体来说，全浮式半轴中的半轴承受的力要简单得多，两个圆锥滚子轴承组分别承受向外和向内的轴向力，稳定车轮。在越野时的飞跳等各种动作出现时，全浮式结构相对来说更加坚固，结构承重力高，半轴和轴承不容易变形、折断。

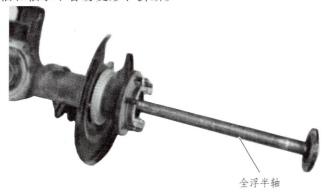

全浮半轴

图 5-3-2　全浮式半轴

（二）半浮式半轴

图 5-3-3 所示为半浮式半轴，半浮式半轴以靠近外端的轴颈直接支承在位于桥壳外端内孔中的轴承上，半轴端部以具有锥面的轴颈及键与轮毂固定连接，或用凸缘直接与车轮轮盘及制动毂相连接。因此，除传递转矩外，半浮或半轴还要承受车轮传来的垂直力、驱动力和侧向力引起的弯矩。半浮式半轴因结构简单、质量小、造价低，常应用于乘用车和部分商用车上。

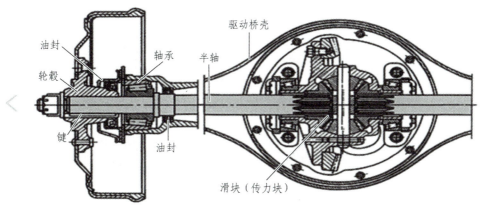

油封　　轴承　　半轴　　驱动桥壳

轮毂

键

油封

滑块（传力块）

图 5-3-3　半浮式半轴

半浮桥的轮胎轮毂刹车盘是装在半轴上的，可以理解为它们是一个整体，如果要把半轴拆下来就必须把轮胎轮毂同时拆卸，拆了半轴车身就无法移动和支撑，而且半轴装进桥体后车轮是先连接半轴再支撑车身，里面的半轴是靠一个轴承支承着桥壳外侧，受力点大部分集中在半轴上。也就是说半浮桥的半轴除了起到传递扭矩的作用外，它还需要兼顾着车身承重，并且还要承受来自外部的纵向和侧向力共同所产生的转矩。

三、半轴的结构

图 5-3-4 所示为汽车半轴总成示意图，汽车半轴也称驱动轴，是将差速器与驱动轮连接起来的轴。半轴是变速箱减速器与驱动轮之间传递扭矩的轴，其内外端各有一个万向节，半轴的分解如图 5-3-5 所示。

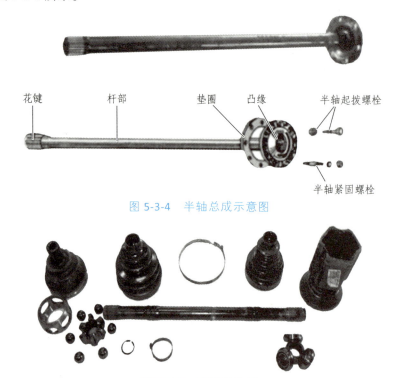

花键   杆部   垫圈   凸缘   半轴起拨螺栓

半轴紧固螺栓

图 5-3-4　半轴总成示意图

图 5-3-5　半轴的分解

（一）外球笼

图 5-3-6 所示为半轴外球笼主要由外轮（钟形罩）、内轮、保持架、钢球 4 个部分组成。外球笼一般采用球笼式等速万向节，其作用是将发动机的动力从变速器经内球笼及中间轴传递到两个前车轮，驱动汽车行驶。

图 5-3-6　半轴的外球笼

（二）内球笼

图 5-3-7 所示为半轴内球笼由钟形壳、三叉轴承或钢珠、防尘罩、束环、润滑脂组成。其作用是将发动机的动力从变速器传递到两个前车轮，驱动轿车行驶。用于轿车的等速万向节类型很多，其中应用最多的是球笼式等速万向节和三角架式等速万向节。

图 5-3-7　半轴内球笼

（三）球笼防尘套

图 5-3-8 所示为防尘套，它是球笼中的一个关键部件，主要作用为防止灰尘进入球笼内和防止球笼内的润滑油流出。防尘套一旦破损，就会使外界的水与沙粒进入，导致球笼异常磨损、产生间隙，球笼间隙变大会引发车辆转弯异响、加速抖动等问题，严重时还会导致球笼断裂，造成车辆无法正常行驶。

图 5-3-8　防尘套

（四）半轴的检查

半轴的检查如图 5-3-9 所示，检查步骤如下：

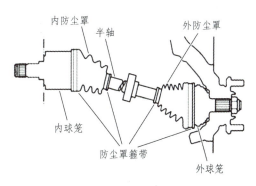

图 5-3-9　半轴的检查

（1）检查半轴内防尘罩和外防尘罩是否有裂纹、损坏；防尘罩内是否发生润滑脂泄漏、防尘罩箍带是否松动，如果发现有异常情况，应立即更换。

（2）检查半轴是否有裂纹或损坏，如果发现有裂纹或损坏，应更换半轴。

（3）检查半轴的内球笼和外球笼是否有裂纹或损坏，如果发现有损坏，应更换内球笼和外球笼。

（4）握住内球笼，用手转动前轮，检查内球笼是否过于松旷。如果过于松旷，应更换内球笼；如果损坏，应更换半轴。

四、汽车半轴维修保养

汽车半轴检查是汽车维修中的重要项目。在汽车使用中，所有的橡胶制品和密封圈等，其有效期均为3年。半轴球笼防尘套在不断地被拉伸和挤压过程中，会出现自然老化龟裂，也会因为一些异常情况而出现破损。如果定期对其实施维修保养，重点检查，就能够及时消除隐患。

一旦发现半轴防尘套破裂，则需立即更换半轴防尘套，若不及时更换半轴防尘套，在汽车行驶3 000 km~5 000 km时，半轴球笼将会产生连累作用。

关于其配件的破坏，也不能简单地只是对其更换，如半轴，作为驱动的一个主要机件，在防尘套中具有润滑作用的润滑脂充填，当其发生破损时，会导致润滑脂飞溅，因此在对防尘套更换的同时需将润滑脂补足。

另外，汽车长时间行驶，其润滑脂会发生变质，在对其彻底清洗之后要对润滑脂更新，定期对其实施规范化保养，从而起到防患于未然的效果。

拆装更换中所需材料包括：

（1）两侧内外球笼防尘套，如果出现正常老化，则就需要对其同时进行更换，特别是长期经受较大转向角度的外球笼防尘套。

（2）固定半轴的大梅花螺母属于一次性配件，使用中可能会出现滑牙，严重的话可能会导致出现半轴外球笼螺杆丝口滑牙，此时需要对外球笼进行更换。

（3）润滑脂质量大约500 g。

（4）半轴加注润滑脂，在这一过程中不能使用钙基脂黄油

（4）防尘罩箍带。

（5）在拆装过程中，一定要尽量小心，最大化地对原车附件使用，一定不要毁坏性野蛮拆卸。

【思考】当防尘罩出现裂纹，但未漏油时是否需要立即更换？

五、半轴的拆卸

（一）半轴的拆卸步骤

以2015款大众桑塔纳轿车为例，分解步骤如下：

（1）从汽车上拆下半轴。

（2）拆内球笼：拆下防尘罩上的两道卡箍，把护罩拉到轴上离开球笼。

（3）如果有防护盖的，用一个适宜的冲子，把防护盖从球笼上拆下。

（4）拆下半轴端部的弹性挡圈。

（5）托住球笼的下边，把半轴向外推出来。

（6）从半轴上取下防尘罩和防护盖，如果装有弹性垫圈，也同时取下。

（7）拆外球笼：拆下防尘罩上的两道卡箍，把防尘罩拉到轴上离开球笼。

（8）将中间连接轴夹持在台虎钳上，并使球笼呈一定的夹角，从而使球笼星形套暴露出

来，用一个软金属冲子轻轻敲打外球笼的星形套或用橡皮锤直接敲打外壳，把它从轴上拆下，拆下弹性挡圈。从半轴上取出弹性卡簧，取下防尘罩。

（二）半轴的拆卸技巧

拆卸半轴固定螺母前，需用冲子、榔头将半轴固定螺母防松卡槽位置铁皮撬出，避免强行拧松半轴固定螺母而损伤螺纹。

拆卸半轴时，如果不更换变速箱油液，则无须拆卸半轴内球笼。将内球笼外套筒卡子松开之后，即可将内球笼解开，也就能够将内球笼中的三销和内球笼防尘套取出。

 巩固提升

一、选择题

1. 下列属于半轴功用的是（　　　）。
   A. 使汽车不侧翻　　　　　　　　B. 传递变速箱转矩
   C. 保证换挡平顺　　　　　　　　D. 降低风阻系数
2. 下列不属于半轴组成部分的是（　　　）。
   A. 防尘套　　　B. 花键杆　　　C. 内球笼　　　D. 离合器盖
3. 普通轿车的半轴左右长度（　　　）。
   A. 一样长　　　　　　　　　　　B. 左边比右边长
   C. 视发动机的布局左右长度不一样长　　D. 右边比左边长
4. 半轴防尘套属于橡胶制品，其有效期为（　　　）年。
   A. 2　　　　　B. 3　　　　　C. 4　　　　　D. 5
5. 半轴在保养时需要检查（　　　）
   A. 防尘套　　　B. 直拉杆　　　C. 横拉杆　　　D. 转向轴

二、判断题

1. 一般普通轿车左右半轴一样长。　　　　　　　　　　　　　（　　　）
2. 半轴的内球笼与外球笼一样地可以互换。　　　　　　　　　（　　　）
3. 半轴维修时需要涂抹润滑脂。　　　　　　　　　　　　　　（　　　）
4. 可以用机油代替润滑脂来润滑半轴。　　　　　　　　　　　（　　　）
5. 在半轴保养时无须检查防尘罩。　　　　　　　　　　　　　（　　　）

项目五任务三
巩固提升答案

任务四 传动轴万向节检查保养

 情景导入

　　李先生驾驶一辆面包车在行驶过程中出现踩加速踏板发生抖动,松开后抖动消失的现象。经 4S 店维修技师检测及路试检查,初步怀疑故障是汽车传动轴发生了故障导致的。为了确定故障原因,需对传动轴做进一步检测。作为汽车维修技师,请仔细查看服务顾问提供的汽车问诊表(见表 5-4-1),并针对故障进行后续处理。

表 5-4-1　接车问诊表

车牌号:	车架号:	行驶里程:82 300 km
用户名:李**	电话:	来店时间:
用户陈述及故障发生时的状况:行驶时踩加速踏板发生抖动,松开抖动消失		
接车员检测确认建议:检查汽车传动轴		
车间检测确认结果及主要故障零部件:		
车间检查确认者:		

外观确认:	功能确认:(工作正常✓ 不正常×) ✓音响系统　✓门锁(防盗器)　✓全车灯光 ✓工具　　　✓后视镜　　✓天窗　✓座椅 ✓点烟器　　✓玻璃升降器　　✓玻璃 物品确认:(有✓　无×) 贵重物品提示 ✓工具　　✓备胎 ✓灭火器 ✓其他(　　　　　　) 旧件是否交还用户 ✓是　否 用户是否需要洗车 ✓是　否
(请在有缺陷部位做标识)	

　　·检测费说明:本次检测的故障如用户在本店维修,检测费包含在修理费用内;如用户不在本店维修,请您支付检测费。本次检测费:¥　　元。

　　·贵重物品:在将车辆交给我店检查修理前,已提示将车内贵重物品自行收起并保存好,如有遗失恕不负责。

　　接车员:王**　　　　　　　　　　　用户确认:李**

理论要点

一、万向传动装置的功用

万向传动装置是用来在工作过程中，向相对位置不断改变的两根轴间传递动力的装置，其功用是连接不在同一直线上的变速器输出轴和主减速器输入轴，并保证在两轴之间的夹角和距离经常变化的情况下，仍能可靠地传递动力，如图5-4-1所示。

图 5-4-1　汽车万向传动装置

二、万向传动装置的结构

万向传动装置主要由万向节、传动轴和中间支承组成，如图5-4-2所示。

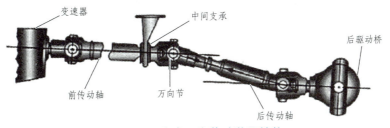

图 5-4-2　汽车万向传动装置结构

（一）万向节

万向节即万向接头，是实现变角度动力传递的机件，用于需要改变传动轴线方向的位置，其属于汽车驱动系统的万向传动装置的关键部件。

（二）传动轴

传动轴

传动轴是连接变速器（或分动器）与驱动桥的部件，其作用是将变速器（或分动器）传来的扭矩传给驱动桥。传动轴有空心轴和实心轴两种，多数做成空心，一般由厚薄均匀的薄钢板卷焊而成，对于超重型货车采用无缝钢管制成，而对于转向驱动桥、断开式驱动桥或微型汽车的传动轴通常制成实心的。在传动轴的两端分别焊有带花键的轴头和万向节叉。

（三）中间支承

在传动距离较长时，往往需要将传动轴分段，各段之间增加中间支承。通常中间支承安装在车架横梁上，它具有补偿传动轴轴向和角度方向变化或车架变形等所引起的位移。

三、万向传动装置的类型

（一）万向传动装置的布置形式

万向传动装置的布置形式如图 5-4-3 所示。前面两种为普通汽车万向传动装置的布置形式，后面 3 种为越野汽车万向传动装置的布置形式，其中最后两种为三桥式的轴驱动的越野汽车布置形式，第 4 种为贯通式结构，第 5 种为非贯通式结构，非贯通式传动轴必须采用中间支承，并将其固定在桥壳上。

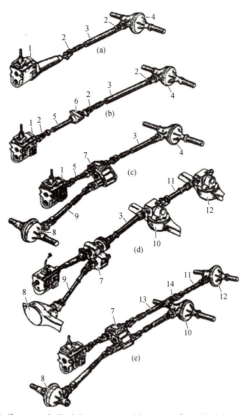

1—变速器；2—十字轴万向节；3—主传动轴；4—驱动桥；5—中间传动轴；6—中间支承；7—分动器；
8—转向驱动桥；9—前桥传动轴；10—中驱动桥；11—后桥驱动轴；
12—后驱动桥；13—后桥中间传动轴；14—中间支承。

图 5-4-3   万向传动装置的布置形式

（二）万向传动装置可分为闭式和开式两种类型

1. 闭式万向传动装置

闭式万向传动装置采用单万向节，传动轴被封闭在套管中，套管与车架由球铰连接，而与驱动桥固定连接。其最大特点是传动轴外壳作为推力管来传递汽车的纵向力，从而使传动轴外壳起到了悬架系统导向机构中纵向摆臂的作用，这对于其后悬架利用螺旋弹簧作为弹性元件是十分必要的。

2. 开式万向传动装置

开式万向传动装置结构简单、重量轻，被现代汽车广泛应用。

（三）万向节的分类

按万向节在扭转方向上是否有明显的弹性可分为刚性万向节和挠性万向节。刚性万向节又可分为不等速万向节（如十字轴式万向节）、准等速万向节（如双联式、三销轴式万向节）和等速万向节（如球笼式、球叉式万向节）3种。

1. 十字轴式万向节

十字轴式万向节为汽车上广泛使用的不等速万向节，由万向节叉、十字轴、滚针轴承、油封、套筒、轴承盖等零部件组成，如图5-4-4所示。它允许相邻两轴的最大交角为15°~20°。

图 5-4-4　十字轴式万向节

2. 等速万向节

等速万向节的基本原理是从结构上保证万向节在工作过程中，其传力点永远处于两轴的平分面上，可使万向节旋转的角速度也相等。目前，小轿车上常用的等速万向节为球笼式万向节（图5-4-5）和球叉式万向节（图5-4-6）。

图 5-4-5　球笼式万向节

图 5-4-6　球叉式万向节

3. 准等速万向节

常见的准等速万向节有双联式万向节（见图 5-4-7）和三销轴式万向节（见图 5-4-8）两种，它们的工作原理与十字轴式万向节实现等速传动的原理是一样的。

图 5-4-7　双联式万向节

图 5-4-8　三销轴式万向节

4. 挠性万向节

挠性万向节（见图 5-4-9）是由橡胶件将主、被动轴叉交错连接而成，依靠橡胶件的弹性变形，能够实现转动轴线的小角度（3°～5°）偏转和微小轴向位移，吸收传动系统中的冲击载荷和衰减扭转振动。挠性万向节具有结构简单、无须润滑等优点。

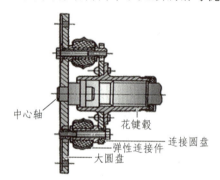

图 5-4-9　挠性万向节

四、万向传动装置的拆装注意事项

（一）十字轴式万向节的拆装注意事项（以 2016 款长安之星面包车为例）

（1）分解时先拆下盖板螺栓，拆下盖板和万向节滚针轴承壳。拆下其余两个万向节滚针轴承后，用手握住万向节的两个轴颈，用锤子轻敲传动轴或伸缩套的万向节边缘，用十字轴顶出轴承壳，如图 5-4-10 所示。拆卸时不能敲击安装轴承座孔边缘或轴承壳底部。

（2）装配时，待装零件应彻底清洗，特别是十字轴的油道、轴颈和滚针轴承，最好用清洁的煤油清洗后，再用压缩空气吹干。

（3）装配时，应防止磕碰，并注意平衡片是否脱落，认真核对万向节、伸缩节等处的装配记号。在安装传动轴时，传动轴应按记号原位装复，同一传动轴两端的万向节叉应装在同一平面。许多车型都有特殊规定的记号，应注意对准。

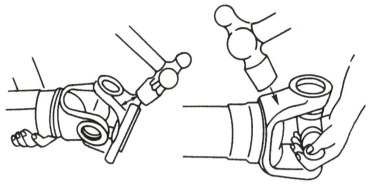

图 5-4-10　十字轴式万向节的拆解示意图

（4）装配时，十字轴上的加油孔要朝向传动轴，以便加注润滑脂，如图 5-4-11 所示。两偏置油嘴应相隔 180°以保持传动轴的平衡螺栓应按规定力矩拧紧。

（5）将中间支承轴承对正压入中间传动轴的花键凸缘内，安装中间轴承，其轴承盖固定螺栓不可先拧紧。装配完毕应试车，使轴承自动找准中心，再进行旋紧，注意不可拧得过紧，以免将橡胶垫环压坏。

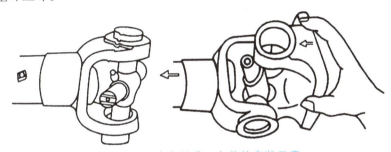

图 5-4-11　十字轴式万向节的安装示意

（二）球笼式等速万向节的拆装注意事项（以 2016 款大众朗逸为例）

（1）拆卸半轴螺母时，注意左右螺母的旋向，不要使用冲击式气动扳手拆下轮毂螺母，因为冲击力会损害轮毂轴承。

（2）拆卸半轴时，用铜棒向内冲击半轴外万向节轴头使其与轮毂脱开，注意制动油管，半轴与轮毂脱开后，应将减振器与转向节连接螺栓装上，防止制动油管被拉断。

（3）拆卸半轴时，注意不要损坏万向节的防尘套。

（4）拆卸三脚架卡簧时，要在半轴和万向节外座圈上做好装配记号，方便安装。

（5）安装时，在用卡箍固定护罩上的最后密封之前，确认已排除了内部气泡，避免护罩加热时膨胀或遇冷收缩时损坏。

五、万向传动装置的维修

以 2016 款长安面包车为例进行相关检查操作。

（一）万向节的检查

1. 检查要点

（1）检查万向节十字轴轴颈表面有无金属剥落、裂纹、压痕。

（2）检查滚针是否破裂、磨损。

（3）检查十字轴轴颈磨损、压痕剥落等情况。

（4）检查十字轴轴颈与滚针轴承的配合间隙，如图 5-4-12 所示。

（5）万向节装配好后，可以用手拉十字轴进行检查，使其转动自如，没有松弛感。

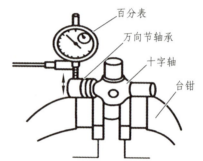

图 5-4-12　十字轴轴颈与滚针轴承的配合间隙

2. 技术标准

十字轴轴颈磨损量不得超过 0.04 mm，滚针痕深不得超过 0.1 mm，十字轴轴颈与滚针轴承的配合间隙不得超过 0.25 mm。

（二）传动轴滑动花键副配合间隙检查

1. 检查方法

用百分表测量传动轴滑动花键副的配合间隙，如图 5-4-13 所示。

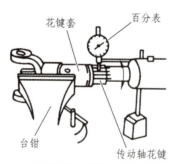

图 5-4-13　检查传动轴滑动花键副的配合间隙

2. 技术标准

传动轴滑动花键副的配合间隙不大于 0.30 mm。

（三）传动轴的检查

1. 检查方法

将传动轴放在中心架上，用百分表检查传动轴检查它的径向摆差，从而判断传动轴是否弯曲，如图 5-4-14 所示。

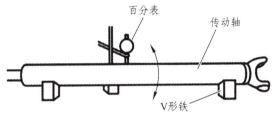

百分表　传动轴

V形铁

图 5-4-14　传动轴的检查示意

2. 技术标准

距离两端焊缝 70 mm 的轴管部不大于 0.55 mm，中部不大于 0.35 mm，在花键外径处不大于 0.11 mm。

【思考】在使用百分表对零部件进行测量时，测量值精确到小数点后多少位？

（四）中间支承的检查

1. 检查方法

分别向两个方向转动轴承内圈，同时将内圈压向外圈，这时转动内圈应平顺，没有发卡的情况。

检查要点：

（1）检查中间轴承是否磨损松旷或损坏。

（2）检查中间支承有没有变形或损坏、中间支承的橡胶垫环是否开裂。

（3）检查油封磨损是否过大。

（4）检查轴承的轴向间隙，如图 5-4-15 所示。

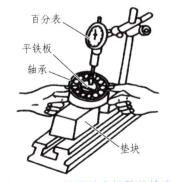

百分表

平铁板

轴承

垫块

图 5-4-15　轴承轴向间隙的检查

2. 技术标准

轴承的轴向间隙在 0.15 ~ 0.25 mm。

巩固提升

一、选择题

1. 下列选项中（　　）不属于汽车万向传动装置。

　　A. 万向节　　　　　　B. 传动轴　　　　　　C. 中间支承　　　　　　D. 半轴

2. 能补偿传动轴轴向和角度方向变化所引起的位移的部件为（　　）。

　　A. 万向节　　　　　　B.传动轴　　　　　　C.中间支撑　　　　　　D. 半轴

3. 十字轴式万向节允许相邻两轴的最大交角为（　　）。

　　A. 15° ~ 20°　　　　　B. 10° ~ 20°　　　　　C. 25° ~ 30°　　　　　D. 15° ~ 25°

4. 下面哪一个万向节是不等速万向节（　　）。

　　A. 球叉式万向节　　　　　　　　　　B. 三销轴式万向节

　　C. 十字轴式万向节　　　　　　　　　D. 双联式万向节

5. 学生 a 说，在变速器与驱动桥之间，一般采用万向传动装置传递动力；学生 b 说，万向传动装置在转向驱动桥和断开式驱动桥中，则用来连接差速器和驱动轮。他们说法正确的是（　　）。

　　A. 只有学生 a 正确　　　　　　　　　B. 只有学生 b 正确

　　C. 学生 a 和 b 都正确　　　　　　　　D. 学生 a 和 b 都错误

二、判断题

1. 传动轴的作用是将变速器传来的扭矩传给驱动桥，因其需要承载比较大的力矩，通常需要将传动轴做成实心的。　　　　　　　　　　　　　　　　　　　　（　　）

2. 等速万向节保证在工作过程，其传力点永远处于两轴的平风面上，可使万向节旋转的角速度也相等。　　　　　　　　　　　　　　　　　　　　　　　　　　（　　）

3. 刚性万向节是靠零件的铰链式连接来传递动力的，而挠性万向节则是靠弹性零件来传递动力的。　　　　　　　　　　　　　　　　　　　　　　　　　　　　（　　）

4. 万向节十字轴轴颈与滚针轴承的配合间隙不得超过 0.45 mm。　　（　　）

5. 挠性万向节具有结构简单、无须润滑等优点。　　　　　　　　　　（　　）

项目五任务四
巩固提升答案

任务五 差速器检查保养

 ## 情景导入

王先生驾驶一辆货车在行驶过程中，车辆底部发出异响，起步或加速、减速时会感觉到明显的顿挫。同时，转弯时会感觉到比较大的阻力。经修理厂维修技师检测及路试检查，初步怀疑故障是汽车驱动桥内部零部件损坏导致的。为了确定故障原因，需对驱动桥做进一步检测。作为汽车维修技师，请仔细查看服务顾问提供的汽车问诊表（见表5-5-1），并针对故障进行后续处理。

表5-5-1 接车问诊表

车牌号：	车架号：	行驶里程：106 000 km
用户名：王**	电话：	来店时间：
用户陈述及故障发生时的状况：行驶过程中，车辆底部发出异响，起步或加速、减速时会感觉到明显的顿挫，同时，转弯时会感觉到比较大的阻力		
接车员检测确认建议：检查汽车驱动桥		
车间检测确认结果及主要故障零部件：		
车间检查确认者：		

外观确认：	功能确认：（工作正常✓ 不正常✕）
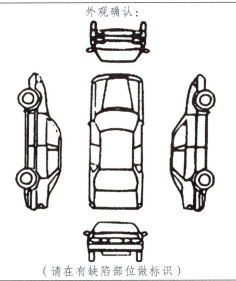 （请在有缺陷部位做标识）	✓音响系统 ✓门锁（防盗器）✓全车灯光 ✓工具 ✓后视镜 ✓天窗 ✓座椅 ✓点烟器 ✓玻璃升降器 ✓玻璃
	物品确认：（有✓ 无✕）
	 贵重物品提示 ✓工具 ✓备胎 ✓灭火器 ✓其他（ ） 旧件是否交还用户 ✓是 否 用户是否需要洗车 ✓是 否

·检测费说明：本次检测的故障如用户在本店维修，检测费包含在修理费用内；如用户不在本店维修，请您支付检测费。本次检测费：¥ 元。

·贵重物品：在将车辆交给我店检查修理前，已提示将车内贵重物品自行收起并保存好，如有遗失恕不负责。

接车员：刘** 用户确认：王**

理论要点

驱动桥的结构

一、驱动桥

（一）功　用

驱动桥位于传动系末端，如图 5-5-1 所示。它是能改变来自变速器的转速和转矩，并将它们传递给驱动轮的机构。其主要功用是：

（1）通过主减速器齿轮的传动，降低转速，增大转矩。

（2）采用锥齿轮传动，改变转矩的传递方向。

（3）通过差速器使内外侧车轮以不同转速转动，适应汽车的转向要求。

（4）通过桥壳和车轮，实现承载及传力作用。

图 5-5-1　汽车驱动桥位置

（二）类　型

按驱动轮与桥壳的连接关系，驱动桥分为整体式驱动桥和断开式驱动桥两种。

1. 整体式驱动桥

整体式驱动桥的整个车桥通过弹性悬架与车架相连，桥壳是刚性整体结构，两根半轴和驱动轮在横向平面内无相对运动。载货汽车多采用整体式驱动桥。常见的整体式驱动桥有中央单级减速驱动桥、中央双级减速驱动桥、中央单级、轮边减速驱动桥三种类型：

1）中央单级减速驱动桥

如图 5-5-2 所示，中央单级减速驱动桥是驱动桥结构中最为简单的一种，是驱动桥的基本形式，在重型卡车中占主导地位。一般在主传动比小于 6 的情况下，应尽量采用中央单级减速驱动桥。

2）中央双级减速驱动桥

如图 5-5-3 所示，中央双级驱动桥又分两种，一种是载重汽车后桥设计，另一种是如洛克威尔系列产品，当要增大牵引力与速比时，需要改制第一级伞齿轮后，再装入第二级圆柱直齿轮或斜齿轮。

图 5-5-2　中央单级减速驱动桥

图 5-5-3　中央双级减速驱动桥

3）中央单级、轮边减速驱动桥

如图 5-5-4 所示，轮边减速驱动桥较为广泛地用于油田、建筑工地、矿山等非公路车与军用车上。

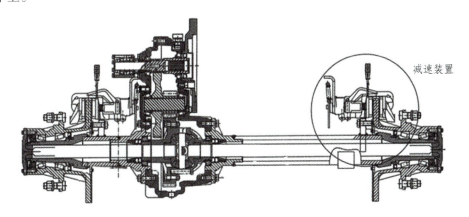

减速装置

图 5-5-4　中央单级、轮边减速驱动桥

2. 断开式驱动桥

一些轿车或越野汽车为了提高行驶平顺性或通过性，在它们的全部或部分驱动轮上采用独立悬架，即两侧驱动轮分别用弹性悬架与车架相连，两驱动轮彼此可独立地相对于车架或车身上下跳动，如图 5-5-5 所示。主减速器固定在车架或车身上，驱动桥壳制成分段式并以铰链方式相连，同时半轴制成分段式且各段之间用万向节连接。

图 5-5-5　断开式驱动桥

（三）组　成

驱动桥由主减速器、差速器、半轴和驱动桥壳等组成，如图 5-5-6 所示。

1）主减速器

主减速器一般用来改变传动方向，降低转速，增大扭矩，保证汽车有足够的驱动力和适当的速度。

2）差速器

差速器用以连接左右半轴，可使两侧车轮以不同角速度旋转同时传递扭矩，保证车轮的正常滚动。

3）半　轴

半轴是将差速器传来的扭矩再传给车轮，驱动车轮旋转，推动汽车行驶的实心轴。

4）桥　壳

整体式桥壳因强度和刚度性能好，便于主减速器的安装、调整和维修，而得到广泛应用。

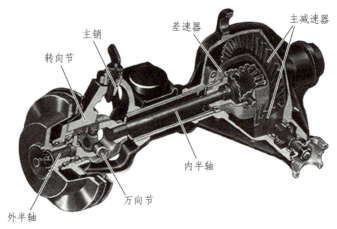

图 5-5-6　汽车驱动桥

（四）工作原理

驱动桥的工作原理是将万向传动装置传来的动力转过 90°角，改变力的传递方向，并由主减速器降低转速，增大转矩后，经差速器分配给左右半轴和驱动轮。

二、差速器

（一）功　用

汽车差速器是驱动桥的主要部件，其功用使左右车轮能以不同的转速进行滚动行驶，将主减速器传来的扭矩平均分给两半轴，尽量使两侧车轮驱动力相等，满足汽车行驶需要。

差速器是为了调整左右轮的转速差而设置的。在四轮驱动时，为了驱动 4 个车轮，必须将所有的车轮连接起来，如果将 4 个车轮机械连接在一起，汽车在曲线行驶的时候就不能以相同的速度旋转，为了能让汽车曲线行驶旋转速度基本一致性，这时需要加入中间差速器用以调整前后轮的转速差。

（二）类　型

差速器按其用途分类，可分为轴间差速器（见图 5-5-7）和轮间差速器（见图 5-5-8）。差速器按其功能分类，可分为普通齿轮差速器和防滑差速器。

差速器的结构

图 5-5-7　轴间差速器　　　　图 5-5-8　轮间差速器

1. 普通差速器

普通齿轮差速器有锥齿轮式和圆柱齿轮式两种，由于锥齿轮式差速器结构简单、紧凑、工作平稳，目前应用最为广泛，如图 5-5-9 所示。

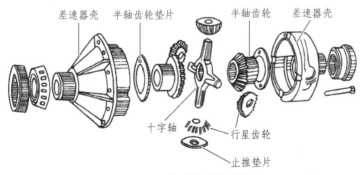

差速器壳　半轴齿轮垫片　　　半轴齿轮　差速器壳

十字轴　　　　行星齿轮

止推垫片

图 5-5-9　锥齿轮式差速器

2. 防滑差速器

防滑差速器（见图 5-5-10）的作用是固定分配动力、绝不会打滑、可靠耐用等。防滑差速器虽克服了差速锁的缺点，但它自身也存在缺点，即无法在任何时候固定分配动力。

汽车上常用的防滑差速器有人工强制锁止式和自动锁止式两大类。

图 5-5-10　防滑差速器

（三）组　成

差速器由差速器壳、行星齿轮轴、2 个行星齿轮、2 个半轴齿轮、复合式推力垫片等组成，如图 5-5-11 所示。

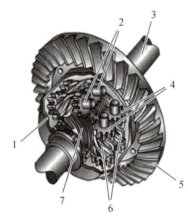

1—差速器壳；2—直齿轮轴；3—半轴；4—直齿轮；5—主减速器从动齿轮；6—螺轮；7—螺杆（两个）。

图 5-5-11　差速器的组成

（四）工作原理

差速器的工作原理如图 5-5-12 所示。

差速器的工作原理

汽车处于直线行驶状态，行星齿轮只是随同行星架绕差速器旋转轴线公转，两半轴齿轮同速转动，汽车直线行驶。

当汽车转弯时，行星齿轮既有公转，又有自转，使两半轴齿轮以不同速度转动，允许两后轮以不同转速转动。

主减速器传来的扭矩经差速器壳传给十字轴至行星齿轮，再由行星齿轮传给左右两半轴齿轮。行星齿轮相当一个等臂杠杆，而两个半轴齿轮半径也相等，因此，实际上可以认为差速器分配给两侧车轮的扭矩大小是相等的，不管左右车轮转速是否相等，而扭矩总是平均分配的。

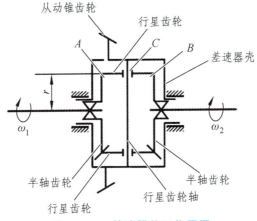

图 5-5-12　差速器的工作原理

三、桥　壳

（一）功　用

桥壳的功用：

（1）支撑汽车质量，并承受由车轮传来的路面反力和反力矩，并经悬架传给车架（或车身）。

（2）桥壳是主减速器、差速器、半轴等部件的支承件和包容件。

（3）壳内装有润滑油，可对齿轮、轴承等进行润滑。

（4）密闭的壳体能防止脏东西侵入和损害壳体内部件的工作环境。

（5）使左右驱动轮的轴向相对位置固定。

（二）技术要求

桥壳应满足如下设计要求：

（1）应具有足够的强度和刚度，以保证主减速器齿轮啮合正常并不使半轴产生附加弯曲应力。

（2）在保证强度和刚度的前提下，尽量减小质量以提高行驶平顺性。

（3）保证足够的离地间隙。

（4）结构工艺性好、成本低。

（5）保护装于其上的传动系部件和防止泥水浸入。

（6）拆装、调整、维修方便。

（三）结构与类型

驱动桥壳从结构上可分为整体式桥壳和分段式桥壳两类。

1. 整体式桥壳

整个桥壳是一根空心梁，桥壳和主减速器壳为两体。有刚度、强度大因而工作可靠的优点，但质量大、加工困难，适用于装载质量大的商用车。

按照制造工艺不同，整体式桥壳又可分为：

（1）整体铸造式桥壳。由两端压入用无缝钢管制成的半轴套管、桥壳和后盖等主要零件组成（见图5-5-13）。整个桥壳为一根空心梁，桥壳上有通气塞，保证高温下的通气，保持润滑油品质和使用周期。这种整体铸造桥壳刚度大、强度高、易铸成等强度梁形状，但因质量大，铸造品质不易保证，适用于中、重型汽车，更多地用于重型汽车上。

图 5-5-13　整体铸造式桥壳

（2）钢板冲压焊接式桥壳。由桥壳主体、钢板弹簧座、半轴套筒、后盖等组成。将两个桥壳、三角镶块、钢板弹簧座和半轴套筒焊合在一起组成焊接式驱动桥桥壳（见图5-5-14）。钢板冲压焊接式桥壳具有质量小、制造工艺简单、材料利用率高、抗冲击性能好、成本低等优点并适于大量生产。目前，在轻型货车和轿车上广泛采用这种桥壳。

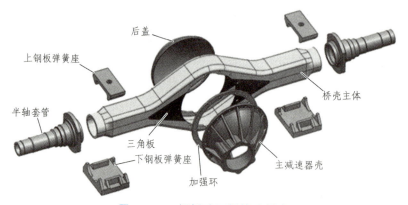

图 5-5-14　钢板冲压焊接式桥壳

（3）扩张成形式桥壳。由中部经过扩孔，两端又经过滚压变细的钢管、凸缘和弹簧座等组成。凸缘和弹簧座焊在钢管上构成桥壳。扩张成形式桥壳材料利用率最高、质量小，而强度和刚度也足够，故大量生产的乘用车和装载质量在中等的商用车都适合采用这种结构。

2. 分段式桥壳

分段式桥壳比整体式桥壳易于铸造、加工简便，但维修不便。当拆检主减速器时，必须把整个驱动桥从汽车上拆卸下来，目前已很少采用。

四、驱动桥及差速器的拆装注意事项

拆装注意事项（以 2018 款解放牌货车为例）：

（1）拆卸差速器轴承盖时，应做好左右两边轴承盖的相应标记。

（2）驱动桥为质量大部件，需小心操作，必要时用吊装，切忌勿站在吊装底下。

（3）清洗检查。拆卸完毕后，必须将差速器外壳体和行星轮仔细清洗干净，保证齿轮之间正常啮合。

（4）差速器在拆卸维修过程中，不允许使用捶打、敲击，必须保证配件质量的完整性，如有必要可使用铜锤或铜棒。

（5）维修差速器的平台必须铺有橡胶板，防止配件之间发生硬碰。

（6）严格按照技术要求及装配标记进行装合，防止破坏装配精度，如差速器及盖、调整垫片、传动轴等部位。行星齿轮止推垫片不得随意更换。

（7）差速器轴承的预紧度要按标准调整。

（8）差速器侧盖与变速器壳体的接合面装复时要涂密封胶。

（9）侧盖固定螺栓要按规定的扭矩拧紧。

（10）从动锥齿轮的固定螺栓应按规定的扭矩拧紧。

（11）差速器轴承装配时可用压床压入。

五、驱动桥及差速器的维护

（一）半轴油封更换

（1）放出变速器内的齿轮油。

（2）拆下传动轴，拧下半轴固定螺栓，拉出半轴。

（3）撬出半轴油封时，在新油封刃口间填充多用途润滑脂，然后用专用工具压入油封。

（4）装入半轴，以 20 N·m 力矩拧紧其紧固螺栓。

（5）重新安好传动轴。

（二）变速器与主减速器的维护

（1）检查等角速万向节防尘罩等有无渗漏和损坏。

（2）目测变速器与主减速器有无渗漏，检查油液液面，根据需要添加双曲线齿轮油。

（三）差速器油的更换

（1）把车架起来，再用大器皿垫在车底，以备接废油。用合适的工具拆下放油螺塞。

（2）当油流干之后，使用重力换油的方法加入新的差速器油，此时紧固放油堵螺塞，起动车辆行驶一段时间，用来清理差速器中的铁屑。

（3）进行再放油处理，拆下放油堵螺塞后，放出差速器油。

（4）更换新的放油螺塞垫片，重新装回螺塞，再加入新的差速器油。

（5）从注油观察孔测试油是否注满，如图 5-5-15 所示，最后装上加注孔螺塞即可。

图 5-5-15　差速器油的更换

六、驱动桥及差速器的维修

以 2018 款解放牌货车为例进行相关检查操作。

（一）主减速器及差速器的维修

1. 驱动桥齿轮的检修

检查主减速器主动齿轮、从动齿轮、行星齿轮和半轴齿轮的轮齿表面接触情况，看是否有刮伤、裂纹或严重磨损，必要时应更换不合格的齿轮。主减速器主、从动齿轮必须成对更换。

2. 检查主减速器齿轮的啮合间隙

用百分表触头垂直抵住从动锥齿轮轮齿大端的凸面，如图 5-5-16 所示，对圆周均匀分布的不少于 3 个齿进行测量啮合间隙。载货车装配齿轮啮合间隙为 0.15～0.40 mm，轿车和轻型汽车的啮合间隙为 0.13～0.18 mm，如齿隙超过规定则应调整差速器侧向轴承的预紧力。

图 5-5-16　检查减速器齿轮的齿隙

3. 检查半轴齿轮的齿隙

检查方法如图 5-5-17 所示，装配间隙应为 0.05 ~ 0.20 mm，如间隙不当可选用不同厚度的止推垫圈予以调整。

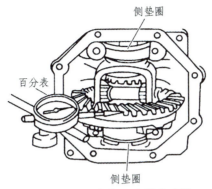

图 5-5-17 检查半轴齿轮的齿隙

4. 检查从动锥齿轮的偏摆量

最大偏摆量为 0.10 mm，如偏摆量超限，则应成套更换齿轮。

（二）主减速器壳、差速器壳及轴和轴孔的维修

（1）差速器壳不允许有任何性质的裂纹、壳体与行星齿轮垫片、差速器半轴齿轮之间的接触处，应光滑无沟槽；若有轻微沟槽或磨损，可修磨后继续使用，否则应予更换或修理。

（2）差速器壳上行星齿轮轴孔与行星齿轮轴的配合间隙不得大于 0.1 ~ 0.15 mm，半轴齿轮轴颈与壳孔的配合为间隙配合，应无明显松旷感觉，否则应予更换或修理。

（3）轴承与轴颈的配合间隙，应符合装配的技术规范要求：主动锥齿轮轴承与齿轮轴颈的配合；内轴颈为过盈配合；外轴颈为间隙配合；径向应无间隙，超过规定应予更换或修理；差速器壳两端轴颈与轴承配合为过盈配合。如不符合规定应予修复。

（4）主减速器壳体应无裂纹，壳体上各部螺纹损伤应不得多于 2 牙，否则应予更换。

（三）驱动桥壳的检修

驱动桥壳常发生弯曲变形、断裂等损伤，驱动桥壳经检查弯曲变形超过大修允许极限值时，应进行校正。弯曲变形的检查应在上下方向，也可在前后方向。

1. 整体式桥壳检查方法

（1）用比桥壳长 50 mm、直径比桥壳内径小 2 mm 的钢管插入壳内，如能自动转动，即符合要求。

（2）用细线穿过壳体两端，并拴上重物，细线如能与壳壁贴合，即为符合要求。为提高检验准确度，可使壳体每转过 45°测量一次。分开式桥壳，采用测量从制动底板突缘到两半壳体结合面之间的距离，要求相对位置测得的距离差不超过 2 mm，超过时，可在压床上进

行冷压校正。当弯曲严重时可采用加热校正，但加热温度不得超过 700 ℃，以免影响材料的强度。

2. 裂纹的检修

可用检视或敲击法检查，如有裂纹则予以更换。

 课程育人

"转弯"遇见差速器

从第一辆双轮马车到公元前 1 世纪欧洲四轮马车出现，困扰马车工匠的不是马匹有多快、车身多豪华，而是如何让马车在快速转弯时更安全、更快捷。他们发现，车轮安装在同轴上，转弯会导致内侧车轮卡死，甚至有翻车的风险。

这个问题困扰了几十年，直到 1815 年一位不到 20 岁的数学机械天才——佩克库尔（见图 5-5-18），为解决钟表不准的问题，发明了齿轮调节摆，并取得成功。后来他开始研究两轮驱动汽车转弯的问题，经过不断的实验和利用调节钟摆的原理，终于成功发明了差速器，并在 1828 年申请了专利，后来应用在汽车上。

图 5-5-18　佩克库尔和他的齿轮调节摆

由于受限于当时的生产水平，佩克库尔的差速器又过于复杂和笨重。1876 年，由爱好骑自行车的英国人斯塔利改良了差速器，不但体积小，并且可以用自行车链条来驱动动力源。别小看这改动，因为有了这改动才有了后来汽车的高速发展。

时间来到 1893 年，法国人雷诺（雷诺汽车创始人）受美国人杜利亚启发，发明了更为高效传动和坚固的轴传动差速器，也就是常见的有桥可包裹的差速器，在接下来的汽车发展，动力上得益于内燃机的出现，底盘得益于差速器的改变。在 1903 年荷兰 Sypker 世爵生产了第一台四轮驱动的六缸赛车 60HP，一年后四驱技术被戴姆勒应用在德国军车上生产出当时的防弹车实现量产，这可比威利斯早将近 40 年出现。

1938 年，费德南-保时捷生产出世界上第一个限滑差速器，并且运用在大众的 VW -Type 82 的军车上，同时 Type 82 也是世界上第一台使用门桥的汽车，直到 1940 年四驱的威利斯才出现。一年后美国人雷桑顿发明了诺斯宾防滑差速锁。

直到 1958 托森差速器出现，它最出名的就是应用在奥迪的 Ouattro 系统，后来 2003 年被丰田旗下的捷太格特收购，直到 1982 澳洲人罗伯茨发明了气动差速锁，后来在 1987 年专利被 ARB 收购。

在 2000 年之后，我们国内也有生产类似 ARB 和伊顿的差速锁，直到 2013 年，有完全知识产权的拉环式差速锁发明，在 2018 年正式更名为 CJ 差速锁 CJ。

【思考】请你在了解差速器技术发展的同时，找找这些发明家身上都有哪些精神值得我们学习？

 巩固提升

一、选择题

1. 差速器能起差速作用（　　　）起到重要作用。
　　A. 斜齿轮　　　　　B. 行星齿轮　　　　　C. 正时齿轮　　　　　D. 半轴齿轮

2. 以下关于差速器的表述，错误的是（　　　）。
　　A. 当车辆直行时，行星齿轮只有公转，没有自转。
　　B. 当车辆转弯时，行星齿轮只有自转，没有公转。
　　C. 当车辆直行时，行星齿轮随同行星架绕差速器旋转轴线公转。
　　D. 当车辆转弯时，行星齿轮既有公转，又有自转。

3. 下面不属于驱动桥的是（　　　）。
　　A. 差速器　　　　B. 主减速器　　　　C. 离合器　　　　D. 半轴

4. 驱动桥的工作原理是将万向传动装置传来的动力转过（　　　）角。
　　A. 30°　　　　　　B. 45°　　　　　　C. 90°　　　　　　D. 180°

5. 2018 款解放碑货车差速器壳上行星齿轮轴孔与行星齿轮轴的配合间隙不得大于（　　　）mm。
　　A. 0.1 ~ 0.15　　　B. 0.1 ~ 0.25　　　C. 0.15 ~ 0.30　　　D. 0.2 ~ 0.30

6. 驱动桥壳的裂纹可用（　　　）检查。
　　A. 磁力探伤　　　B. 超声波探伤　　　C. 敲击听音法　　　D. 目测法

7. 驱动桥维护时，应检查后桥壳内的（　　　）油量是否合适，其油画应不低于检视孔下沿 15mm。
　　A. 机油　　　　　B. 刹车油　　　　C. 齿轮油　　　　D. 动力转向油

8. 驱动桥的通气塞一般位于桥壳的（　　　）。
　　A. 上部　　　　　B. 下部　　　　　C. 与桥壳平行　　　　D. 后部

二、判断题

1. 一般载货汽车采用的是整体式驱动桥。　　　　　　　　　　　（　　）

2. 对于普通锥齿轮差速器来说，当两侧驱动轮的转速不同时，行星齿轮仅有自转而没有公转。　　　　　　　　　　　　　　　　　　　　　　　　　　（　　）

3. 普通锥齿轮差速器当行星齿轮没有自转时，总是将转矩平均分配给左右两半轴齿轮。　　　　　　　　　　　　　　　　　　　　　　　　　　　　　　（　　）

4. 差速器按其用途分类，可分为普通齿轮差速器和防滑差速器。　（　　）

5. 差速器壳两端轴颈与轴承配合为间隙配合。　　　　　　　　　（　　）

项目五任务五
巩固提升答案

项目六

动力与驱动功能检查保养

　　汽车发动机是为汽车提供动力的装置，是汽车的心脏，决定着汽车的动力性、经济性、稳定性和环保性。根据所用燃料的不同，汽车发动机可分为汽油机、柴油机和气体燃料发动机三类。

　　常见的汽油机和柴油机都属于往复活塞式内燃机，将燃料的化学能转化为活塞运动的机械能并对外输出动力。汽油机转速高、质量小、噪声小、起动容易、制造成本低；柴油机压缩比大、热效率高，经济性能和排放性能都比汽油机好。图 6-0-1 所示为汽车动力驱动装置。

图 6-0-1　汽车动力驱动装置

学习目标

◎ 知识目标

1. 能够描述动力电控系统的组成、结构与工作原理。

2. 能够描述驱动正时皮带系统的结构与工作原理。

3. 能够描述动力系统密封性结构与气缸压缩压力形成原理。

◎ 技能目标

1. 能够完成动力电控系统常见故障的检测维修。

2. 能够完成驱动正时皮带系统正时皮带的拆卸和安装。

3. 能够完成动力系统密封性检测。

◎ 思政目标

1. 培养良好的职业道德和工匠精神。

2. 培养安全意识和团队协作精神。

3. 培养自我管理和自主学习能力。

任务一 动力电控系统诊断测试

情景导入

客户张先生驾驶一辆自动挡轿车，起动发动机后，发现仪表上的废气告警灯常亮，但轿车可以正常行驶，暂无其他异常现象。经 4S 店维修技师检测分析，初步怀疑可能是前氧传感器电气故障导致。为了确定故障原因，需对前氧传感器做进一步检测。作为汽车维修技师，请仔细查看服务顾问提供的汽车问诊表（见表 6-1-1），并针对故障进行后续处理。

表 6-1-1 接车问诊表

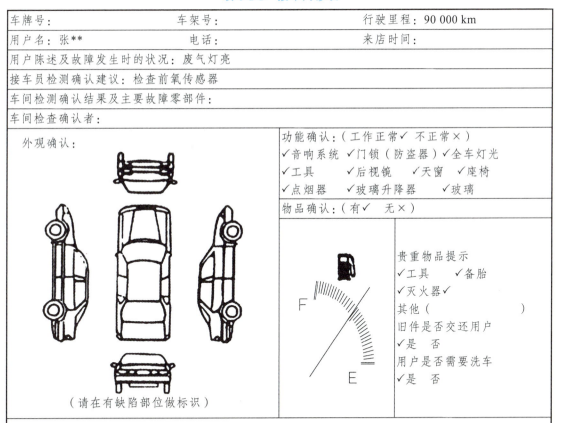

车牌号：	车架号：	行驶里程：90 000 km
用户名：张**	电话：	来店时间：
用户陈述及故障发生时的状况：废气灯亮		
接车员检测确认建议：检查前氧传感器		
车间检测确认结果及主要故障零部件：		
车间检查确认者：		

外观确认：

（请在有缺陷部位做标识）

功能确认：（工作正常√ 不正常×）
√音响系统 √门锁（防盗器）√全车灯光
√工具 √后视镜 √天窗 √座椅
√点烟器 √玻璃升降器 √玻璃

物品确认：（有√ 无×）

贵重物品提示
√工具 √备胎
√灭火器√
其他（ ）
旧件是否交还用户
√是 否
用户是否需要洗车
√是 否

·检测费说明：本次检测的故障如用户在本店维修，检测费包含在修理费用内；如用户不在本店维修，请您支付检测费。本次检测费：￥ 元。

·贵重物品：在将车辆交给我店检查修理前，已提示将车内贵重物品自行收起并保存好，如有遗失恕不负责。

接车员：王** 用户确认：张**

理论要点

一、动力电控系统的概述

相较于传统的机械控制发动机，电控发动机是通过一个中央电子控制单元（ECU）来控制和协调发动机工作的。ECU 就像人的大脑一样，通过各种传感器和开关实时监测发动机的各种运行参数和操作者的控制指令，根据计算结果再发出命令给相应的执行元件，如喷油器等，从而实现对发动机的优化控制。动力电控系统通过精确控制发动机的喷油时间和喷油量，达到了降低排放和提高燃油经济性的目的。图 6-1-1 所示为动力电控系统的控制单元。

图 6-1-1　动力电控系统的控制单元

二、动力电控系统的组成

动力电控系统主要由传感器、控制单元、执行器三部分组成，如图 6-1-2 所示。

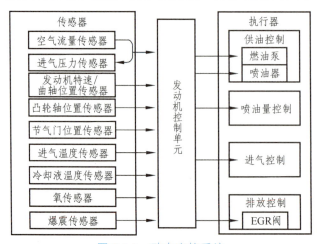

图 6-1-2　动力电控系统

（一）传感器

传感器是现代汽车必不可少的部件，它能将感受到的信息，按一定规律变换成为电信号或其他所需形式的信息输出给控制单元。动力电控系统主要的传感器有：曲轴位置传感器、凸轮轴位置传感器、进气压力和进气温度传感器、节气门位置传感器、油门位置传感器、燃油压力传感器、爆震传感器、冷却液温度传感器、前氧传感器（见图 6-1-3 所示）、后氧传感器等。

图 6-1-3　前氧传感器

（二）控制单元

发动机控制单元的作用是接受各个传感器的信号，按内存的程序对数据进行运算处理，并根据处理结果对汽车发动机的燃油喷射、点火、怠速进气等进行控制，保证发动机的正常运转。

（三）执行器

执行器的作用是将控制单元传来的控制信号转换成某种机械运动或电器的运动，从而改变发动机运行参数，完成控制功能。动力电控系统主要的执行器有喷油器、电子节气门（见图 6-1-4）、燃油压力调节阀、活性炭罐电磁阀、凸轮轴调节电磁阀、增压压力调节阀等。

图 6-1-4　电子节气门

三、动力电控系统子系统的结构及工作原理

动力电控系统的子系统主要包含进气系统、燃油供给系统、点火系统和排气系统等。

（一）进气系统

进气系统的主要作用是向发动机输送清洁、干燥、充足、稳定的空气，以满足发动机的要求；防止空气中的杂质和大颗粒灰尘进入发动机燃烧室，造成发动机的异常磨损。除此之外，进气系统的另一个重要功能是降低噪声，提高整车的乘坐舒适性。如图 6-1-5 所示，进气系统主要由空气滤清器、空气计量装置、急速控制阀、节气门体及进气歧管等组成，有的还带有增压系统。

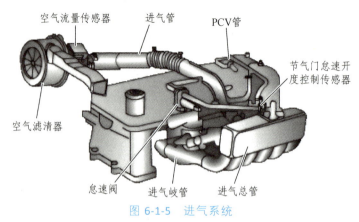

图 6-1-5 进气系统

发动机工作时，驾驶员通过油门踏板控制节气门开度，改变进气量和调节发动机转速。进入发动机的空气经过空气滤清器去除灰尘等杂质，然后流经空气流量传感器，沿着节气门通道进入进气总管，再通过进气歧管分配到各个气缸；发动机怠速时，空气绕过节气门，通过附加的空气阀或怠速阀进入气缸。

（二）燃油供给系统

燃油供给系统的功用是根据发动机运转工况的需要，向发动机供给一定数量的、清洁的、雾化良好的燃油，以便与一定数量的空气混合形成可燃混合气。如图 6-1-6 所示，燃油供给系统主要由燃油箱、低压燃油泵、燃油滤清器、燃油计量阀、燃油压力调节阀、高压燃油泵、高压燃油管路、燃油分配器、燃油压力传感器、高压喷油器等组成。

燃油供给系统可划分为低压油路和高压油路两部分。其中，低压油路中的低压燃油泵将燃油升压并输送至高压燃油泵，在普通操作状态下燃油的压力为 300 kPa；在热起动状态下燃油压力最高为 580 kPa。在高压油路中，高压燃油泵把燃油传送至燃油分配器，燃油压力传感器测量燃油分配器中的压力，并且通过燃油压力调节阀将燃油压力调节在 5～10 MPa，然后由高压喷油器将燃油直接喷入气缸。

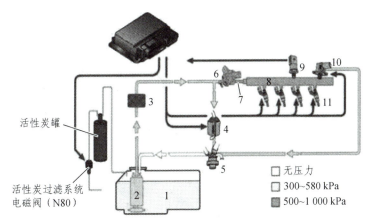

1—燃油箱；2—低压燃油泵；3—燃油滤清器；4—燃油计量阀；5—燃油压力调节阀；6—高压燃油泵；
7—高压燃油管路；8—燃油分配器；9—燃油压力传感器；
10—燃油压力调节阀；11—高压喷油嘴。

图 6-1-6　燃油供给系统

（三）点火系统

点火系统的任务是适时点燃可燃的混合气。要完成这一任务，发动机控制单元必须在整个操作过程中始终正确地控制点火时刻、点火能量等。现代汽车上广泛使用的是独立点火系统，如图 6-1-7 所示，独立点火系统主要由曲轴位置传感器、凸轮轴位置传感器、发动机 ECU、点火模块、点火线圈及火花塞等组成。

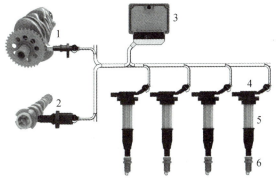

1—曲轴位置传感器；2—凸轮轴位置传感器；3—ECU；
4—点火模块；5—点火线圈；6—火花塞

图 6-1-7　点火系统

发动机工作时，发动机 ECU 不断地采集发动机的曲轴位置、凸轮轴位置、冷却液温度及进气压力等信号，并与微机内部存储器当中预先储存的最佳控制参数进行比较，确定出该工况下最佳点火提前角和初级电路的最佳导通时间，并以此向点火控制模块发出指令。点火控制模块根据 ECU 的点火指令，控制点火线圈初级回路的通断。当电路导通时，有电流从点火线圈中的初级线圈流过，点火线圈此时将点火能量以磁场的形式储存起来。当初级线圈中的电流被切断时，在次级线圈中将产生很高的感应电动势，该高压加在火花塞上，点火能量被瞬间释放，并迅速点燃气缸内部的可燃混合气，使发动机完成燃烧过程。

（四）排气系统

排气系统的主要作用是汇集各气缸的废气，减小排气噪声，消除废气中的火焰和火星，控制废气中有害物质的排放，使废气安全地排入大气中。如图 6-1-8 所示，排气系统主要由三元催化器、前氧传感器、后氧传感器、消音器等组成。

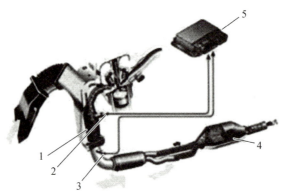

1—三元催化器；2—前氧传感器；3—后氧传感器；4—消音器；5—发动机控制单元。

图 6-1-8 排气系统

当汽车高温废气通过净化装置时，三元催化器中的净化剂会增强 CO、HC、NOx 的活性，促使它们进行一定的氧化还原化学反应，其中 CO 在高温下被氧化成无色无毒的 CO_2 气体；HC 化合物在高温下被氧化 H_2O 和 CO_2；NOx 被还原成 N_2 和 O_2。三种有害气体转换成无害气体，使汽车尾气得以净化。

四、动力电控系统故障检查流程

动力电控系统故障检查流程如下：

（1）向用户询问有关情况并填写有关表格。了解故障发生的时间、发生条件（如气候条件、道路状况及发动机工况等），故障现象或症状，故障发生频率，是否进行过检修以及检修过哪些部位等；找出故障的依据，并作为验收参考。

（2）外观检查及故障再现。即试车和外观检查。试车可进一步验证故障现象，并做出正确判断。因为有时用户所描述的故障现象不够清楚，外观检查可以查出比较明显的故障。如检查电气元件与电子控制系统的部件有无丢失；电气线路的连接器或接头有无松动脱接；导线有无断路、搭铁、错接及烧焦痕迹，管路有无折断、错接或凹瘪等。

（3）进行基本检查。即对燃油供给系统、进气系统、排气系统和点火系统进行基本检查。

（4）读取故障代码。当以上 3 步无法解决问题就必须进行这一步。根据具体情况，选择用随车诊断或车外诊断读取故障代码。如果有故障代码，就按故障代码表指示的故障原因和部位逐一排除故障。如果没有故障代码，但故障症状依然存在，就根据现象，依据原理，进行推理分析，确定故障所在可能部位。同时，还可以用模拟试验来判断，尽量缩小故障范围。

（5）故障代码清除。如果按上述程序诊断检修仍不能排除故障，说明发动机可能有机械故障和其他故障。检修排除故障后，必须进行故障代码清除。最后试车检验，证实故障已排除，否则应重新诊断故障并排除。

五、动力电控系统常见故障检测维修

以 2018 年奥迪 A6L2.0 T 车型为例。

（一）发动机单缸失火

首先，确认相关线路是否正常，如针脚、插头连接处是否连接正常。其次，检查节气门，进气门（进气歧管侧），喷油器处是否有积碳，如果积碳严重，应先清洗积碳。

若完成以上操作后还不能消除故障，则按照以下两种情况进行检查：

1. 单缸失火

（1）通过与其他气缸互换的方式检查点火线圈、火花塞、喷油器是否有故障。

（2）检查发动机机械件是否有故障。

① 缸压是否正常。

② 缸盖气门处是否裂开。

③ 气缸盖衬垫密封是否良好。

④ 正时是否正确。

⑤ 气门弹簧是否断裂。

⑥ 液压气门间隙补偿是否正常。

⑦ 缸盖的进气通道进气管是否密封。

⑧ 飞轮是否损坏。

2. 多缸失火

（1）检查凸轮轴位置调节是否正常、发动机进气歧管是否漏气、燃油质量是否有偏差。

（2）检查燃油系统的密封情况、工作压力（高压侧和低压侧）、脏污以及系统内存在空气。检查汽油滤清器是否损坏或堵塞。

（3）检查催化净化器（拆卸氧传感器，内窥镜观察发动机侧是否能看到堵塞/损坏）和废气涡轮增压器（检查最大增压压力，分析异响）是否正常。

（二）废气警告灯常亮

废气告警灯常亮表示目前和燃烧相关的部件中有部分工作异常，导致废气排放不达标。

发动机有很多电控系统部件及执行元件都会导致该故障。因此，针对废气告警灯常亮的解决办法，首先读取控制单元内部储存的故障码，再根据故障采取相应的检测方法。表 6-1-2 总结了部分可能涉及的故障部件及解决方案。

表 6-1-2　废气灯常亮故障原因及解决方案

涉及的故障件	原因	解决方案
三元催化器	三元催化器老化；三元催化器失效（中毒）；机械损伤；活性表面的损坏（断火温度升高导致）	失效（中毒）：可逆，不需更换，经常定期清洗并做好常规养护（三元清洗剂）；更换
二次空气泵	功能故障；二次空气系统及相关管路有异物；管路变形；管路泄漏	更换泵和阀——根据引导故障查询确认是泵或者阀故障（可通过试换的方法）；更换管路
组合阀		
AKF 阀	功能故障；异物进入阀——碳罐密封不严，内部碳粒泄漏，致 AKF 阀卡死；其他异物进入	更换
活性炭罐		
氧传感器	机械或电气故障	确认后氧传感器与三元催化是否损坏，若有，须整体更换
喷油器	电气故障	试换后故障再现，更换
点火线圈	电气故障	试换后故障再现，更换
压力调节阀	膜片损坏或者其他	更换
摇臂（液压挺柱）	磨损或者液压压力失常	更换摇臂
空气流量计	电气故障	更换

 巩固提升

一、选择题

1. 在动力电控系统中以下哪一项不属于执行器（　　　）。
   A. 电子节气门
   B. 燃油压力调节阀
   C. 喷油器
   D. 空气计量装置

2. 发动机低压燃油泵对燃油进行初步增压后输送至（　　　）。
   A. 高压燃油泵
   B. 燃油滤清器
   C. 燃油压力传感器
   D. 燃油压力调节阀

3. 发动机工作时，驾驶员通过（　　　）控制油门开度，用来改变进气量和调节发动机转速。

    A. 加速踏板　　　　　　　　B. 制动踏板　　　C. 离合器踏板

4. 以下哪一项不属于发动机点火系统？（　　　）

    A. 曲轴位置传感器　　　　　　B. 凸轮轴位置传感器

    C. 空气流量传感器　　　　　　D. 点火线圈

5. 三元催化器常见的故障原因：（　　　）。

    A. 活性表面损伤　　　　　　　B. 中毒

    C. 机械损伤　　　　　　　　　D. 以上都是

二、判断题

1. 电控发动机是通过一个中央电子控制单元来控制和协调发动机工作的。　　（　　　）

2. 润滑系统是动力电控系统的子系统之一。　　　　　　　　　　　　　　（　　　）

3. 在热起动状态下，低压油路中的低压燃油泵将燃油升至 3bar。　　　　（　　　）

4. 故障诊断时，若存在故障代码，即可按故障代码指示的故障原因和部位逐一排除故障。

    （　　　）

5. 曲轴位置传感器只作为喷油正时控制的主控制信号。　　　　　　　　　（　　　）

项目六任务一
巩固提升答案

任务二 驱动皮带系统正时功能检查

 情景导入

客户魏先生驾驶一辆自动挡 SUV，去商场购物在地下停车场停留 3 h 后准备回家，起动车辆后发现仪表上的废气告警灯常亮且加速无力，无法从停车场的坡道上驶出。维修技师检测及路试后，初步怀疑故障可能是因为张紧器在机油压力卸除后无张紧力，导致正时链条跳齿。为了确定故障原因，需对正时系统做进一步检测。作为汽车维修技师，请仔细查看服务顾问提供的汽车问诊表（见表 6-2-1），并针对故障进行后续处理。

表 6-2-1 接车问诊表

车牌号：	车架号：	行驶里程：90 000 km
用户名：魏**	电话：	来店时间：
用户陈述及故障发生时的状况：废气灯常亮，加油无力		
接车员检测确认建议：检查发动机正时		
车间检测确认结果及主要故障零部件：张紧器、正时链条		
车间检查确认者：		

外观确认：

（请在有缺陷部位做标识）

功能确认：（工作正常 ✓ 不正常 ×）

✓音响系统 ✓门锁（防盗器）✓全车灯光
✓工具 ✓后视镜 ✓天窗 ✓座椅
✓点烟器 ✓玻璃升降器 ✓玻璃

物品确认：（有 ✓ 无 ×）

贵重物品提示
✓工具 ✓备胎
✓灭火器 ✓
其他（ ）
旧件是否交还用户
✓是 否
用户是否需要洗车
✓是 否

· 检测费说明：本次检测的故障如用户在本店维修，检测费包含在修理费用内；如用户不在本店维修，请您支付检测费。本次检测费：￥ 元。

· 贵重物品：在将车辆交给我店检查修理前，已提示将车内贵重物品自行收起并保存好，如有遗失恕不负责。

接车员：罗** 用户确认：魏**

理论要点

一、驱动正时系统概述

驱动正时系统是发动机配气机构的重要组成部分，通过与曲轴的连接并配合一定的传动比来保证进、排气时间的准确性。一般由曲轴通过正时皮带或链条驱动位于缸盖上的凸轮轴，再由凸轮轴驱动液力挺柱，液力挺柱位于气门正上方，使气门上下往复运动，以实现气门的开闭。图 6-2-1 所示为驱动正时皮带系统。

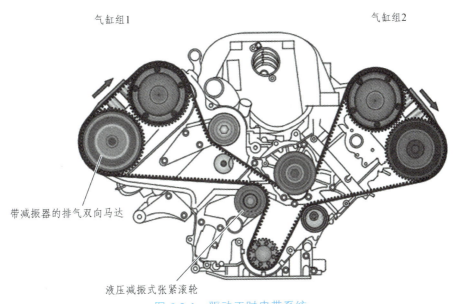

图 6-2-1 驱动正时皮带系统

二、驱动正时系统的类型

驱动正时系统传递动力的形式一般有正时皮带传动和正时链条传动两种。

（一）正时皮带传动

正时皮带通常为橡胶材质，随着发动机工作时间的增加，皮带以及其他附件，如张紧轮、张紧器和水泵等都会发生磨损或老化。因此，凡是装有正时皮带的发动机，厂家都会有严格要求，在规定的周期内定期更换正时皮带及附件。图 6-2-2 所示为正时皮带传动。

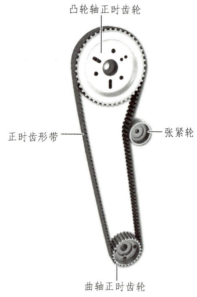

凸轮轴正时齿轮

正时齿形带

张紧轮

曲轴正时齿轮

图 6-2-2 正时皮带传动

（二）正时链条传动

正时链条通常由强度较大的钢材制成，因金属的强度要远远大于橡胶，其变形程度较皮带大大降低，跳齿和断裂现象的发生概率也是微乎其微。图 6-2-3 所示为正时链条传动。

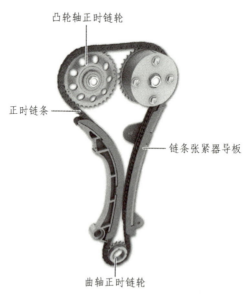

凸轮轴正时链轮

正时链条

链条张紧器导板

曲轴正时链轮

图 6-2-3 正时链条传动

三、驱动正时皮带系统的组成

驱动正时皮带系统主要由正时皮带、张紧轮、排气凸轮轴上的凸轮轴正时齿轮、进气凸轮轴上的凸轮轴正时齿轮、导向辊、曲轴正时齿轮等部件组成。图 6-2-4 所示为驱动正时皮带系统。

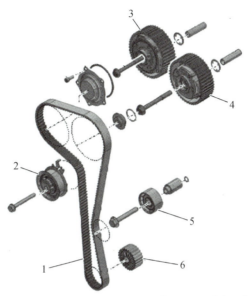

1—正时皮带；2—张紧轮；3—排气凸轮轴正时齿轮；4—进气凸轮轴正时齿轮；
5—导向辊；6—曲轴齿形皮带轮。

图 6-2-4　驱动正时皮带系统

（一）正时皮带

正时皮带带体可以分为 4 个主要部分：胶层、包布层、带齿层和强力层，如图 6-2-5 所示。

图 6-2-5　正时皮带

胶层也称带背，它的主要功能是将强力层的抗拉材料粘在带的节线位置，并保护抗拉材料。

包布层包裹在整个带齿层上，起到保护、防开裂的作用。

带齿层是同步带与带轮接触的部分，其齿形必须准确、不易变形才能起到精确传递运动的功能。

强力层是主要承受负载的部分，通常由表面处理过的玻璃纤维或聚芳脂胺纤维绳构成。

（二）张紧器

张紧器是皮带、链条传动系统上常用的保持装置。其作用是保持皮带、链条在传动过程中可以拥有适当的张紧力，从而避免皮带打滑，或避免同步带发生跳齿、脱齿，或者防止链条松动、脱落，减轻链轮、链条磨损。张紧器的结构多种多样，大致包括固定式结构和弹性自动调节结构。其中，固定式结构多采用固定可调式链轮调节皮带、链轮的张紧；弹性自动调节结构多采用弹性部件可自动回弹控制皮带、链条的张紧，国内可自动调节的链条张紧器多采用弹簧结构，而国外张紧器多采用橡胶部件。

从效果上来说，采用弹簧结构的张紧器结构简单、价格便宜，因此使用较为普遍；而采用橡胶部件的张紧器，由于橡胶的良好的弹性性能，寿命较弹簧长，不过其对橡胶的性能要求比较高，价格较为昂贵，因此使用情况较少，通常应用在高端机械设备上。图 6-2-6 所示为正时皮带张紧器。

图 6-2-6　正时皮带张紧器

（三）正时齿轮

正时齿轮是在机械装置中对完成相关控制功能起到时间尺度定位的齿轮。在内燃机内的进排气系统、在钟表内等对完成机械功能存在顺序关系的局部体系中都引入了正时齿轮。图 6-2-7 所示为正时齿轮。

图 6-2-7　正时齿轮

四、驱动正时皮带系统的工作原理

当气缸的工作循环需要打开气门换气时，曲轴通过传动机构带动凸轮轴转动，使凸轮轴上的凸轮凸起部分通过挺杆、推杆和调节螺钉推动摇臂摆动，摇臂的另一端向下推动气门，同时弹簧进一步压缩。当凸轮凸起部分的顶点转过挺杆时，对挺杆的推力逐渐减小，气门的开度在弹簧张力的作用下逐渐减小，直至最终关闭。

发动机中主要的转动部件是曲轴，所有的正时都以曲轴旋转角度为基准。以一个单缸发动机为例，当活塞在上止点时为 0°，到了下止点时为 180°，四行程发动机以 720° 为一个工作循环，所有运转件就以曲轴的运转为准，曲轴每旋转 720°，就完成一次进气、压缩、做功、排气工作循环。

凸轮轴之所以能在正确的时机开闭气门，便是靠着正时链条与曲轴保持正确的正时，如图 6-2-8 所示为正时配对位置。

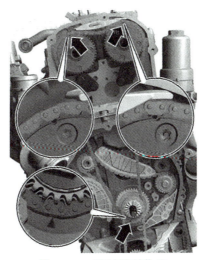

图 6-2-8　正时配对位置

五、驱动正时皮带系统拆卸和安装注意事项

（1）拆装附件时防止机油进入水泵和气缸盖之间，避免水泵密封件出现化学损坏。
（2）被机油污染的齿形皮带会导致发动机有损坏的危险。
（3）调错配气相位有毁坏发动机的危险。
（4）已使用过的齿形皮带如果颠倒了转动方向会导致损坏。
（5）不符合标准的拧紧力矩有损坏发动机的危险。

六、驱动正时皮带系统安装和检查

以某品牌 1.4 T 发动机驱动正时皮带系统为例。

正时系统拆检

（一）安装驱动正时皮带

1. 确定凸轮轴和曲轴的"上止点"位置

（1）将凸轮轴固定装置"T10504"用固定销"T10504/1"安装在凸轮轴外壳上，如图 6-2-9 所示。

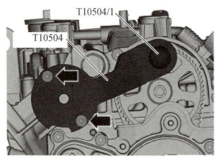

图 6-2-9　凸轮轴"上止点"

（2）将固定螺栓"T10340"拧入气缸体中的极限位置，并用 30 N·m 的力矩拧紧，如图 6-2-10 所示。

图 6-2-10　曲轴"上止点"

2. 将曲轴正时齿轮装到曲轴上

（1）多楔带轮与曲轴正时齿轮之间的接触面必须无机油和油脂。

（2）曲轴正时皮带轮上的铣削面"箭头"必须靠在曲轴轴颈上的铣削面上，如图 6-2-11 所示。

图 6-2-11　安装曲轴皮带轮

3. 按照以下顺序安装齿形皮带

（1）安装曲轴正时齿轮，如图 6-2-12 所示。

（2）安装惰轮，如图 6-2-12 所示。

（3）安装张紧轮，如图 6-2-12 所示。

（4）安装排气侧凸轮轴正时齿轮，如图 6-2-12 所示。

（5）安装进气侧凸轮轴正时齿轮，如图 6-2-12 所示。

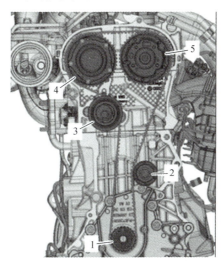

图 6-2-12　安装齿形皮带

4. 拧紧张紧轮

（1）将张紧轮的偏心件用环形扳手 T10499A 向箭头方向转动，直至调节指针"3"位于调节窗右侧约 10 mm 位置，如图 6-2-13 所示。

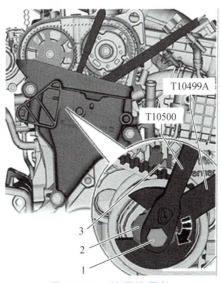

图 6-2-13　拧紧张紧轮

（2）转回偏心件，使调节指针准确位于调节窗内。

（3）拧紧时必须使用扭矩扳手 VAS 6583。

（4）在扭力扳手 VAS 6583 上设置拧紧力矩时，必须将扳手头 T10500 上给出的净尺寸转到扭力扳手上。

（5）保持偏心轮位置不动，使用换插工具头 T10500 及力矩扳手 VAS 6583 拧紧 1 号螺栓。

（二）检查驱动正时皮带系统

（1）将曲轴沿发动机转动方向转 2 圈，如图 6-2-14 中"箭头"所示。

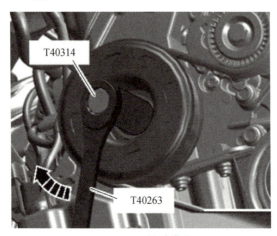

图 6-2-14　转动曲轴

（2）按以下方式将曲轴转到"上止点"。

① 只有在能够按规定力矩拧入固定螺栓时，才说明曲轴处于正确位置。

② 用手将固定螺栓 T10340 拧入气缸体内至螺栓头贴紧，然后用 30 N·m 的力矩拧紧固定螺栓，如图 6-2-15 所示。

③ 如果无法将固定螺栓 T10340 拧入至螺栓头贴紧，则将曲轴沿发动机转动方向继续旋转 90°，如图 6-2-15 中"箭头"所示。

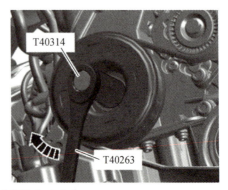

图 6-2-15　调整"曲轴上止点"

④ 继续沿发动机转动方向转动曲轴到限位位置。

⑤ 确保固定螺栓 T10340 紧贴在曲轴曲柄臂上。

⑥ 固定螺栓 T10340 只沿发动机运转方向卡住曲轴。

（3）检查驱动皮带系统是否安装正确。

① 将凸轮轴固定装置 T10504 插入进气凸轮轴直至限位，装上两颗固定螺栓，暂不拧紧，如图 6-2-16 所示。

② 将检测棒 T10504/2 插入至限位位置，如图 6-2-16 所示。

③ 用手拧紧螺栓，如图 6-2-16 中"箭头"所示 。

④ 如果凹槽不与凸轮轴固定装置 T10504 齐平，则说明检测销 T10504/2 插入不够深，凹槽位置如图 6-2-16 中"箭头"所示。

⑤ 检查检测棒 T10504/2 上的凹槽"箭头"是否与凸轮轴固定装置 T10504 齐平，如图 6-2-16 所示。

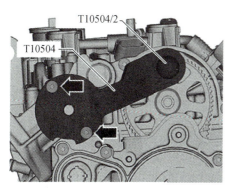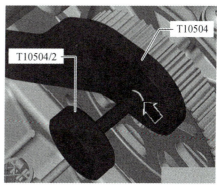

图 6-2-16　安装"T10504"

⑥ 如果带有检测棒 T10504/2 的凸轮轴固定装置 T10504 无法装入,则说明配气相位不正确。如果带有检测棒 T10504/2 的凸轮轴固定装置 T10504 能够装入，则说明配气相位正确。

 巩固提升

一、选择题

1. 正时齿轮传动装置将曲轴的运动及动力传递到（　　　）轴。

　　A. 横　　　　　　　B. 主　　　　　　　D. 传动　　　　　　　D. 凸轮

2. 更换正时链条时，（　　　）与链条上的标记必须对准。

　　A. 曲轴链轮和机油泵链轮上的标记

　　B. 曲轴链轮和链条张紧器上的标记

　　C. 曲轴链轮和缸体上的标记

　　D. 曲轴链轮和凸轮轴链轮上的标记

3. 有关驱动正时系统，说法有误的是（　　　　）。

    A. 已使用过的正时皮带不可颠倒转动方向安装

    B. 被机油污染正时皮带会导致发动机有损坏危险

    C. 使用正时皮带几乎不会发生跳齿和断裂现象

    D. 张紧器是皮带、链条传动系统上常用的保持装置

4. 正时皮带的安装顺序是（　　　　）。

    A. 正时皮带、导向辊、张紧轮、排气侧凸轮轴正时齿轮、进气侧凸轮轴正时齿轮

    B. 导向辊、张紧轮、排气侧凸轮轴正时齿轮、进气侧凸轮轴正时齿轮、正时皮带

    C. 排气侧凸轮轴正时齿轮、进气侧凸轮轴正时齿轮、正时皮带、导向辊、张紧轮

    D. 导向辊、张紧轮、正时皮带、排气侧凸轮轴正时齿轮、进气侧凸轮轴正时齿轮

5. 如果出现正时皮带断裂，会出现（　　　　）。

    A. 发动机不会停止运转

    B. 不会使活塞与气门碰撞

    C. 气门开关的正时不再同步进行

    D. 气门不会被顶弯

二、判断题

1. 正时皮带属于橡胶件，随着工作时间的增加会出现磨损或老化，需根据厂家要求定期更换。　　　　　　　　　　　　　　　　　　　　　　　　　　　　　（　　　）

2. 正时皮带带齿层的主要功能是将强力层的抗拉材料粘在皮带的节线位置，并保护抗拉材料。　　　　　　　　　　　　　　　　　　　　　　　　　　　　　（　　　）

3. 发动机中主要的转动部件是曲轴，所有的正时都以曲轴旋转角度为基准。　（　　　）

4. 安装驱动正时皮带时需要先将发动机调整到气缸上止点位置。　　　　　（　　　）

5. 正时齿轮传动装置将曲轴的运动及动力传递到平衡轴。　　　　　　　　（　　　）

项目六任务二
巩固提升答案

任务三 动力系统密封功能检查

🔍 情景导入

客户廖先生驾驶一辆自动挡轿车，车辆起动时抖动厉害，客户不敢行驶，电话联系 4S 店 24 小时救援服务。技师到达现场后，发现该车 4 缸不工作，初步检查排除火花塞和点火线圈等故障，怀疑是缸压不足导致 4 缸点火不成功。为了确定故障原因，需对缸压做进一步检测。作为汽车维修技师，请仔细查看服务顾问提供的汽车问诊表（见表 6-3-1），并针对故障进行后续处理。

表 6-3-1　接车问诊表

车牌号：		车架号：		行驶里程：30 000 km	
用户名：廖**		电话：		来店时间：	
用户陈述及故障发生时的状况：发动机抖动厉害					
接车员检测确认建议：检查发动机缸压					
车间检测确认结果及主要故障零部件：气门弹簧断裂，导致缸压不足					
车间检查确认者：					

外观确认：

（请在有缺陷部位做标识）

功能确认：（工作正常✓ 不正常×）
✓音响系统　✓门锁（防盗器）✓全车灯光
✓工具　　　✓后视镜　　✓天窗　✓座椅
✓点烟器　　✓玻璃升降器　　✓玻璃

物品确认：（有✓　无×）

贵重物品提示
✓工具　　　✓备胎
✓灭火器
✓其他（　　　　　　）
旧件是否交还用户
✓是　　否
用户是否需要洗车
✓是　　否

・检测费说明：本次检测的故障如用户在本店维修，检测费包含在修理费用内；如用户不在本店维修，请您支付检测费。本次检测费：¥　　元。

・贵重物品：在将车辆交给我店检查修理前，已提示将车内贵重物品自行收起并保存好，如有遗失恕不负责。

接车员：李**　　　　　　　　　用户确认：廖**

理论要点

一、动力系统密封性概述

动力系统密封性是保证发动机缸内压力正常并有足够动力输出的基本条件。动力系统密封性是由气缸盖、气缸体、气缸垫、气门、气门座圈、火花塞孔、活塞及活塞环等零部件保证的。在发动机使用过程中，上述零部件的损坏、磨损、烧结或积碳，都会影响气缸压缩压力，造成发动机动力性下降，经济性变差，排气污染增加，工作不稳定等后果。并且发动机各缸压力不均，也会造成发动机运转粗暴或缺缸，长此以往，会使发动机工作寿命大大缩短。图 6-3-1 所示为动力系统密封性结构。

图 6-3-1   动力系统密封性结构

二、动力系统密封性组成部件

动力系统密封性组成部件主要有气缸盖、气缸体、气缸垫、气门、气门座圈、火花塞孔、活塞及活塞环等。

（一）气缸盖

气缸盖的作用是密封气缸，与活塞共同形成燃烧空间，并承受高温高压燃气的作用。气缸盖承受气体作用力和紧固气缸螺栓所造成的机械负荷，同时还由于与高温燃气接触而承受很高的热负荷。为了保证气缸的良好密封，气缸盖既不能损坏，也不能变形。为此，气缸盖应具有足够的强度和刚度。图 6-3-2 所示为气缸盖。

图 6-3-2   气缸盖

气缸盖是结构复杂的箱形零件，其上加工有进、排气门座孔，气门导管孔，火花塞安装孔（汽油机）或喷油器安装孔。气缸盖内还铸有水套、进排气道和燃烧室或燃烧室的一部分。若凸轮轴安装在气缸盖上，则气缸盖上还加工有凸轮轴承孔或凸轮轴承座及其润滑油道。

水冷式发动机的气缸盖有整体式、分块式和单体式三种结构形式。在多缸发动机中，全部气缸共用一个气缸盖的，则称该气缸盖为整体式气缸盖；若每两缸一盖或三缸一盖，则该气缸盖为分块式气缸盖；若每缸一盖，则为单体式气缸盖。风冷发动机均为单体式气缸盖。

（二）气缸体

气缸体是发动机的主体，它将各个气缸和曲轴箱连成一体，是安装活塞、曲轴以及其他零件和附件的支承骨架，如图 6-3-3 所示。

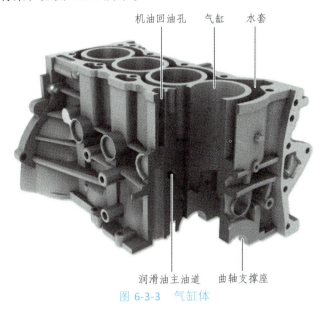

机油回油孔　气缸　水套

润滑油主油道　曲轴支撑座

图 6-3-3　气缸体

对于多缸发动机而言，气缸的排列形式决定了发动机外形结构，且对气缸体的刚度和强度也有影响。为了保证气缸表面能在高温下正常工作，必须对气缸和气缸盖随时加以冷却。汽车发动机上采用较多的是水冷却。发动机用水冷却时，气缸周围和气缸盖中均有充入冷却液的空腔，称为水套，气缸体和气缸盖上的水套是相互连通的。

（三）活　塞

活塞（见图 6-3-4）的作用是承受气缸的气体压力，并将此力通过活塞销传给连杆，以推动曲轴旋转并对外输出动力。活塞还与气缸盖、气缸壁等共同组成燃烧室。活塞在高温、高速和高压的环境下工作，因而，要求活塞应具有足够的刚度和强度，质量尽可能地小，导热性好，要有足够的耐热、耐磨性，温度变化时，尺寸和形状的变化要小。汽车发动机活塞广泛采用铝合金制造，有的柴油发动机活塞采用高级铸铁或耐热钢制造。

图 6-3-4　活塞

活塞的基本结构可分为顶部、头部和裙部。活塞顶部是组成燃烧室的主要部分，其形状与所选用的燃烧室形式有关。汽油机多采用平顶活塞，其优点是吸热面积小、制造工艺简单。

（四）活塞环

活塞环安装在活塞环槽内，用来密封活塞与气缸壁之间的间隙，防止窜气，同时使活塞往复运动顺畅。活塞环包括气环和油环两种，如图 6-3-5 所示。气环也叫作压缩环，其作用是保证活塞与气缸壁间的密封性，并将活塞头部的热量传给气缸壁。油环主要起到刮油和布油的作用。

图 6-3-5　活塞环

作用在活塞环的力有气体压力、环自身弹力、环往复运动的惯性力、环与气缸及环槽的摩擦力等。由于这些力的作用，环将产生轴向运动、径向运动、回转运动等不规则运动。这些不规则运动常常妨碍活塞环发挥正常作用。因此，在设计活塞环时，要充分发挥有利运动，控制不利的一面。

（五）气　门

气门（见图 6-3-6）是用来控制进、排气门的打开和关闭的，同时可以密封进、排气通道。从功能上划分，气门可分为进气门和排气门。进气门的作用是将空气吸入发动机内，与燃料混合燃烧；排气门的作用是将燃烧后的废气排出并散热。

气门由气门头部和杆部组成。气门头部温度很高（进气门 570～670 K，排气门 1 050～1 200 K），同时还承受气体的压力、气门弹簧的作用力和传动组件惯性力，并且其润滑、冷却条件比较差，因此要求气门必须有一定强度、刚度、耐热和耐磨性能。进气门一般采用合金钢（铬钢、镍铬钢）材料，排气门采用耐热合金材料（硅铬钢）。有时为了节省耐热合金材料，排气门头部用耐热合金，而杆部用铬钢，然后将两者焊接起来。

为了提高进排气效率，现在多采用多气门技术，常见的是每个气缸布置有 4 个气门，也有单缸 3 个或 5 个气门的设计，如奥迪 A6 的发动机。这种多气门结构容易形成紧凑型燃烧室，喷油器布置在中央，这样可以令混合气燃烧更迅速、更均匀，各气门的重量和开度适当地减小，使气门开启或闭合的速度更快。

图 6-3-6　气门

三、动力系统密封性检查评价指标

动力系统的密封性可通过检查发动机气缸压缩压力进行评估。气缸压缩压力是一个经验值，不同的发动机会有不同的缸压。在参考活塞漏气量、压缩比等参数的基础上，气缸压缩压力标准值的确定是由许多的试验数据综合得出的一个数值。

为保证发动机的动力性、经济性，同时保证发动机平稳工作，GB 18565—2001《营运车辆综合性能要求和检验方法》4.1.3 要求，发动机各缸压缩压力应不小于原设计规定值的85%；汽油机各缸压力差不得超过平均压力的 8%。同时，相邻各缸压力差不得大于 10%。当被测气缸压缩压力超过以上标准时，基本可以认为该缸的密封性已经不能达到正常的使用要求。

四、动力系统气缸压缩压力的产生原理

气缸压缩压力形成的过程是活塞在气缸内向下运动时，产生负压吸入汽油与新鲜空气的混合气；当活塞向上运动，同时气门逐渐关闭，在密闭的气缸内混合气被压缩。整个过程可分为进气行程和压缩行程。

（一）进气行程

在进气行程中，进气门开启，排气门关闭，活塞由上止点向下止点移动，活塞上方的气缸容积增大，气缸内压力降到大气压力以下，在负压（真空吸力）作用下，通过汽油喷射装置雾化的汽油与空气混合形成可燃混合气，由进气道和进气门吸入气缸内。图 6-3-7 所示为进气行程。

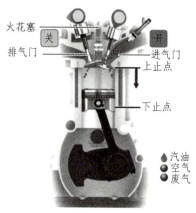

图 6-3-7　进气行程

（二）压缩行程

在压缩行程中，进、排气门全部关闭，活塞从下止点往上止点运动，压缩缸内的可燃混合气，混合气温度升高，压力上升。活塞临近上止点前，可燃混合气压力上升到 0.6 ~ 1.2 MPa，温度可达 330 ~ 430 ℃。图 6-3-8 所示为压缩行程。

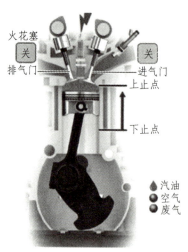

图 6-3-8　压缩行程

五、动力系统密封性不足的原因

当活塞处于压缩终了上止点位置时，进、排气门都处于关闭状态，缸压达到最大值。当进、排气门密封不严时，则会在压缩过程时出现漏气现象，导致缸压下降的情况。

气缸密闭不严的原因主要包括以下几种：

（1）进、排气门座圈附近有积碳、微粒。

（2）进、排气门与气门座圈接触不良。

（3）凸轮轴位置不正确，导致在活塞压缩行程时，进、排气门没有密闭。

（4）气缸垫在燃烧室密封圈附近某处密封不严，导致燃烧室内的气体窜出，如缸盖螺栓拧紧力矩不够或松动。

（5）气缸垫在燃烧室密封圈附近有烧损，造成密封不严、漏气。

（6）气缸盖下平面拱曲变形。

（7）活塞因积炭卡滞而导致的漏气。

六、动力系统密封功能检查

气缸密封性与气缸体、气缸盖、气缸垫、活塞、活塞环和进排气门等零件的技术状况有关。在发动机使用过程中，由于这些零件磨损、烧蚀、结焦或积碳，导致气缸密封性下降，使发动机功率下降，燃油消耗率增加，使用寿命大大缩短。气缸密封性是表征发动机技术状况的重要参数。

在不解体的条件下，检测气缸密封性的常用方法有：测量气缸压缩压力、测量曲轴箱窜气量、测量气缸漏气量或气缸漏气率、测量进气管负压等。在就车检测时，只要进行其中的一项或两项，就能确定气缸密封性的好坏。

由于用气缸压力表检测气缸压缩压力（以下简称气缸压力）具有价格低廉、仪表轻巧实用性强和检测方便等优点，因而在汽车维修企业中应用十分广泛。下面以大众第三代EA888发动机为例，展示用气缸压力表检测气缸密封性的方法。

（一）检测工具

图6-3-9和图6-3-10所示分别为火花塞扳手和气缸压力检测表。

3122 B

图 6-3-9　火花塞扳手

V.A.G 1763

图 6-3-10　气缸压力检测表

（二）检测步骤

（1）脱开FSI喷射阀的电插头，脱开已安装的MPI喷射阀/燃气喷射阀的电插头，拆卸点火线圈，如图6-3-11所示。

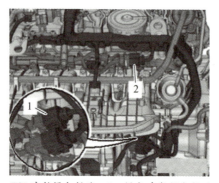

1—FSI 喷射阀电插头；2—燃气喷射阀电插头。

图 6-3-11　拆卸附件插头及点火线圈

（2）用火花塞扳手拆下火花塞，如图 6-3-12 所示。

图 6-3-12　拆卸火花塞

（3）将气缸压力检测表适配接头拧入火花塞孔内，然后连接缸压力检测表。同时，让另一位机械师操纵起动机，直至检测设备显示压力不再提高，如图 6-3-13 所示。按照上述方法，在每个气缸重复 2~3 次上述操作。

图 6-3-13　检测压力

（4）对比表 6-3-2 中的气缸压力标准范围对检测数据进行判断。不同发动机标准数据不同，需根据实际情况进行判断。

表 6-3-2　气缸压力标准范围

发动机状态	气缸压力值/kPa
新品	1 100 ~ 1 400
磨损极限	700
气缸之间的最大差值	200

 课程育人

比亚迪凭借超强的技术水准，让 DM-i 超级混动技术备受认可。2022 年 11 月 16 日，经过行业专家及媒体评审组的评选，比亚迪骁云——插混专用 1.5L 高效发动机荣膺 "中国心" 2022 年度十佳发动机及混动系统，八合一电动力总成荣膺 "中国心" 2022 年度十佳新能源汽车动力系统。其中，比亚迪秦 PLUS DM-i 和海豚作为推荐车型，一同出现在榜单上。

DM-i 混动，是基于超级电混系统，以电为主的混动技术。DM-i 超级混动的核心部件包括双电机的 EHS 超级电混系统，骁云——插混专用高效发动机，而这些核心部件和关键技术完全由比亚迪自主研发。

比亚迪有三大核心技术，包含 DM-i 超级混动技术在内，还有最大特点是安全的刀片电池、降本增效的 e 平台 3.0，以及简化车身结构和生产工艺的 CTB 电池车身一体化等一系列颠覆性技术。比亚迪的这些钻研创新之作，不仅进一步强化了自身优势，还推动了全球新能源汽车行业变革。并且，比亚迪还在持续增强核心技术，创新更多的自研科技，以带领中国新能源汽车走在世界前列。

【思考】比亚迪为什么要研究超级混动技术？

 巩固提升

一、选择题

1. 在用发动机各气缸压力应不小于原设计值的（　　　）。

A. 70%　　　　　B. 75%　　　　　C. 80%　　　　　D. 85%

2. 动力系统密封性不足的原因不包括（　　　）。

A. 进、排气门座圈附近有积碳、微粒

B. 进、排气门与气门座圈接触不良

C. 混合气过浓

D. 活塞因积炭卡滞导致漏气

3. 检测动力系统密封性的方法不包括（　　　）。

    A. 测量气缸压缩压力

    B. 测量曲轴箱窜气量

    C. 测量进气管负压

    D. 测量进气温度

4. 下列检测动力系统密封性的方法中，（　　　）最简单实用。

    A. 测量气缸压缩压力

    B. 测量曲轴箱窜气量

    C. 测量进气管负压

    D. 气缸漏气率

5. （　）不是组成气缸气密性的部件。

    A. 曲轴　　　　　　B. 进气门　　　　　　C. 缸盖　　　　　　D. 活塞

二、判断题

1. 气门是用来控制进、排气门的打开和关闭的，同时可以密封进、排气通道。（　　　）

2. 汽油机各缸压力差，不得超过平均压力的 10%。　　　　　　　　　　　（　　　）

3. 当活塞处于进气终了时，进、排气门都处于关闭状态，缸压达到最大值。（　　　）

4. 测得的气缸压力高于原设计规定，说明气缸密封性好。　　　　　　　　（　　　）

5. 气缸盖的作用是密封气缸，与活塞共同形成燃烧空间，并承受高温高压燃气的作用。

                                                              （　　　）

项目六任务三
巩固提升答案

参考文献

[1] 姚明傲. 汽车发动机故障诊断与维修实训教程[M]. 北京：北京航空航天大学出版社，2016.

[2] 尹学飞，朱北平，王冬冬. 汽车实训指导[M]. 北京：北京理工大学出版社，2017.

[3] 杜瑞丰，李忠凯. 汽车底盘构造与维修[M]. 2 版. 北京：高等教育出版社，2007.

[4] 刘俊刚，蒋述军. 汽车底盘检修实训[M]. 北京：北京交通大学出版社，2014.

[5] 王先耀. 汽车发动机电控系统构造与检修[M]. 北京：北京理工大学出版社，2017.

[6] 孟杰，王巍. 汽车鉴定与评估[M]. 西安：西安电子科技大学出版社，2018.

[7]《汽车维修技师》杂志社. 汽车维修技师手记集锦 2 下[M]. 沈阳：辽宁科学技术出版社，2011.

[8] 周林福，封建国. 汽车底盘构造与维修[M]. 4 版. 北京：人民交通出版社，2019.

[9] 陈新亚. 汽车构造透视图典：发动机与变速器（英汉标注版）[M]. 北京：机械工业出版社，2017.

[10] 谭本忠. 汽车自动变速器原理与维修图解教程[M]. 2 版. 北京：机械工业出版社，2016.

[11] 王俊清，贺民. 汽车自动变速器维修[M]. 北京：北京理工大学出版社，2017.

[12] 姚为民. 汽车构造（上册）[M]. 7 版. 北京：人民交通出版社，2021.

[13] 唐晓丹. 汽车发动机构造与维修 [M]. 北京：人民交通出版社，2019.

[14] 汤定国，左适够. 汽车发动机构造与维修[M]. 3 版. 北京：人民交通出版社，2014.